Nihan Kaya Boğaziçi Üniversitesi İngiliz Edebiyatı mezunu. İngiltere'de, University of Essex, Centre for Psychoanalytic Studies'te Psikanaliz üzerine yüksek lisans yaptı. King's College London'da Karşılaştırmalı Edebiyat bölümünde yazdığı doktora tezi, sanatsal yaratıcılığı Jung açısından inceliyordu. 2005'ten bu yana, edebiyat ve psikoloji alanlarında Avrupa ve Amerika'nın değişik yerlerinde konferans tebliğleri sundu, konuşmalar yaptı. Türkçede psikoloji içerikli romanlar, İngilizcede sanat ve edebiyat konulu psikoloji metinleri yayınladı. *Çatı Katı* kitabı Türkiye Yazarlar Birliği ödülü aldı. Routledge Yayınları'ndan çıkan *Dreaming the Myth Onwards: Revisioning Jungian Therapy and Thought* kitabının ortak yazarlarından. MEF Üniversitesi Psikoloji bölümünde ders veriyor.

Romanları: *Kırgınlık, Kar ve İnci, Disparöni ya da Yaşama Korkusu, Buğu, Gizli Özne.*

Öykü kitapları: *Ama Sizden Değilim, Çatı Katı.*

İnceleme kitapları: *Yazma Cesareti, Fildişi Kuyu.*

İyi Aile Yoktur

Nihan Kaya

İthaki Yayınları - 1402

Editör: *Ayla Duru Karadağ*
Düzelti: *Neslihan Ünsal*
Kapak İllüstrasyonu: *Şeyhmus Kino*
Kapak Tasarım: *Hamdi Akçay*
Sayfa Düzeni ve Baskıya Hazırlık: *B. Elif Balkın*
6. Baskı, Kasım 2019, İstanbul

ISBN: 978-605-375-848-8

Sertifika No: 11407

İthaki™ Penguen Kitap-Kaset Bas. Yay. Paz. Tic. Ltd. Şti.'nin tescilli markasıdır.
Caferağa Mah. Neşe Sok. 1907 Apt. No: 31 Moda, Kadıköy-İstanbul
Tel: (0216) 348 36 97 Faks: (0216) 449 98 34
editor@ithaki.com.tr – www.ithaki.com.tr – www.ilknokta.com

Kapak, İç Baskı: Deniz Ofset Matbaacılık
Maltepe Mah. Hastane Yolu Sok. No: 1/6, Zeytinburnu-İstanbul
Tel: (0212) 613 30 06 denizmatbaamucellit@gmail.com
Sertifika No: 40200

NİHAN KAYA

İYİ AİLE YOKTUR

ithaki

İÇİNDEKİLER

I. BÖLÜM

II. BÖLÜM

III. BÖLÜM

IV. BÖLÜM

Yeryüzünde kırgın bir çocuk kalmayana dek yazacağım.

Alice Miller'a, çok derin bir saygı ve minnetle,
Çünkü bu kitabın, her okurunu ona götürmesini dilerim.

I. BÖLÜM

ÇOCUKLUK BİR CEHENNEMDİR

Çocukluk bir cehennemdir.

Bunun en önemli nedeni, çocukken bize yapılan yanlışların yanlış olduğunu bilmememiz. *Kar ve İnci* romanım, Hallac-ı Mansur'dan bir epigrafla başlıyor: "Cehennem, acı çektiğimiz yer değildir. Cehennem, acı çektiğimizi hiç kimsenin bilmediği yerdir." Yerleşik bakış açımız, çocuğun ne zaman, neden ve nasıl acı çektiğini fark edebilmemizi önler maalesef. Daha kötüsü, yetişkinin farkında olamadığı bir şeyin farkına çocuk da varamaz. Çocuk, acı çektiğini bilmeden, anlamadan, tanımlayamadan acı çeker.

Çocuğun hangi durumdan ne şekilde acı çektiğini göremesek de, acı çekmesi neticesinde oluşan sıkıntılı davranışlarını gözlemleriz. Aileden, okuldan iyi niyetli bir yetişkinin çocuğu kenara çekerek onunla konuşmak istediğini duyarım bazen. "Seni üzen şey her ne ise bana açılabilirsin," der bu iyi niyetli yetişkin; "Sorun evde/okulda mı?" Aklına gelen, ona çocuğun sorunu olduğu öğretilmiş sorunları ihtimal dahilinde sayıp döker. Ne var ki, çocuğun gerçek sorununun çoğu kez bize öğretilmiş sorunlardan biri olmaması bir yana, bu sorun her ne ise onu çocuğun kendisi de zaten bilmez. Hatta çocuğun temel sorunu, acı çektiğini bilmediği gibi neyin ona acı verdiğini yahut vereceğini de bilmemesinden kaynaklanır. Çünkü çocuk kendisine yapılan muameleyi "normal" olarak algılar, kabul eder ve norm olarak zihnine yerleştirir. Çocuk sorunun ne olduğunu anlamaya, tanımlayabilmeye başladığındaysa artık yetişkindir. Nitekim çocuk olmanın başlıca travması da bizzat bu durumun içinde.

İyi bir çocukluk geçirdiğimize inansak da, çocuklukla birlikte hayatımızın en kötü bölümünü de geride bıraktığımızı söylerim. "Bundan sonra başımıza ne gelirse gelsin, asla çocukluktaki kadar kötü olamaz," derim. Bu iddiam, hemen her zaman tepkiyle karşılanır. Bana "Kötünün kötüsü var. İnsan bundan sonra nelerle karşılaşacağını bilemez," gibi sözlerle karşı çıkarlar. Oysa çocuklukta yaşanan şeyin çok daha kötü olması, yaşanan şeyin kendisiyle ölçülebilecek bir şey değildir. Beş yaşında yaşadığımız şeyle on beş yaşında yaşadığımız şey arasında on yıl yoktur. On beş yaşında yaşadığımız şeyle otuz yaşında yaşadığımız şey arasında on beş yıl olmadığı gibi. Yaşımız ne kadar küçükse o kadar kırılgan, savunmasız, kalıcı yaralar almaya açığızdır; ve yaşımız küçüldükçe, yaşanan şeyi de artan bir şiddette duyarız. Bir yetişkinin beş yaşında bir çocuğa sözlerinin çocuk tarafından o yetişkinin o sözleri algıladığından çok daha yüksek şiddette algılanmasından kötüsü, çocuğun zihnen de henüz, o sözlerin ne kadar doğru ya da yanlış olduğunu değerlendiremeyecek kapasitede olmasıdır. Bize yapılan yanlışın yanlış olduğunu ayırt edebilmeye başladığımızda, maruz kaldığımız muamele karşısında artık çok daha güçlüyüz demektir. Çocuk otorite karşısında kızsa, bağırsa, tepki verse de, içten içe kendisinin haksız, suçlu, tüm hücreleriyle "üst"ü olarak duyduğu otoritenin haklı olduğunu düşünmeye ve hissetmeye meyillidir. Çünkü ona bunu öğretiriz.

İyi Aile Yoktur

İyi aile yoktur. Ya da, paradoks şu ki iyi aile, "İyi aile yoktur" düsturuyla hareket edebilen aile olabilir ancak. En iyi anne baba bile çocuğuna zarar verir. Anne-babanın çocuğa verdiği zararı örtbas edebilmek için anne-babalık kurumsallaştırılmış ve kutsallaştırılmıştır. Aynı şey, kuşkusuz, para karşılığı yapılan herhangi bir işten farksız olan öğretmenlik için de geçerli. Oysa iyi anne-baba olmak, anne-babanın çocuğa bir şekilde zarar vermesinin kaçınılmaz olduğu baştan kabul edilmedikçe imkânsız.

Çocuğuna verdiği zararlar gösterildiğinde anneler sıklıkla öfkeyle "Sen benim ne çektiğimi biliyor musun?!" diye cevap verirler; "Bir günü benimle geçir de öyle konuş!" Bir çocuğun sorumluluğu hakikaten de bir, hatta bazen birkaç insanın kaldıramayacağı kadar ağırdır; ancak burada sorun, annenin "Evet, ben bu yükü kaldıramıyorum," "Benim de elimden bu kadarı geliyor, ne yapalım," "Benim de hatalarım oluyor," itirafında bulunmak yerine bu hataları aklaması. Bu, çocuğa yapılan yanlışları önemsizleştirmeye, annenin bu hataları çocuğa karşı işleme ve onlarda devam etme hakkını kendisinde görmesine olanak tanır, ki anneliğin kutsallaştırılması sayesinde anne zaten bu davranışına çevreden kolaylıkla destek bulur ve herkes çocuğa karşı annenin yanında yer alır. "Evet, çocuğuma karşı hata yaptım," diyen anneyle "Sen benim ne çektiğimi biliyor musun?!" "Anne olunca anlarsın!" diyerek hatasını meşrulaştıran ve sorunu kendinde değil, çocukta gören annenin ve o anneyi haklı bulan toplumun çocuğa yaklaşımında çok büyük fark olacaktır.

Halbuki zayıf olan, korunmaya ihtiyacı olan, anne değil, çocuktur. Annenin çektiği hiçbir eziyet çocuğa herhangi türde bir zarar vermesini meşru, mazur kılamaz, hafifletici neden sayılamaz. Bir şeyin çocuğa zarar verdiği açıksa, anne olduktan sonra o şeyi yapma/ma/nın ne kadar zor olduğunu fark ederseniz edin, gerekçeniz ne olursa olsun, o şey hâlâ çocuk için zararlıdır ve önemli olan gerçek de budur. Unutmayalım ki çocuklarımız bizi doğurmadılar, hatta doğurulmayı da bizden onlar talep etmediler; onları istek ve iradeleri dışında dünyaya getiren bizleriz. Bir yetişkinin çocuk sahibi olmama iradesi ve özgürlüğü vardır. Bu iradeyi kullanmayan yetişkin, doğmuş çocuğun her türlü ihtiyacını karşılamakla mükelleftir.[1] Doğduğunda başkalarının eline insan kadar muhtaç bir

---

[1] Bununla, "Çocuğa her an mükemmel anne/baba olmalıyız." demek

ikinci canlı türü bilmiyoruz ve yazık ki çocuk fiziksel bakım kadar duygusal bakıma da muhtaçtır.

Dokunulmayan Bebeklerin Hepsi Ölür

1944 yılında Amerika Birleşik Devletlerinde 20 yeni doğmuş bebek, sadece fizyolojik ihtiyaçlarının karşılandığı bir deneye tabi tutuldular. Teslim edildikleri bakıcılar deney talimatlarınca bu bebeklere sadece onları doyurmak, yıkamak ve bezlerini değiştirmek için yaklaşacak ve bunlar dışında hiçbir şey yapmayacaklardı. Bakıcılara bu işleri yaparken dahi mecbur kalmadıkları müddetçe bebeklere hiç bakmamaları ve dokunmamaları, onlarla asla iletişim kurmamaları söylendi. Bebeklere duygudan arındırılmış makineler gibi yaklaşıldığı halde tüm fiziksel ihtiyaçlarına azami kertede özen gösterildi. Ayrıca, ortam hep steril tutuldu.

Dört ay sonra, bebeklerin yarıdan fazlası çoktan ölmüştü. Bebeklerin ölmesi için fizyolojik hiçbir neden yoktu; öldüklerinde hepsi son derece sağlıklıydı. Bebeklerin her biri istisnasız olarak, ölümlerinden bir süre önce ses çıkarmayı, bakıcılarının ilgisini çekmeye çalışmayı kesmiş, çoğunluğu hareket etmeyi, ağlamayı hatta herhangi bir jest, mimik göstermeyi bıraktıkları bir evreye girmişti. Ölüm, bebeklerin "vazgeçtiği" bu evreden hemen sonra geliyordu. Deney dört ayın sonunda artık daha fazla ölüme neden olmamak için yarıda kesildi; fakat bu bebeklerden "vazgeçme" evresine girmiş olanlar deney

istemiyorum tabii ki; bunun zaten imkânsız olduğunu her anne/baba bilir. Çocuk bakmamış bir insan, bir bebek ağlarken annesinin ona neden bakmadığını anlamakta güçlük çekebilir; ama çocuk bakmış olanlar, bir bebeğe böyle sürekli ilgi göstermenin bir insan için imkânsız olduğunu, çocuk ağladığında bunun dünyanın sonu olmadığını takdir edecektir. Kitap içerisinde anlatmaya çalışacağım gibi, mesele, çocuğun ihtiyaçlarını her an karşılar durumda olmak değil, çocuğun temel ihtiyacı olan sevilme ve onay duygusunu anne-babanın kendi ihtiyacı için sömürmemesi, çocuğa acı bedeller ödetmemesidir. Sorun zaten, çocuğun gerçekten ihtiyacı olmayan bir sürü şey yapıp, onun o temel ihtiyacına duyarsız kalmamız.

ortamından hemen çıkarıldıkları ve doğal bir aile ortamına alındıkları halde kurtarılamadılar.[2]

Duygusal ihtiyaçları karşılanmayan bebeğin –fiziksel ihtiyaçları eksiksiz karşılandığı halde– ölme ihtimalinin yüzde yüze yakın olduğunu bugün biliyoruz ve bu tekrar tekrar düşünmemiz gereken, korkunç bir gerçek. Evet, bakıma muhtaç olarak doğuyoruz; ama bir çocuğun özellikle yaşamının ilk yıllarında en az su kadar, hava kadar ihtiyaç duyduğu şey, anne-babasının kayıtsız şartsız sevgisi ve onu her şeyiyle kabulüdür. Çocuk bu sevgi ve kabul olmazsa gerçekten *ölür*, ve çocuk anne-babasının sevgi ve kabulü olmazsa yaşayamayacağını, bunlara su gibi, hava gibi muhtaç olduğunu doğduğunda sezgisel bir bilgiyle bilmektedir. Çocuğu anne-baba karşısında zayıf, korunmasız kılan da budur; çocuğun anne-babanın kabulünü elde edebilmek için yapmayacağı şey yoktur. Anne-baba, çocuğun bu ihtiyacını sömürür. Çocuğu kendi kapris, istek ve ruhsal ihtiyaçları doğrultusunda dilediğince eğitir, yönlendirir, bu istek ve ihtiyaçları çocuğa yansıtarak bunların çocuğun kendi istek ve ihtiyaçları olduğuna inandırır, çocu-

---

2 Umberto Eco, *Avrupa Kültüründe Kusursuz Dil Arayışı* kitabının girişinde, İtalyan gezgin ve düşünür Salimbene da Parma'nın 1664 tarihli günlüklerinde geçen bir deneyi alıntılıyor. II. Friedrich, hiç kimseyle hiçbir şey konuşmaksızın yetişen çocukların büyüyünce hangi dili konuşacaklarını sınamak istemiş ve bu yüzden dadılarla süt annelere, bebeklere süt vermelerini, ancak onlarla hiçbir şekilde konuşmamalarını emretmiş. Aslında II. Friedrich'in istediği, bu çocukların İbranice mi, Yunanca mı, Latince mi, Arapça mı, yoksa anne-babalarının dilini mi konuşacağını öğrenmekmiş. Ancak çabaları sonuç vermemiş; çünkü kendileriyle konuşulmayan bebeklerin *hepsi* ölüyormuş. (bkz. Afa Yayınları, 1995, s. 13) Eco, sözden ve her tür temastan mahrum bırakılan bu bebeklerin *hepsinin* ölmesini, dil ile varoluş arasındaki sıkı bağın ispatı olarak gösteriyor. Eco önemli bir bağa dikkat çekse de, sadece dilsiz-sağırlarca yetiştirilen çocukların yaşayabildiğini biliyoruz; bebeklere *sevgi* söz ve temas üzerinden iletildiği için, Parma'nın bahsettiği bebekler sevgisizlikten ölmüş olmalı. Bu ilk iletişim ihtiyacımız, sevgi ve onay temelli bir iletişim ihtiyacıdır. Temas da bir dil, sevgiyi yahut başka hisleri iletebilen bir dildir. Bu örneğin vurgulaması gereken şey, bebeklerin sevilmeye karşı son derece duyarlı canlılar olduğu.

ğun ruhunu kendi malı gibi kullanır. Alice Miller'ın, hayatını anlatmaya adadığı bu durum, sadece çocuğun anne-baba karşısındaki çaresizliğini değil, dünyanın nasıl bu kadar acımasızlıkla, kötülükle çevrili bir yer olduğunu da açıklıyor.

Çocuğun sadece olumlu duygularını kabul edip olumsuz duygularını yasaklamak, onda ömür boyu farkında olmadığı problemler olarak devam eder. Çocuğun herhangi bir hissini hissetme, öfkelenme, karşı çıkma, affetmeme, eleştirme, olumsuz hissetme ve olumsuz düşünme hakkı vardır. Çocuğun bize karşı öfke gibi duygular besleme hakkını elinden aldığımızda ruhundan bir şeyleri de öldürmüş oluruz. Çocuğun yetişkine öfkesi gibi, kabul edilmediği için bastırılmış duyguların bedende bilgi olarak depolandığını bugün biliyoruz. Alice Miller *Beden Asla Yalan Söylemez* kitabında fiziksel rahatsızlıklarımızın her birinin aslında bastırdığımız duygulardan kaynaklandığını anlatıyor.

Çocuğu bir köpeği eğitir gibi eğitiriz. Çocuğa bizim ona kızabileceğimizi ama onun bize kızamayacağını, bizim onu eleştirebileceğimizi ama onun bizi eleştiremeyeceğini, bizim ona müdahale edebileceğimizi ama onun bize müdahale edemeyeceğini, evde, okulda, her yerde yalnızca bizim kurallarımıza uygun şekilde yaşayabileceğini öğretiriz. Zihnimizde tasarladığımız şekle uymadığı anda çocuğu bizi üzmekle suçlarız. Dört yandan herkesin çocuğa "Öyle yapma ama, bak, anneni/babanı/öğretmenini üzüyorsun," dediğini duyarım. Halbuki kendisi üzgün olmayan hiçbir çocuk anne-babasını, öğretmenini, bizim bakışımızla söylersek "bir büyüğünü" üzmez. "Anneni üzüyorsun," dediğimiz her durum için, çocuğun neden üzgün olduğuna bakmalı. Çocuğun hislerini hiçe saymayı o kadar kanıksamışız haldeyiz ki. Çocuk da hisleriyle bağ kuramadan, gerçek hislerinin ne olduğunu bile bilemeden, onları bastırmayı ve yok saymayı öğrenerek büyüyor.

Bir psikiyatrist, bir psikolog ve iki stajyer olarak bulunduğumuz hastane servisine on dört yaşında bir kız çocuğu gelmişti. Annesi kıza dair çok özel bir şey söyledi ve kız utandı. Annesi herkesin yanında bu çok özel şeyi ilan ettiğinde seans zaten çoktan bitmişti ve ayrılmak üzere holde dikiliyorlardı. Kız utancından ne yapacağını bilemedi ve arkasında dikildikleri kapıdan çıktı. Sonra herkes çocuğun peşine düştü. Beş kişi, belki on kişi, çocuğu aramaya girişti. Psikolog çocuğu bulduğunda ona ilk sözü "Bak, anneni üzüyorsun ama!" olmuştu. Herkes psikoloğa hak vermişti. Orada sözde psikolog, psikiyatrist, psikoterapist olan hiç kimse çocuğun neden böyle davrandığı üzerine düşünmemişti. Her biri "Annen ne kadar üzüldü!" diye tepki vererek çocuğu suçluyor, anne de "Çok üzüldüm! Yeter artık! Ne zaman gelecek bunların sonu?" diyerek kendisine acıyordu. Problemlerinin sebebi olarak gördüğü, çocuktu. Halbuki küçük kıza, utandığı meseledeki o derin utancı aşılayan da kendisiydi. O gün oradaki hiç kimse ne kendisine ne de çocuğa neden böyle davrandığını sordu. Daha kötüsü, çocuk da onlarla birlikte kendisini suçluyor, yaptığından utanıyor, onlar kızdıkça "Evet, annemi üzdüm," diye düşünerek ezilip büzülüyordu. Çünkü çocuğa büyüklerin haklı olduğunu, anneyi üzmenin çok kötü bir şey olduğunu, bir büyükten değil ama çocuktan geldiği takdirde anneyi üzebilecek herhangi bir davranışın sebebi ne olursa olsun suç olduğunu, zaten o sebebe bakmamayı, nedenlerini düşünmemeyi, kendisini savunmamayı öğretmiştik. Annesi bu kıza "Seni mutlu etmek için çırpınıyorum! Seni buralara kadar getiriyorum! Karşılığı bu mu?!" diyerek kızıyordu ve herkesle birlikte küçük kız da kendinin bu davranışını ve genel olarak mutsuzluğunu annesine karşı nankörlük olarak görüyordu. Halbuki, ister çocuk ister yetişkin olsunlar, insanların mutsuz olma hakkı vardır ve bu hakka saygı gösterilmesi gerekir. Mutsuz olan kişi çocuğumuzsa eğer, mutsuzluğuna yahut başka olumsuz hislerine saygı duymak bir yana, çocuğumuzu tanımamız ve neden mutsuz olduğunu anlamamız elzemdir. Bir anne-babanın en büyük suçu, çocuğunu tanımamak, anlamamaktır.

Çocukluk atölyemizin katılımcılarından Gaye Elmas Ünver, çocuğuna kendisinden hiç beklemediği şekilde davrandığını görür görmez bir psikoterapist randevusu aldığını söyledi. Psikoterapist, Gaye Hanım'a "Bana gelen on kişiden biri gerçekten fayda sağlar ve siz o onda birlik kesimden olacaksınız. Çünkü siz buraya 'Çocuğum problemli,' diyerek gelmediniz, 'Ben problemliyim,' diyerek geldiniz," demiş. Çok yazık ki toplumun ezici çoğunluğu, "Çocuğum problemli," diyen yetişkinlerden oluşuyor. Anne yahut baba çocuğuna kızdığında, el kaldırdığında, istemediği bir şekilde davrandığında "Ben bunu yapacak insan değilim. Bu çocuk sabrımı taşırdı, beni bu hale getirdi. Suç çocukta!" diye düşünür ve herkes de bu düşünceyi destekler. Halbuki, kendisi de bir anne olan psikolog Tuğba Korkmaz'ın dediği gibi, "Anne olunca, insanın bütün travmaları, kompleksleri, zaafları, geçmiş kırıklıkları ayna gibi karşısına çıkıyor."

Gaye Hanım psikoterapiye başlayışını şöyle anlatıyor:

> Uzunca bir süredir benim aslında olmam gereken ben olmadığımı en çok çocuğumla aramdaki ilişkiden anlıyordum. Bir gün çocuğumun poposuna vurdum. Çok pişman olmuştum. Oğlumun gözlerinde kendi çocuk gözlerimi ve kırgınlığı görünce hemen o gün ailece bir psikoterapiste gittik. Psikoterapistin sorularına bir anne olarak tüm içtenliğimle, dürüstçe cevap verdim. "Oğlumuz biraz gergin, mutsuz," dedim. "Evde kim mutsuz ve gergin peki?" dedi. Hiç tereddütsüz "Ben!" dedim. Yanıma sadece bir ayna alarak çıktığım yolculuğum ondan sonra başladı. Çok anne, istemeden ve aniden çocuğuna kötü davranmasının sebebinin aktarımlar ve kendi çocukluk birikimlerinin neticesi olduğunu keşfedemeden, isterlerse, bu sebeple yüzleşirlerse de düzelebileceklerini bilmeden yaşıyor. Artık kendi hikâyemin kahramanıyım. Oğlum da kendi hikâyesinin kahramanı olacak."

Yazık ki Gaye Hanım gibi, çocuğun/un gözlerinde kendi çocuk gözlerini ve kırgınlığını görebilenler, hatta çocuğun/un gözlerini, bakışını fark edebilenler, bu döngüyü çözümleyebilenler azınlıkta. Suçu kendilerinde –yahut anne-babada– değil, çocukta görmenin geçmişlerinden ne kadar kolay ve rahat bir kaçış görevi gördüğünü bilmiyorlar. İnsanın çocuğuyla ve genel olarak çocuklarla ilişkisiyle yüzleşmesi, kendi çocukluğuyla yüzleşmesi demektir.

Bu söylediklerim kuşkusuz öğretmenler için de geçerli. Hep söylediğim gibi, problemli çocuklar yoktur; problemli ebeveynler, problemli öğretmenler, çok problemli toplumlar ve çok problemli okullar vardır. Çocuğu "problemli" diye işaret ederek psikoterapiste getiren yahut gönderen kim ise problemin kaynağı da başta o, sonra, hiç sorgulamadan ona inanan kişilerdir.

Koşulsuz Seven ve Affeden, Anne-Baba Değil, Çocuktur

Koşulsuz seven ve affeden, sınırsız hoşgörüsü olan, yerleşik kabulün aksine anne-baba değil, çocuktur. Çocuk anne-babasını anne-babası ona nasıl davranırsa davransın sever ve zaten çocuğun dramı da buradadır. Anne baba, ne yaparsa yapsın çocuğun onu bir şekilde sevmeye ve saymaya devam edeceğini, affedeceğini içten içe bildiği için böyle rahattır. Alice Miller "Ana-babanın çocuğa bilinçli ya da bilinçsiz olarak yaptığı kötü muamele, çocuğun sevgisi sayesinde meydana çıkmaktan korunur."[3] diyor. Çok ağır suiistimale uğramış ve devlet tarafından alıkonulmuş çocuklar bile, öfke, kırgınlık gibi hislerinin yanında anne-babalarını yine de sevmekten kendilerini alamazlar.[4] Çocuk anne-babasını sevmeyi çok istediği için

---

3 *Başlangıçta Eğitim Vardı!*, s. 24

4 Bebekliğinden itibaren annesinin cinsel, fiziksel ve duygusal istismarına maruz kalmış psikanalist Annie Rogers *The Unsayable* kitabında, altı yaşındayken durumun anlaşılması üzerine devlet tarafından

onlara karşı böyle sınırsız şekilde hoşgörülü ve affedicidir ve maalesef anne-babanın yaptığı, özetle, bunu kötüye kullanmak olur. Evet, bu sevginin kökenini her neyle açıklarsanız açıklayın, bütün çocuklar ama bütün çocuklar anne-babalarını severler ve içimize işlemiş bu durum canlıların doğasında vardır. Davranış bilimcisi Konrad Lorenz, doğduğunda ilk gördüğü şey kırmızı çizmeler olan ve bu çizmelerle duygusal bağ geliştiren, her yerde bu kırmızı çizmelerin peşinden giden kazın hikâyesini anlatır. Kim olurlarsa olsunlar, bize ne yaparlarsa yapsınlar anne-babalarımızı sevdik ve hem onlar hem toplum tarafından zalim bir ihanete uğradık. Acımız, kötü bir evlat olmaktan değil, anne-babalarımıza kırgınlıklarımızı meşru kabul edememekten, onlara karşı olumlu hislerimizin yanında olumsuz olanları da dürüstçe, suçluluk duymadan sahiplenememekten geliyor. Bunu göremediğimiz sürece çocuklarımızı da aynı şekilde suiistimal etmeye, problemi onlarda bulmaya devam edeceğiz.

"İstenen bir bebek miydiniz?" psikoterapide artık sık sorulan sorulardan. Çünkü istenip istenmediğini fetüsün yaşamaya başladığı andan itibaren bildiğini ve istenilmemeye karşı duyarlı olduğunu biliyoruz. "Hayatta kalma içgüdüsü" (survival instinct) her canlının içinde; nitekim anne-baba tarafından sevgi ve kabule hava gibi, su gibi muhtaç olduğumuzu sezmemiz de bu içgüdüden kaynaklanıyor. İstenilmeyen fetüs "Hayatta kalmalıyım. Bir yolunu bulmalı ve ne olursa olsun yaşamımı idame ettirmeliyim," tepkisini geliştiriyor. Alice Miller, istenmeyen çocukların büyüdüklerinde de kendi yaşama ihtiyaçlarından hep korktuğunu, bedenlerinde o eski korku ve gerginliği gizli ve bastırılmış bir algı olarak barındırdıklarını anlatıyor.[5]

---

kendisinden koparılıp hapsedilen annesini hep nasıl özlediğini ve çocuğun yetişkinle o yetişkin kendisini istismar etse de bozulamayan bağını, çocuğa acı verenin de bu bağ ve sevgi olduğunu anlatıyor.

[5] *Beden Asla Yalan Söylemez*, s. 119

Terapide kullanılan yeni yöntemler sayesinde çocuklukta geçirilen ve bastırılan travmaların, çocuğun vücudunda yer ettiği ve yetişkin yaşa gelindiğinde bunların etkisinin görüldüğü ancak son birkaç yıldır kanıtlanabilmiştir. Dahası henüz anne karnındaki çocuklar üzerinde yapılan elektronik ölçümler, şu ana kadar birçok kimse tarafından göz ardı edilen bir gerçeği açığa çıkarmıştır; *çocuk hem sevgiyi hem ilgiyi hem de kötü muameleyi en başından beri hissetmektedir.*[6]

İstenip istenmemeye karşı duyarlık, çocuğun ilk yıllarında da son derece güçlü. Anne-babanın sevgi ve kabulüne kendisine ihanet etmek pahasına muhtaç olduğunu bilen, ancak neyin ne olabileceğine ilişkin hiçbir fikri bulunmayan ve her konuda ağzımızın içine bakmaktan başka çaresi olmayan, algıları, doğru ve yanlışları tamamen onu yetiştirenlerce şekillenen bir canlıdan söz ediyoruz. Düşünmeye çalışın: Bu canlı gördüğü her şeyi ilk kez görüyor, yaşadığı her şeyi ilk kez tecrübe ediyor ve bizim yönlendirmemiz olmadığı sürece ne hissetmesi, ne düşünmesi gerektiğini dahi akıl edemiyor. Doris Brett, *Annie Stories* isimli kitabında küçük çocukların banyoda ağlamasının nedeninin suyla birlikte banyo deliğinden kayıp gitmek olduğunu anlatır; çünkü "tahliye borusu suyu bu kadar korkutucu bir güçle soğurabiliyorsa, onları da kolaylıkla yutabilir."[7] Biz çocuğa hep yetişkin bakış açısıyla bakar ve banyoda ağlayan çocuğun sudan korktuğunu düşünerek ağlamasına tepki olarak ona sudan korkmamasını öğütleriz. Çocukta düşünebilen, düşündüklerini bir şekilde ifade edebilen –nitekim bu ikisi çoğu kez ayrılmaz şekilde iç içedir– bir mekanizmayı tetikleyemezsek, çocuk bu cümlemizle anlamlı bir bağ kuramayacak ve bizim bu yaklaşımımız karşısında tepkisiz kalacaktır. Bu şekilde banyoda ağlayan bir çocuk çaresiz

6 *Başlangıçta Eğitim Vardı!*, s. 19

7 New York: Workman Publishing, 1988, s. 35

ve yapayalnızdır. Ebeveyninin ondan ne istediğini/beklediğini anlayamaz, fakat bu istek ve beklentiye bir şekilde içten içe karşılık vermeye çalışır, çabaladıkça, bu çabasında ne kadar eksik ve yetersiz olduğunu içinde duyar.

Anne-baba olarak görevimiz, banyoda ağlayan çocuğumuzun aslında su gideri tarafından yutulmaktan korktuğunu bilmek değil. Nitekim dünya üzerinde, bir çocuğun neyi neden yaptığını o çocuğu kendi özelinde tanımadan anlayabilecek bir insan yok. Bizim anne-baba olarak görevimiz, çocuğumuzun sesine kulak verebilmek ve böylelikle çocuğumuzun da kendi sesini duyurabileceği kanallar geliştirmesine imkân sağlayabilmektir. Yaptığım çocukluk atölyelerinde banyodaki su gideri örneğini hep veririm. Çocuğun banyo deliğinden daha büyük olduğunu düşünemeyeceğini herkes şaşkınlıkla dinler. Gaye Elmas Ünver, bu örneği verdiğimde "Evet, biliyorum," diye yaklaşan ilk dinleyici oldu. Çocuğun kendi düşüncelerini duymasına ve onları bir şekilde ifade etmesine olanak tanıyan bir anne olmalı ki, oğlu korktuğunda su giderini işaret etmeyi akıl edebilmiş. Çocuğun hislerini o hislerin kendi dünyası uyarınca anlayan bir anneye yakışır şekilde, Gaye Hanım çocuğun en sevdiği oyuncağını deliğin üzerine yerleştirmiş ve oğlunu kucağına oturtarak onunla banyoya girmiş. Uzman bir pedagog banyodan korkan çocuğa ideal yaklaşım biçimi olarak bunun tıpatıp aynısını tavsiye ederdi. Gaye Hanım, restoratör; çocukluğun ilk yıllarında uzmanlaşmış bir davranış bilimcisi, psikolog ya da psikiyatrist değil. İçgüdülerimizle çocuğun kendisine özel sesini karşılıklı keşfetmeyi öğrenebiliyorsak, çocuğu anlamak için psikoloji biliminin genel kurallarını tahsil gereksizdir, yapılması gerekeni sezgilerimizle de bulabiliriz. Çok yazık ki çok psikiyatrist, zihnindeki kalıplardan çıkıp da karşısında oturan çocuğa ulaşamıyor. Ve bu kalıplara psikolojik tanım ve kategoriler kadar, her birimizin içine işlemiş "anne-babaya saygı" öğretisi de dahil.

Saygı, İtaat Değildir

Saygı, ülkemizde maalesef çok yanlış kullanılan, içi boşaltılmış bir kavram. Saygı, itaat değildir. Karşılıklı olamayan, hiyerarşiye dayalı bir şeye "saygı" adını verebilmek çok zor. "Annebabaya saygı", "büyüklere saygı", "öğretmene saygı", "devlete saygı" gibi kalıplar kültürümüz içerisinde klişeleştirilerek öz anlamından koparılıyor ve saygıya yaptıkları vurgu, aslında saygısızlığı meşrulaştırmak için kullanılıyor. Bugün "anne-babaya saygı" adı altında rastladığınız söylemlere bakın, bunların aslında alttan alta çocuğa saygısızlığı savunduğunu ve anne-babaya yahut herhangi birine saygıyla da ilgisi olmadığını göreceksiniz.

Dedem gerçek saygının ne olduğunu çok güzel özetleyen bir hikâye anlatırdı. Seksen yaşında bir adam, beş yaşında bir çocuk içeri girince ayağa kalkmış. Etraftakiler "Aman efendim, ne yapıyorsunuz; çocuk o!" demişler. Yaşlı adam, "Çocuk saygıyı bizden öğrenmeyecekse kimden öğrenecek?" diye cevap vermiş. Ne kadar da doğru. Ve, evet, saygı budur, böyle öğretilir. Çocuğunuzun saygıyı öğrenmesini istiyorsanız ona "Saygılı ol,", "Büyüklerini say!" diye öğütlemek yerine saygı gösterin. Kendisi saygı görmeyen bir çocuk, bir başkasına saygı göstermeyi nasıl öğrenebilir? Bizim çocuğa hiyerarşik bir ilişki dahilinde öğrettiğimiz şey, saygı değil, olsa olsa itaat olabilir. "Büyüğe saygı" klişesi adı altında ona kendisini aşağıda, yani "alt" hissettirdiğimiz ve "üst"üne itaat etmesini öğrettiğimiz çocuk, tabii ki hayvanlara eziyet edecek, sınavda hile, oyunda mızıkçılık yapacak, yalan söyleyecek ve sonra kendisini "üst" hissedeceği bir paye bulur bulmaz altını ezecektir. Aynı, bu çocuğun anne/baba olunca kendi çocuğuna yaptığı gibi.

Hepimizin birbirimize borçlu olduğu asgari saygı, çocuğun da sonuna kadar, bizden eksiksiz olarak hak ettiği bir şey. Ne var ki doğduğu günden itibaren –hatta öncesinden– çocuğun kişilik haklarını ihlal ediyor ve ne yaptığımız bize duyurulunca da "Aman, ne olacak ki," diyerek omuz silkiyoruz. Çocuğa yapılan bütün yanlışlar, muhatabı çocuk olduğu sürece gözümüzde önemsizleşiyor. Halbuki aynı haksız muameleden çocuğun gördüğü zarar, yetişkininkine kıyaslanamayacak oranda büyük, yetişkininkine kıyaslanamayacak oranda kalıcı.

Marcel Proust *Yakalanan Zaman*'da, gerçekten iyi eğitilmiş bir çocuğun, öğle yemeğine gittiği bir evde "Biz her şeyi açıkça söyleriz, gizlimiz saklımız yoktur," dendiğini duyunca, bunun, hiçbir şey söylememek gibi sade ve doğru bir tutumdan daha düşük bir ahlaki seviyenin işareti olduğunu hemen sezeceğini örnek verir. "Zeki ve gerçekten ciddi, çalışkan kişiler, yaptıkları işin edebiyatını yapan, yücelten insanlardan hazzetmezler." der, sanat duygusundan yoksun kişilerin sanat konusunda uzun uzadıya konuşma yeteneğine sahip olmasından yakınır. Birçok kavram gibi saygı da en az, yüceltildiği ortamlarda bulunuyor. Bugün her konuda kolayca atıp tutarken, ahkam keserken "saygı" sözcüğünü en sık kullananlar, saygıyı içlerinde en az duyanlar, saygının ne olduğu ve ne olmadığı üzerine en az kafa yoranlar. Biraz düşünürseniz siz de, kişisel sınırlarınıza müdahale etme hakkını kendinde gören, bir başka deyişle size saygısızlık eden kişi ve kuruluşların bunu yaparken kendi saygı söylemleri ardına sığındıklarını fark edeceksiniz. Saygı maskesi arkasında saygısızlığın normalleştirilmesi, hepimizin hayatının da normali haline gelmiş durumda.

Bir insana duyulması gereken saygı miktarının yaşla birlikte artması gerektiği düşüncesi, tamamen asılsızdır. Küçük yaştan beri böyle düşünmeme rağmen ömrümde hiç saygısız olduğum gibi bir eleştiri almadım; çünkü insanların her birine yaşlarından bağımsız olarak gösterilen saygı, açıkça söylenmediği takdirde kimsenin aklına "büyüklere saygısızlık" gibi kendinden menkul bir fikri getirmez, tek başına yeterlidir. Çocuklarınsa o asgari saygıya herkesten çok ihtiyacı vardır; çünkü egoları zayıftır ve bu egonun sağlıklı şekilde gelişebilmesi için çocukluk dönemindeki destek, bir daha asla yeri doldurulamayacak kadar kritik öneme sahiptir. Bugün "ego" sözcüğü maalesef yanlış biliniyor. Sağlıklı, güçlü bir egoya sahip kimse, kimseyi ezme ihtiyacı duymaz. Başkalarını ezme isteğine, tam tersine, egosu çocukken yeterince destek görmemiş ve sonrasında da gelişememiş kimselerde rastlanır. İlla bir klişeye ihtiyaç duyacaksak "çocuğa saygı", "büyüklere saygı"dan çok daha doğru ve yerinde bir klişe olurdu.

Çocukken bana, bir büyük "Nasılsın?" diye sorduğunda "Teşekkür ediyorum," diyerek susmam gerektiği, "İyiyim," demenin, soruya karşılık olarak "Siz nasılsınız?" diye sormanın ayıp olduğu öğretilmişti. Osmanlı adab-ı muaşeret kaidelerinde böyledir; çocuk, yetişkinle eşit bir ilişki içerisinde olmadığı için ona eşit bir karşılık vermesi ve "Siz nasılsınız?" diye sorması haddini aşması addedilir. Hatta "Nasılsın?" sorusunu da "İyiyim," diye cevaplaması münasebetsizliktir; çocuğun, halini soran yetişkine halini sorduğu için müteşekkir hissetmesi ve bu teşekkürü belirtmekle yetinmesi, nasıl olduğu sorusuna kafi bir cevaptır. Komutanın "Nasılsın asker?" sorusuna askerin "Sağ ol!" dışında yanıt vermesinin hadsizlik olacağı gibi.

Eski kültürümüzü bu kadar özümsemiş bir evde büyümeseniz bile eminim size de çocuğu yetişkin karşısında ezen birtakım kurallar öğretilmiştir. Mesela çocuğa yemek sofrasına herkesten sonra oturmayı ve yemeğe de herkesten sonra başlamayı öğretmek, hayli yaygın bir geleneğimiz. Annem bana bir yere gittiğimizde herkes oturana kadar beklememi, (sofrada, misafirliğe gittiğimiz evin salonunda, restoranda; her yerde) herkes oturduktan sonra eğer yer kalırsa oturabileceğimi, aksi halde ayakta dikilmem ve benden büyük birinin yerini işgal etmemem gerektiğini öğretmişti. Büyüdüğüm çevrede, akıl alır şey değilmiş gibi, "Filancanın evinde çocuklar herkesten önce sofraya oturmuşlardı!" diye konuşulur, çocuklarının böyle bir şey yapabilmesine ses çıkarmayan ebeveynler ayıplanır, çocukların bu hareketinin oradaki bütün büyüklere, masaya saygısızlık, bağışlanmaz bir görgüsüzlük olduğu düşünülürdü. Bir çocuğun henüz büyüklerin tamamı sofraya geçmeden orada kendisine bir yer seçtiğine şahit olursam kıpkırmızı kesilir, bunu yapan benmişim gibi utanırdım; zira ben de bir çocuktum ve o çocuk benim hâlâ dahil olduğum "çocuk olma çizgisi"ni aşıyordu. Bugün kırkıma yaklaşıyorum ve gittiğim yerde en büyük ben olsam bile oradaki herhangi birinden önce bir yer hak ettiğime inanmakta güçlük çekiyorum. Çocuğa böyle bir hiyerarşi aşılarsanız, çocuk ya ona biçtiğiniz "alt" konumu benimseyerek büyüyünce de o konumdan çıkamayacak, ya da, yaşının yeterince kemale erdiğini düşündüğünde yaşça kendisinden küçük olanları saygı söylemi altında ezecektir. Yani insan bu baskıyı ya kendisine ya başkalarına yönlendirir; ama her iki durumda da kişi aynı psikolojik istismarın mağduru. Neden ve ne şekilde istismar edildiğimizi anlamadığımız, göremediğimiz, kabul etmediğimiz sürece bu istismarı aşabilmemiz mümkün değil.

Bir çocuğa, büyüklerin çocuklar kadar enerjisi olmadığını, bu nedenle mesela otobüste bir yetişkinin ayakta durmasının bir çocuğunki kadar kolay olmayabileceğini söyleyebilirsiniz; nitekim işin aslı, gerçeği de budur. Ben size çocuğa karşı her konuda açık, dürüst ve içten olmayı teklif ediyorum. Bırakın çocuğunuz ezilmeyi değil, merhametli, eliaçık ve özverili olmayı öğrensin; bir yetişkine kendi yerini vermeyi kendisi seçsin. Yetkin şekilde iyiliksever olmanın gücünü, hissini çocuğunuzdan esirgemeyin. Çocuk güçlü, merhametli, yüce gönüllü olmayı ancak bu şekilde öğrenebilir. Kendi yerini kendisi veren ve bunu yapmanın gururunu yaşayan çocukla yetişkinin hak ettiği yere oturmayan çocuğun psikolojisi arasında büyük fark vardır; bu çocukların aynı şeyi yapıyor gibi göründüğü gözünüzü aldatmasın.

Bir çocuğun mutlu bir yetişkine evrilebilmesi için anne-baba olarak yapabileceğimiz tek bir şey ama tek bir şey vardır: Çocuğun kendisini değerli hissetmesini sağlamak. Dünya dört yandan, çocuğa kendisini değersiz hissettirmek, çocuğun özgüvenini baltalamak için uğraşıyor. Kendinden menkul bir değeri olduğu hissini verebildiğiniz çocuk, mesela üniversite sınavını kazanamadığında, istediği gibi bir iş bulamadığında bir miktar üzülebilse de yaralanmayacaktır, benliğinin değersiz olduğunu duymayacaktır. Değersiz olduğunu hissettirdiğiniz çocuk ise, girdiği her sınavda derece yapsa bile kendisini başarısız, yetersiz bulur, kendi değerini yaratmak için ne kadar uğraşırsa uğraşsın değersizlik hissini aşamaz. Kendisine oturacak bir yeri bile layık görmediğimiz çocuk, kendisinin değerli olduğunu nasıl hissedebilir?

Ege Üniversitesi İletişim Fakültesi öğretim üyesi Sıdıka Yılmaz, çocukluğundaki misafirlik tecrübesini şöyle anlatıyor:

> Çocukluğumda yemeğe davet edildiğimizde bazı evlerde çocuklarla büyüklerin masası ayrı hazırlanmış olurdu. Evin annesi bizleri, yani çocukları sanki çok iyi bir şey yapıyormuş gibi diğer küçük masaya davet ederdi. Bütün ilgi büyüklerin masasına olur, bizi kendi halimize bırakırlardı. Oradaki özensizliği çocuk halimizle hissederdik. Anne ve babaların masası büyük ve özenli, bizimki sıkış tepiş ve genellikle onlardan uzak bir yerde, ihtimalen mutfakta ya da çocuk odasında olurdu. Ama bazı evlerde bu ayrım yapılmaz, anne ve babalarla aynı masada yerimiz olurdu. Burada da kimi zaman problem hissederdim. Evet, aynı masada olurduk ama bir geçiştirilme hali yine yaşardık. En güzel mezeler babaların önünde olurdu. Önce büyüklerin yemekleri yenilenirdi. Görünmez olurduk sanki. Çok nadir evlerde birey yerine konulup, tıpkı büyüklere davranıldığı gibi özenli davranılırdı. Bu farkları nedense ifade etmez, anne babamıza söylemezdik. Katlanmamız gereken bir durum gibi algılardık ama her şeyin de farkında olurduk. Büyük sessizlikler içinde büyüdüğümüzü düşünüyorum, büyükleri seyrederek, kendimize ya da bir

diğerine yapılan nezaketsizlikleri görerek ama hiç tepki vermeyerek.

Okullarda çocukları her sabah, Andımız için, İstiklal Marşı için, 19 Mayıs'ta, 23 Nisan'da, 10 Kasım'da; bütün özel günlerde, yağmura, kışa, soğuğa, sıcağa bakmadan bahçede ayakta dikmek, "Sen değersizsin. Bu anlattığımız şeyler, senden çok daha değerli," demektir. Özel günlerde "Çocuklara bir şey anlatmak istiyorsanız önce onları sıcak, rahat bir yere oturtun. Siz bir şeyi nasıl dinlemeyi tercih ediyorsanız onlara da o koşulları sağlayın," diyorum ve çok kişiden "Bunu söylemek için 10 Kasım'ı/24 Kasım'ı/23 Nisan'ı/19 Mayıs'ı mu buldunuz! Sizin niyetiniz başka! Madem ataları onlar için bunca şeye katlanmış, onlar da azıcık üşüsünler, küçük bir fedakârlıkta bulunsunlar, bir şey olmaz!" gibi öfkeli tepkiler alıyorum. Bu geleneksel yaklaşım, herkes oturmuş yemek yerken çocuğun oturacak bir yeri hak etmeyebileceğini çocuğa ihtimal dahilinde de olsa öğreten anlayışla aynı. Çocuk herhangi bir fedakârlıkta bulunmak istediğinde bunu kendi rızasıyla yapmalıdır; başka türlü bir zorlama, bize fedakâr değil, otorite karşısında korkak, içten pazarlıklı ve düzenbaz bireyler olarak dönecektir.

Beş Yaşında Vejetaryen Olmak

Bundan on dört yıl önce Amerikalı arkadaşlarımın beş yaşındaki kızları Ella'nın vejetaryen olduğunu nasıl söylediklerini hatırlıyorum. "Ella buna kendisi karar verdi!" demişlerdi gururla; "Bir gün okuldan geldi ve orada bir video izlediğini, artık et yememe kararı aldığını açıkladı!" Ailede Ella dışında vejetaryen yoktu. "Eh, artık Ella'nın yeterince protein aldığına dikkat etmemiz gerekiyor tabii. Evde daha çok bakliyat pişiyor o günden beri," diyorlardı bir yandan, ama Ella'nın bu yaşta tek başına böyle bir karar verebilmesinden ne kadar mutlu oldukları açıktı.

Fakat mesele aslında tersinden işliyor: Ella'nın bu yaşta kendisine dair bir karar alabilmesinin nedeni, zaten ailesinin bu mutluluğundan, Ella'nın inisiyatif alma becerisini en başından destekleyen yaklaşımından geliyordu. Çocuğun kişisel tercihlerine saygı duymazsanız çocukta tercih etme mekanizması da gelişmez. Beş yaşındayken bir video izlesek ve et yemenin yanlış bir şey olduğuna zihnen ikna olsak, çoğumuz değil et yememeye karar vermeyi, böyle bir tercih ve karar hakkımızın olup olmayacağını kendi kendimize *sorgulamayı* dahi aklımızdan geçiremezdik; çünkü çoğunluğumuza farkında olmadan öğretilen şey, kendimize ait istek ve irademizin olamayacağı, kendimize dair konularda karar alma hakkımızın bulunmadığı idi. Bu yüzden, değil öyle veya böyle yapmaya karar vermek, öyle ya da böyle yapmayı tercih edeceğimiz bile farkındalığımıza ulaşabilen bir bilgi değildi.

Yirmi yıl kadar önce, elli yaşlarında bir adamın televizyonda konuşmasına şahit olmuştum. Sorunlarının temelini kendisinin ve eşinin ebeveynlerinin artık hayatta olmayışına bağlamış, birkaç kez ısrarla "Anne-babalarımız öldüler. Bu nedenle neyi nasıl yapabileceğimizi bilmiyoruz. Rehberden yoksunuz," diye yinelemişti. Bu bakış, "anne babaya saygı" adı altında içimize işleyen zihinsel istismarın sonucu. Depresyona neden olan temel şey, kişinin kendi hayatını kendi kontrolü altında hissetmemesidir. Büyükler, kendi istek, irade ve düşüncelerini çocuğa yerleştirir ve çocuğu bunun kendi istek, irade ve düşüncesi olduğuna inandırırlar. Amaç çocuğun kendi sesini, kendi duygu ve düşüncelerini duymasını sağlamak olmalıyken biz bunları bastırıyoruz. Hayatımız, sonrasında, çocukken bastırmayı öğrendiğimiz sesimizi yeniden bulmakla, onunla irtibata geçmeye çalışmakla geçiyor. Anne-babanın onayını almadan hareket edemeyen çocuk, büyüdüğünde de otorite olarak algıladığı merci her neyse onun onayı haricinde hareket etmeye ve hatta düşünmeye cesaret edemez. Geçtiğimiz aylarda amirinden dayak yiyen bir zabıta memurunun videosu internette dolaşmış, dayak yiyen zabıta memuru videoya karşılık olarak "Amirimdir, döver," şeklinde açıklama yapmıştı.

Ella'nın beş yaşında böyle bir karar hakkı olmasını eleştiren bir katılımcı, "Bu çocuk sonradan da vejetaryen olarak kalmış mı, çok merak ediyorum," demişti biraz alayla. Aslına bakarsanız bu detayın hiç önemi yok. Ella sonradan vejetaryen olmaya devam etmeseydi de bu bir şeyi değiştirmezdi; çünkü önemli olan, Ella'nın "Kendime dair bir karar alıyorum ve bu kararı uygulayabiliyorum," diye düşünebilmesi, hissedebilmesi, bu his ve düşüncesini gerçekleştirebilmesiydi. Geleneksel çocuk eğitimi, inisiyatif alamayan, hayatını kendi kontrolü altında hissetmeyen, ne zaman ne yapması gerektiğini bilemeyen ve her adımında üst mercilerin ağzının içine bakan, bu durumu açıkça sömürüldüğünde dahi "Amirimdir, döver," gibi söylemlerde bulunan yetişkinler yetiştirir. Anne-babanın hangi davranışlarının çocukta tahribata neden olduğunu göstermek istediğimde, anne-babalığı kutsal addeden dinleyicilerim arasından hemen savunmaya geçen, anne-babayı suçladığımı söyleyerek düşünülmemiş reflekslerle tepki verenler olabiliyor. İronik olan şu ki anne-babayı yahut bir başkasını suçlama, Ella gibi karar hakkı olan değil, başkalarının kendi yerine karar vermesine boyun eğmesi gerektiğini benimseyen kimselerde görülür. "Çok istiyordum, ama annem/babam ... olmama izin vermedi. Ben de olamadım," gibi cümleler kuran biri, anne-babasına bu yüzden kızar görünse de onlara boyun eğmesini meşrulaştırmış, boyun eğme (yahut başka bir) davranışının sorumluluğunu üzerine almamış, anne-babasına yüklemiştir. Nitekim toplumumuzdaki temel problem de bu ikircikli yaklaşım. Psikolojiyle ilgilenen herkes bilir ki kendi acılarının, duygularının, hayatının, davranışlarının sorumluluğunu kabul etme çok önemli bir aşamadır. Anne-babayı ve sonra anne-baba üzerinden farklı otorite figürlerini haksız görme ama yine de haksız gördüğünüz bu davranışların sizin hayatınız üzerinde dolaylı veya dolaysız tahakküm kurmasına izin verme, içten yahut dürüst olmayan, kendi hayatına odaklanmak yerine başkalarının hayatını izleyen ve onları kıskanan, hayatının direksiyonunu eline almayan ve sürekli şikâyet eden, kendi sıkıntılarından dolayı, elinde olmayan şartları, başkalarını suçlayan ve bunları değiştirmek için hiçbir şey yapmayan, hayata karşı edilgin bir tavrı olan, fakat memnuniyetsiz, fakat yakınan, fakat birbirinin kuyusunu kazmakla meşgul bireylerle dolu bir toplum meydana getirir.

Çocukken, sevgi ve kabule ihtiyacımız vardı, çünkü bunlar olmadığı sürece *yaşayamayacağımızı* "hayatta kalma içgüdümüz"le biliyorduk. Eğer o dönemde ihtiyacımız olan koşulsuz sevgi ve kabulü görebilseydik, şimdi başkalarının onay ve sevgisine ihtiyacımız varmış gibi hissetmezdik. Bir başkasının fiziksel ve duygusal bakımına muhtaç olduğumuz yıllar geride kaldı. Hepimiz bu ihtiyacımızın öyle veya böyle sömürüldüğü bir çocukluk yaşadık, bize anne-babamıza borçlu olduğumuz ve ne yaparsak yapalım bu borcu ödeyemeyeceğimiz öğretildi. Anne-babamız dahil hiç kimseyi suçlamamamız için, önce anne-babaya itaati kutsal gören zihniyetimizi değiştirmemiz gerekiyor. İngilizce söylersem, "Learning is easy. To unlearn is the task." Yani, öğrenmek kolay, öğrenilmiş bir şeyi unutmak güçtür. Size ne öğretilmiş olursa olsun, artık kendi yaşamınızdan ve duygu durumunuzdan tamamen kendinizin mesul olduğunu, büyümekle birlikte her açıdan kendi kendine yeten bir varlık haline geldiğinizi, artık kimsenin sevgisine ve onayına ihtiyacınız olmadığını kendinize sürekli hatırlatabilirsiniz.

Kimse Kimseyi Mutlu ya da Mutsuz Etmez

Kimse kimseyi mutlu etmez. Birileri bir şey yapar ve biz mutlu oluruz. Kimse kimseyi mutsuz da etmez. Yine, birileri bir şey yapar ve biz mutsuz oluruz. Bizi mutlu ve mutsuz eden davranışlara karşı çaresiz olduğumuz hissi, çocukluk çaresizliğimizden kalmadır, gerçek değildir. Kendim dışında hiç kimsenin ne zaman nasıl davranacağını bilemem, kestiremem. Ama mesela sigara içilen bir ortamda, rahatsız oluyorsam şayet, kalkıp yer değiştirebilirim. Yer değiştiremeyeceğim bir ortamdaysam, nasıl olup da bana zarar verdiği halde yer değiştiremeyeceğim bir ortama kendimi nasıl soktuğumu sorgulamam gerekir. Yer değiştirmeyip sigara içenlere kızmak; işte, bu, sağlıksız bir davranıştır.

Çok temkinli bir şoför olan babam "Trafiğe çıktığınızda herkesi deli kabul edin. Her şoför her an her şeyi yapabilir diye düşünün," der. Bu, aslında, trafik kadar hayat için de geçerli bir görüş. Hayatta herkes her an her şeyi yapabilir, ve kimin ne yapabileceği benim kontrolüm, iradem dışındadır; bana düşen, benim sorumluluğumda olan, kim ne yaparsa yapsın orada benim ne yapacağım olur. Örneğin bana kötü davranan sevgilimi/eşimi değiştiremem –ve nitekim herhangi birini değiştirmeyi de zaten düşünmemem gerekir–; ama bana kötü davranan sevgilimle/eşimle ilişkimi bitirebilirim. Bize bitirme özgürlüğü tanınmayan ilişki gerçek bir ilişki değildir. Buna, anne babamızla ilişkimiz de dahil.

Hayatta herkes her an her şeyi yapabilir. Beni çok sevdiğine inandığım kocam, otuz yıldan sonra bir gün gelebilir ve "Bir başkasını seviyorum. İki çocuğumuz da bunca yıllık geçmişimiz de artık umurumda değil," diyebilir. Eşimiz, çocuğumuz, dostumuz ölebilir, kaybolabilir, bizimle ilişkisini bitirebilir. Şu an sahip olduğumuz her şeyi ama her şeyi her an kaybedebiliriz.

Erich Fromm, insanın kendisini *sahip olduğu* şeylerle tanımladığını söyler. Bir eşe, çocuklara sahip olmak, diplomaya sahip olmak, işe sahip olmak, bir insana *kim olduğu* sorusu sorulduğunda kişinin kendisini tanıtmak için anlattığı şeylerdir; halbuki, Fromm'un da vurguladığı gibi, bunlar *kim olduğumuza* değil, neye *sahip olduğumuza* dairdir ve gerçekte bizi tanımlamaz.

Gerçek anlamda sahip olduğumuz tek şey, kendimizdir. Hayatta hiç kimse yoktur ki onunla kurduğumuz ilişki kendimizle kurduğumuz ilişkiden değerli olabilsin. Kendi yalnızlığını sağlıklı şekilde kuramayan kimsenin, bir başkasıyla sağlıklı bir ilişki kuramayacağı gerçeği de aynı sebepten. Yalnızlığımız değerlidir; bir başkasını da hayatımıza, yalnızlığımızdan değerli olduğu ölçüde ve hak ettiği sınırlar dahilinde alabiliriz. Kendimizi değerli görmediğimiz sürece bir başkasıyla ilişkimiz de sağlıklı koşullar altında ilerleyemez. Muhatabımız kendisini değerli görmediğinde de bu bize ciddi bir sorun olarak yansıyacaktır; kendisiyle barışık olmayan kişiyi, ne yaparsanız yapın memnun edemezsiniz. Kendimize hep hatırlatmamız, çocuğumuza öğretmemiz gereken şey şu: Dünyada, öldüğünde yahut bir şekilde kaybettiğimizde varlığımızı idame ettiremeyeceğimiz kimse yoktur; kendimiz hariç. Kendimiz dışında kimseye ihtiyacımız gerçek bir ihtiyaç değil. Herhangi biriyle ilişkimizi kendimizden, kendi iyiliğimizden değerli tutmak, oldukça sağlıksız bir tutum. Önce ve önce kendimiz iyi olmalı, kendimiz bize zarar veren kişi ve davranışlardan kendimizi korumanın yollarını bulmalı, geliştirmeliyiz. Bu bazılarına ilk bakışta bencillik gibi görünse de, kendimizi öncelemediğimiz, kendimiz iyi ve mutlu olmadığımız sürece bir başkasına faydalı olabilmemiz zaten söz konusu değil.[8]

---

[8] "Kendimiz" ile "kendimiz dışındaki" arasındaki çizgiyi biraz açıklamaya çalışayım. Eşim, bu güne dek başıma gelen en güzel şey. Ama mesela yazdığım romanlar, *başıma gelen* bir şey değil. Kitaplarımızın yayımlanması, *başımıza gelen* bir şeydir, bizim dışımızda gelişen bir hadisedir; kitapları yazmak ise bizim edimimizdir, direkt bize aittir ve bu yüzden büyük mutluluk verir. Nobel ödülünü reddederken "Ben ödülümü kitaplarımı yazdığımda almıştım." diyen Sartre'ın açıklaması çok yerinde. Bir roman yazan kişinin, sayısız roman yazma kapasitesi vardır. Yazdığınız kitabı hiç kimse okumayabilir, yayımlamayabilir; ama, bir kitap yazma kapasitenizi, bir kitap yazmış olduğunuz takdirde, sayısız başka kitap yazıp masanızın üstüne koyma kapasitenizi hiç kimse elinizden alamaz. İnsana kendisini güçlü hissettiren temel mesele de işte buradadır. Eşim, başıma gelen en güzel şey olmakla birlikte, söylediğim gibi, bir gün aniden ölebilir yahut hayatına bir başkasıyla devam etmek isteyebilir. Bu durumda

Çocuğumuza, kendisini ona zarar veren herkesten korumasını öğretirken bu "herkes"e kendimiz de dahil olmadığımız sürece bunu gerçekten kastediyor olamayız. Ebeveyn olarak amacımız, çocuğumuzun kendisini gerektiğinde bizden de koruyabilecek kadar özerk, duygularıyla otonom, kendi içinde güçlü, kendi kendisine yeten bir varlığı olması olmalı. Bu, çocuğa bizim verdiğimiz bir özgürlük değildir; insan olmanın özü, her insanın doğuştan getirdiği temel, doğal hakkıdır. "Seni mutlu eden buysa bizden uzakta yaşa," gibi sözler sarf eden ve böyle konuşarak büyüklük ettiğini düşünen anne-babalar tanıyorum; sitem etmek yerine, hangi davranışlarını değiştirirlerse çocuklarının onlarla daha çok vakit geçirmek isteyebileceği üzerine kafa yormalılar, eğer istedikleri, çocuklarıyla daha çok vakit geçirmekse. Dünya üzerinde evlat-ebeveyn ilişkisi dahil olmak üzere herhangi bir ilişki içinde bulunan hiç kimse hiç kimseyi sevmek, hiç kimse hiç kimseyle görüşmek zorunda değildir.

Hastalıkta ve yoksullukta eşimizin yanında olabiliriz, beklemediğimiz sıkıntılara eşimizle birlikte göğüs gerebiliriz, ama ne olursa olsun beraber olma ve karşılaşılan sorunlarla birlikte mücadele etme sözü, eşimiz "bize iyi davrandığı sürece" geçerli olabilir ancak. Özellikle kadınların, kendilerini yıpratan ilişkileri sürdürmesi, hatta çoğu zaman, onlara bir erkek onları sevdiği müddetçe değerli olduklarını öğreten kültür yüzünden. Nitekim sona ermesi gerekmeyen hiçbir ilişkinin sona ermeyeceği, hatta sekteye de uğramayacağı kanısındayım.

Alice Miller'ın *Beden Asla Yalan Söylemez* kitabını, psikiyatrist Cem Mumcu arka kapakta şöyle tanıtmış:

---

ben kendimi ne kadar güçlü yaratabildiysem, benden bir başkası olan eşimin kaybından o kadar az müteessir olurum. Ben romanlarımı yaratıyorum ve romanlarım da beni yaratıyor. Biz hayatımızı yaratıyoruz ve hayatımız da bizi yaratıyor. "Roman" yerine herhangi bir şey koyabilir yahut bir dış edimden hiç söz etmeyebiliriz. Ama bir fikri somut bir biçime, eyleme dönüştürmek, yani bir şey yaratmak, ortaya koymak, insanın kendini inşasının en güzel, en açık örneğidir.

Birine öfkelenme özgürlüğümüz yoksa onu sevmeyi seçemeyiz. Sevmeme özgürlüğümüz olmayan birini gerçekte(n) sevemeyiz.

Birine karşı hissettiğimiz duygu "ona karşı hissetmemiz gerekenler" diye önceden tarif edilmişse, onunla meselemiz bitmeyecek, hatta başlayamayacaktır bile.

Gerçek hayatta "Böyle hissetmem lazım!", "Şöyle hissetmem lazım!" diye bir şey yoktur çünkü. Hisler ne yönde gideceklerini gerekliliklere sormazlar.

Kabullenme özgürlüğümüz olmayan her duygu dışarıya akmayan bir irin gibi bedenimizi ve ruhumuzu ele geçirir. İçimize hapsettiğimiz her duygu aynı zamanda içimizi hapseder.

Kitapta Alice Miller, gerçek duygularını bastırmak zorunda kalan çocuğun, artık anne-babasına duyduğu sevginin pek de sevgi olmayan, hastalıklı bir bağlanma, korku ve görev duygusunun karışımı bir şeye dönüştüğünü ve görüntüden ibaret olduğunu söylüyor. Kişi çocuklarından ya da arkadaşlarından bu tür bir sevgiyi talep etmeyi bıraktığı ve dayatılan ahlaki emirlere uymaya çalışmaya son verdiği an, sevgi hissinin de kendiliğinden ortaya çıktığını, gerçek sevginin, kişi sadece kendisini özgür hissettiğinde, olumsuz duygular dahil olmak üzere bütün duygulara açık olduğunda mümkün olabileceğini vurguluyor.

> Bir çocuk dünyaya geldiği zaman, ebeveynlerinden en çok ihtiyaç duyduğu şey sevgidir; yani şefkat, dikkat, ilgi, korunma, dostluk ve iletişim kurma isteğidir. Bunlar sağlandığı takdirde, bedenleri hayatları boyunca bu iyi anıları taşıyacaktır ve sonra yetişkinler olarak aynı sevgiyi kendi çocuklarına aktarabileceklerdir. Ancak durum böyle değilse, çocuklar hayatları boyunca ilk hayati ihtiyaçlarının tatmin edilmesine dair bir özlemle baş başa kalacaklardır.

Hayatlarının geri kalanında bu özlem, başka insanlara yönelik olacaktır. Buna karşılık, çocuklar "yetiştirme" adı altında ne kadar acımasız bir şekilde sevgiden mahrum bırakılır, yadsınır ya da kötü muamele görürse, yetişkin oldukları zaman -en çok ihtiyaç duyduklarında o sevgiyi vermeyen- aynı anne babaya ya da onların yerindeki kişilere o kadar çok bel bağlayacaklardır. Bu bedenin normal bir tepkisidir. Beden tam olarak neye ihtiyaç duyduğunu bilir, mahrum kaldıklarını unutamaz, mahrumiyet ya da boşluk oradadır, doldurulmayı bekler.[9]

Buradaki "kötü muamele"yi sadece dayak ya da bağırma gibi anlamamak gerek. Çocuğumuza bu tür bir sevgi göstermenin yolu çocuğun hislerini anlamak, çocuğa bu hislere uygun şekilde muamele etmek, çocuğu her şeyiyle ve bütün hisleriyle kabul etmektir. Çocuktan bizi kafamızdaki anne-baba sevgisi kalıplarına göre sevmesini, bize öfkelenmemesini, karşı çıkmamasını beklemek de kötü muameledir. Bu şekilde bizden "ayrı" bir varlık olarak kabul edemediğimiz çocuk, sevildiğini hissedemeyecek ve ömrü boyunca bu sevgiyi başkalarında arayacaktır. Çocukken sevildiğini hisseden kişi, dünyada hiç kimse onu sevmese de bundan yaralanmaz ve artık yetişkin olarak kimsenin sevgisine, onayına ihtiyacı olmadığını bilir.

Uzun süre nefret duygularıyla kendine eziyet eden genç bir kadın, nihayet annesine "Küçükken bana yaptığın anneliği sevmiyordum. Senden nefret ediyordum ve bunun farkında bile değildim," diyecek cesareti toplamıştı. Yalnızca kendisinin değil, annesinin de bu ifadenin karşısında rahatladığını görmek onu şaşırtmıştı. Derinlerde bir yerde ikisi de ne hissettiklerini biliyorlardı. Artık bu gerçek söze dökülmüştü. Ondan sonra yeni ve dürüst bir ilişki kurmaya başlayabileceklerdi.

9 S. 17

Zoraki sevgi, sevgi değildir. Zoraki sevgi, yalnızca herhangi bir iletişimin olmadığı, aslında var olmayan bir sıcaklık ve samimiyet taklidinin yapıldığı, kini hatta nefreti maskelemek üzere yaratılmış yapmacık bir şefkat ifadesinden ibaret "sahte" bir ilişkiye yol açar. Asla gerçek bir karşılaşmaya yol açmaz.

... Gerçek bir ilişki, her iki taraf da duygularını itiraf edebilirse, bu duyguları korkmadan yaşayıp birbirlerine ifade edebilirse mümkün olur. Bunun gerçekleşmesi iyi ve mutluluk vericidir. Ancak bu nadir görülür.[10]

Çocuğa En Çok Zarar Veren Şeyler, Size Çocuğa Zarar Verdiği Öğretilmiş Şeyler Değildir

Asansöre biniyorum ve üç yaşındaki komşumun göz hizasına eğilerek, ona nasıl olduğunu soruyorum. D.'nin cevap vermesine fırsat kalmadan, annesi "'İyiyim' de kızım," diyor. D. "İyiyim," diyor. Başka bir şey soruyorum. Annesi yine, çocuğun konuşmasına izin vermeden "... de kızım" diyor. D.'ye toplamda dört soru soruyorum ve dördü de D. henüz konuşmadan annesinin ona dikte ettiği cevapların tıpatıp aynısıyla cevaplanıyor. Bana daha da acı gelen şey, bu durumu yetişkinlere anlattığımda "Aman, çocuk işte. Bir şey olmaz," "Annesinin niyeti kötü değil," gibi cevaplar vermeleri, anneyi savunmaları. "Yetişkinler itaati büyümekle karıştırırlar; halbuki itaat, çocuğun en büyük ahlaksızlığıdır." der Winnicott. Böyle bir çocuk, kendisi düşünmeyi ve kendi cümlelerini kurmayı öğrenmek isterse, büyüdüğünde ekstradan çaba sarf etmesi gerekecek. Bizim düşüncelerimizin sesinden çocuğun kendisi bile kendi sesini duyamazken, biz onu nasıl duyalım?

Kendisine ihanet etmeyi öğrettiğimiz çocuğun bize ve hayata karşı dürüst olmasını bekleyemeyiz. Ve, sizin karşınızda ezilmesini öğrettiğiniz çocuğun, yarın öbür gün başkaları

10 A.g.e., s. 147, italikler bana ait.

karşısında da ezilmemesini, omurgası dik, sağlam durmasını beklemeyin. Hayatta başına birbiri ardına kötü şeyler gelen, bizim dışarıdan "Ne kadar da talihsiz bir insan!" diye değerlendirdiğimiz, çok fazla haksızlığa uğramış, ezilmiş, istismar edilmiş insanların hepsi, çocukken kendilerine öğretilmiş baskıyı, kuralları fazla içselleştirilmiş, benlikleri ve benliklerini savunma yetenekleri çocukluk döneminde yeterince desteklenmemiş kimselerdir. Bu durumu değiştirebilmeleri için önce, çocukken başlarına ne geldiğini ve neyi "yanlış öğrendiklerini" anlamaları, kabul etmeleri şarttır.

Herkesin çocuğa zarar verdiğini bildiği şeyler, cinsel ve fiziksel istismar, anne-babanın boşanması, anne-babadan birinin ölümü, ihmal gibi durumlardır. Bunlardan birinin gerçekleşmesi halinde herkes çocuğa karşı anlayışlı olur, çocuğun acısını takdir eder, zararı elden geldiğince telafi etmeye çalışır. Fakat çocuğa asıl zarar veren günlük istismarın farkına çoğumuz varamayız. Bir çocuk istismarı vakası haberlere düştüğünde, sosyal medya "Çocuk istismarına dur de!", "Çocuk bedenime dokunma!" gibi sloganlarla dolup taşıyor. Dünyadaki herkes "Çocuk istismarına dur de!" diyen bir görsel paylaşsa ve yine herkes bu görsellerden en az onunu okusa, dünyada çocuk istismarında hiçbir değişiklik olmayacaktır; zira çocuk istismarının yanlış olduğu, bu istismarı yapanlar da dahil olmak üzere herkes tarafından zaten açık seçik bir gerçek olarak bilinmektedir. Bunun yerine çocuğu sürekli olarak ezen gizli, gündelik istismara odaklansaydık, çocukları büyüyünce başka çocukların tacizcisi ve tecavüzcüsüne dönüştüren yaklaşımı durdurabilirdik.

Bize bir çocuğa acı verdiği öğretilmiş şeyler, çoğu zaman çocuğa, hiç tahmin edemediğimiz şeylerden daha az zarar verir. Bunun önemli bir nedeni, tabii ki, bu durumların çocuğa verdiği acıyı görebildiğimiz için, bunlar açığa çıktığında çocuğa nispeten uygun şekilde davranabilmemiz ve bu konularda çocuğun duygularına karşılık verebilmemiz. *Gizli Özne* kitabımda, bize çocuk için talihsizlik olduğu öğretilen şeylerin hiçbirine maruz kalmamış bir çocuğun bu talihsizlikleri yaşayan bir çocuktan daha ağır hasara uğrayabileceğini göstermeye çalıştım. *Gizli Özne*'nin 2018 baskısına eklediğim Yazarın Notu'nda da anlattığım gibi, bir atölye arasında yanıma gelen çocuk yaşta bir genç kız, o günden beri hiç aklımdan çıkmıyor. Bu genç kız bana anne-babayı suçlayabileceğimiz tek şeyin cinsel istismar olabileceğini, ortada bir cinsel istismar vakası olmadığı sürece anne-baba ne yaparsa yapsın çocuğun iyiliği için yaptığından haklı olduğunu söylemişti. Anne-baba dışında biri çocuğu istismar ediyorsa, hele hele bu uzun süren bir istismarsa bunun suçlusunun da anne-baba olduğunu sonra açıklayacağım. *Gizli Özne*'de, cinsel istismarın cinsellik içermeyen sayısız şekilde yaşanabileceğini, bildiğimiz anlamda cinsel istismara uğramamış bir çocuğun bildiğim bütün taciz ve tecavüz hikâyelerinden daha ağır bir cinsel travma geçirmesi üzerinden anlattım.

1986 doğumlu bir erkek arkadaşım bana geçtiğimiz aylarda, çocukken televizyonda bir öpüşme sahnesi çıktığında dayısının elleriyle onun gözlerini kapattığını, bugün bir öpüşme sahnesi gördüğünde hâlâ terlediğini, rahatsız olduğunu, istediği halde kızlarla öpüşemediğini anlattı. Öpüşme sahnesi var diye çocuğun gözlerini kapatmak, çocuğu küçük düşürücü bir hareket olması bir yana, cinsel tacizdir. Bu şekilde çocuğa öpüşmenin yanlış bir şey olduğu fikrini aşılamak çocukta tabii ki –dayısının zannettiği gibi "evlenmek"le geçmeyen– kalıcı bir cinsel hasar bırakacaktır. Bir sözün, davranışın, çocuğun cinselliğine zarar vermesi ona "cinsel taciz", "cinsel istismar" diyebilmemiz için yeterli.

Ankara'daki çocukluk atölyesine katılan tıp öğrencisi Sevgi Okuman, anne-babanın yalnızca cinsel istismar söz konusu olduğunda suçlu görülebilmesinin nedenini alt zihnimizde en büyük kötülüğün cinsellik olmasıyla açıklamıştı. Başka şeylerin çocuğa cinsel istismardan daha çok zarar verebileceği, çocuğun zaten duygusal olarak ve zihnen istismar edildiği için cinsel açıdan sömürülmeye de açık olduğu, cinsel istismarı diğer tür istismarlardan ayıramayacağımız, bir gerçek. Bizim ihtiyacımız olan şey, çocukla ilgili şeylere çocuk açısından bakabilmek. Halbuki çocuğun derdini çözmeye çalışırken bile ona yetişkinin bakış açısıyla bakıyor, farkında olmadan, yetişkinlikle edindiğimiz değer ve yargıları kullanıyoruz.

Yemek masasına küçük pembe ayaklarını uzatan iki buçuk yaşında bir kız çocuğu görmüştüm. "Yemek masasına ayak uzatmama", yemek masasına atfettiğimiz kutsallık, tamamen bizim sonradan edindiğimiz bir görüştür; çocuk, ayaklarını yemek yenilen yere uzatmakla tabureye basma arasındaki farkı ayırt edemez. Nitekim çocuk, mesela aborijin bir kabilede büyüdüğü takdirde böyle bir farkı hiçbir zaman öğrenmeyecek, anlamayacaktır. Masadaki en yaşlı kişi küçük kıza "Yemek masasına ayak uzatılmaz," demişti. Çocuk gülümsemiş, ayaklarını masadan çekmemişti. Bu kez babası kıza ayaklarını masadan çekmesini söylemiş, kız yine gülümseyerek hareketsiz kalmıştı. Bunun üzerine babası elindeki bir bardak sıcak çayı kızın ayağı üzerine kaldırdı ve "Şimdi bu sıcak çay ayağına dökülse nasıl olur?" dedi. Küçük kız bunun üzerine kıkır kıkır güldü. Gülüyordu, çünkü aslında utanıyordu. Neyi yanlış yaptığını anlayamadığı, söylenenlere anlam veremediği için ortaya çıkan utancını en başından beri gülümseyerek, gülerek, ayağını masadan çekmeyerek dengelemeye çalışıyordu.

Buradaki karşı koyuş, çocuğun kendi benliğini savunmasıdır, sağlıklıdır. Her yaşta sıkı sıkıya tutunmamız gereken, güçlü şekilde inşa etmemiz gereken, bunu yapmadığımız sürece mutlu olamayacağımız, bunu başaramadığımız ölçüde başkalarının bizi mutsuz etmesine, istismar etmesine, sınırlarımıza müdahale etmesine izin vereceğimiz, bunu başarabildiğimiz ölçüde kendimize, yakınlarımıza, dünyaya faydalı olabileceğimiz benliğin savunmasıydı bu, ve, her zaman olduğu gibi yine, dünya dört yandan bu benliği ezmek, öldürmek, sakat bırakmak, tırnaklarını sökmek, işlevsiz ve atıl hale getirmek için uğraşıyordu. Yemek masası yahut başka herhangi bir şey sizin için kutsal olabilir; ancak çocuklara yaklaşırken bütün kutsallarınızı bir kenara bırakmalı, çocuğun sizin kutsalınıza dair henüz hiçbir fikri bulunmadığını aklınızdan asla çıkarmamalısınız. Yemek masasına ayak uzatılmaması gerektiğini düşünüyorsanız, çocuğa "Yemek masasına ayak uzatılmaz!" gibi büyük cümleler kurmak yerine durumu "Biz burada yemek yiyoruz. Burası temiz. Ayaklarımızla o kadar temiz olmayan yerlere basabiliyoruz. Yemek yediğimiz yerin temiz kalması daha güzel oluyor," gibi, çocuğun anlayacağı cümlelerle izah etmeye çalışın. Halbuki büyük cümleler, çocuğun anlayabileceği, anlam kurabileceği cümleler olmamak bir yana, ona "Sen önemli yahut değerli değilsin. Yemek masası –ya da söz konusu kutsal şey her ne ise o– önemli/değerli," mesajı verir. Yine çocuk açısından bakalım, çocuğun bu durumdan ne anlayacağını görmeye çalışalım: Bir bardak çayı, küçük bir çocuğun bedenine kıyasla büyük bir kazan dolusu kaynar su gibi düşünebiliriz. Bu "çocuktan daha değerli" şey o kadar değerlidir ki, o değerli şeyin iyiliği için çocuğu bir kazan kaynar suyla haşlamakla tehdit edebilir, çocuğun bedenini –ve tabii ruhunu– feda edebiliriz. Halbuki, Alice Miller'ın da dediği gibi, çocuğun ruhu sizin malınız değildir, anne-babasınız diye onunla dilediğiniz gibi, gelişigüzel oynama hakkınız yoktur.

Çocuğu herhangi bir şeyle tehdit etmekle onu gerçekten yapmak arasında büyük fark yoktur. Çocuklar, sadece tehditten ibaret tehditlerinizin sadece tehditten ibaret olduğunu anlayamazlar, onlardan gerçek ihtimaller olarak etkilenirler. Kırk yaşını geçmiş, işinde başarılı, ekonomik bağımsızlığını kazanmış bir kadının hâlâ her an "ailesinin onu okuldan alacağı" korkusuyla yaşadığına tanığım. İlkokuldan sonra okula gönderilmeyen annesi, F.'ye ortaokula başladığı günden itibaren "Hele bir yanlışını göreyim, alırım seni o okuldan! Evde oturur, bana yardım edersin!" gibi cümleler kuruyormuş. On bir yaşındaki F. annesinin nasıl bir yanlıştan söz ettiğini bir türlü anlayamıyor, ama "yanlış yapma ihtimali" ona sürekli hatırlatıldığı ve kendisine potansiyel suçlu muamelesi yapıldığı için çok güçlü bir suçluluk ve korku duyuyormuş. Annesi, F.'ye böyle söylediğini şimdi hiç hatırlamıyor ve "F.'yi okuldan almak gibi bir düşüncesi zaten hiç var olmadığı için" F.'nin bundan dolayı acı çekmesine anlam veremiyormuş.

Bütün anne ve babalar kendi travmalarının acısını, o travmayı aşamadıkları ve çözümleyemedikleri, kendi anne-babalarının o travmadaki suçunu tam manasıyla kabul edemedikleri takdirde çocuklarına çektirirler. Kız olduğu için okula gönderilmeyen ve okula gönderilmemesini bir şekilde rasyonalize etmeye çalışan, anne-babanın ne yaparsa yapsın çocuğunun iyiliği için yaptığına inanan bir anne, bunun acısını dünyada hiç kimseye ya da oğullarına yansıtmasa da mutlaka kızından çıkaracaktır. F., o on bir yaşındayken yaşanan bir hadiseyi örnek veriyor. Televizyonda bir filmde, fahişe olduğu zannedilerek muayeneye götürülen ve muayene sırasında korkan, utanan, ağlayan bir kadın varmış. Annesi herkesin yanında öfkeyle parmağını F.'ye uzatmış ve "Bak, gördün mü! İşte böyle götürürler fahişeleri muayeneye! Böyle götürürler!" diye bağırmış. Babası, erkek kardeşleri bu sırada, F. gerçekten fahişelik yapmış ve muayeneye götürülmüş gibi sessiz bir acı ve utançla susuyorlarmış.

F.'nin annesini tanıma şansım olmuştu. Bu dahil olmak üzere F.'nin anlattığı onca anlamsız şeyi yapabilecek bir kadına, hiç benzemiyordu. Nitekim kendisi de bu yaptıklarının neredeyse hiçbirini hatırlamıyor, "Ben böyle bir insan değilim. F. bunları kendisi uydurup inanmış," diyerek F.'ye dudak büküyordu.

İnsanın En Olumsuz Yanını Gösterdiği Kişi, Çocuğudur

Bir insanı tanıdığımızda, onu anne/baba olarak tanımadığımızı asla unutmayalım. F. de normalde makul bir insan olan annesinin yeryüzünde böyle davrandığı tek kişinin kendisi olduğunu söylüyor. Bir insanın en olumsuz, en sağlıksız yanını gösterdiği kişi, her zaman, çocuğudur. Alice Miller, büyülü şairane resimleriyle tanınan büyük ressam Paul Klee'in diğer yüzünü sadece çocuğunun bildiğini yazmıştı. Ressamın oğlu Felix Klee 72 yaşında verdiği bir röportajda "Babamın iki yüzü vardı, şaka yapmayı çok severdi. Ama öte yandan da sopayı eline alıp çocuk eğitmeye kalkardı." demiş.[11]

Kadınlar, kız çocuk oldukları için gördükleri ve bir şekilde kabul ettikleri eziyeti, oğullarına değil kızlarına yaşatıyorlar. Çocuk sahibi olduğumuzda da içimizden tanımadığımız biri çıkar. İşte o, olumlu yanlarımız kadar en derin travmalarımızın da can bulduğu yeni bir kişidir. "Anne arketipi" (mother archetype), zıt kutuplu "melek" (angel) ve "kötü cadı" (witch) arketiplerini aynı anda barındıran, bu iki yöne de gitme potansiyelini içinde barındıran bir arketiptir. Nitekim çocuğun kafasını karıştıran da bu. İngilizcede, "Tanrı'nın çok işi vardı, bu yüzden anneleri yarattı," diye bir söz duymuştum. Özellikle annenin, çocuğun her daim koruyucu meleği olduğu doğru. Çocuk sahibi olmayı, kolunuz, bacağınız gibi bir azanızın sizden bağımsız dolaşmasına benzeten analojiyi de çok yerinde bulurum. Annenin "melek" tarafı, herkesin kabulü. Anne salt "kötü cadı"dan oluşsaydı, bu, çocuk için çok daha kolay olabilirdi. Ama başkalarının da çocuğun da, annenin "kötü cadı" tarafını "melek" tarafıyla örtbas etmek istemesi, "kötü cadı" tarafı "melek" yanının bir sonucuymuş gibi göstermesi, işte, çocuğu ve bizi anneyi değerlendirirken çıkmaza sokan, çocuğun dramına ve bizim de yetişkinlikteki iç çatışmalarımıza, açmazlarımıza zemin hazırlayan, kendi çocuğumuza ve çocuklara karşı "kötü cadı"ya dönüşmemize neden olan ve tüm bunları görmemizi önleyen, bu. Biz annelere (ve aslında tabii babalara da) ya "melek" ya "kötü cadı"ymış gözüyle bakıyor, bu ikisini birbirinden keskin çizgilerle ayrıymış gibi düşünüyor, mesela kızına tecavüz eden babayı hemen salt "kötü"

---

[11] *Başlangıçta Eğitim Vardı!*, s. 132

tarafa oturtuyoruz. Halbuki, Annie Rogers'ın onu bebekliğinden beri cinsel ve fiziksel olarak hayli kötü şekilde istismar eden annesinin bile anne olarak "melek" bir tarafı vardır. Bu annenin, dışarıdan bakıldığında, bizim hep yücelttiğimiz gibi "yemeyen, yediren; giymeyen, giydiren" annelerden çok farklı olduğunu zannetmiyorum. Bizim "istismarcı" olarak kara listeye koyduğumuz anne-babaların çoğu, anne-babalığın yücelttiğimiz vasıflarını fazla fazla, hatta belki benim gözümdeki ideal anne-babadan daha güçlü ve yoğun taşırlar. Ama biz anne-babaları çocukta sadece görünür bir hasar olduğunda, onda da tekmil şekilde suçluyoruz.

Çocuğa anne-babasının, yetişkinlerin gözünden bakarız; çünkü biz de artık yetişkin haline gelmişizdir, dünya yetişkin kurallarıyla düzenlenmiş bir yerdir ve biz de o yetişkin dünyanın kurallarını çoktan içselleştirmişizdir, ve çocuğun anne-babasını ve dünyasını çocuktan daha öncesinden tanıyoruzdur, çocuk "yeni"dir. Uzun zamandır tanıdığımız ablamızın, arkadaşımızın, yakınımızın çocuğunu değerlendirirken, farkında olmadan anne-babanın tarafında durur, çocuğu onların bize tanıttığı gibi tanımaya, olayları onların perspektifinden değerlendirmeye meyilli oluruz. Halbuki çocuğun realitesi bizimkinden farklıdır ve çocuğun en çok ihtiyaç duyduğu şey, kendi realitesi içinden değerlendirilmektir. *Fildişi Kuyu* ve *Yazma Cesareti* kitaplarımda çocuk arketipinin neden ve nasıl yeniye, yaratıcılığa, değişim ve gelişime karşılık geldiğini anlatmaya çalıştım. Bu açıdan bakıldığında "çocuk", dünyadaki en değerli varlıktır, çünkü *yenidir*, anne ve babanın birleşiminden olmasına rağmen onlardan ayrı olan, nitekim onlardan ayrı olduğu için ve onlardan ayrı olabildiği ölçüde değerli olabilen bir varoluş biçimini temsil eder. Çocuğun ayrılığı, onu doğuran şeyden, doğduğu ortamdan, çevresinden, annesindendir. "Dünyanın en değerli varlığı olmasına rağmen, hiç kimse çocuğun dünyaya gelmesini istemez," diye anlatır Jung sembolik çocuğu; "Yine de, bütün engellere rağmen doğar çocuk."

Burada, doğan çocuğu, dünyaya gelen herhangi bir şey olarak düşünebiliriz. Bu çocuk, aynı zamanda, kendimizden doğurduğumuz kendimizi temsil eder; zira bir gelişme, anlama, öğrenme halinde, önceki benimizle aynı ben değilizdir artık. Her şeyin aynı kaldığı yerde hiçbir ilerleme yoktur. Fakat yerleşik sistem, statükonun devamını, her şeyin şu an olduğu şey olarak kalmasını amaçlar, yeni'yi bu yüzden istemez.

Hayatta varoluşunuzu en güçlü, en coşkulu, en yaratıcı biçimde ortaya koyduğunuzu içinizde duyduğunuz, kendi yaptığınız, başardığınız herhangi bir şeyi düşünün; bunu aileniz *sayesinde* değil, ailenize *rağmen* başardığınızı göreceksiniz. Aile, çocuğu kendisine, halihazırda var olan dünyaya adapte etmeye çalışır. Eğer çocuk gerçekten de aileyle, dünyayla tam bir uyum ve entegrasyon içinde olursa varoluşu sahte bir varoluş olacaktır. Bizimle tıpatıp aynı şeyleri duyan, düşünen, aynı şekilde var olan bir çocuk, ilerleme anlamına gelmez, yeni, gerçek bir çocuk değildir. On sene sonra şu an olduğumuz kişiyle aynı kişiysek, düşüncelerimizde hiçbir değişiklik olmadıysa bunun, yerimizde saydığımızın kanıtı olduğu gibi.

Çocuğumuzun varlığı bizimkinden ne kadar bağımsızsa o kadar iyi bir anne-babayız demektir. Terapinin amacı da, kişinin duygusal, düşünsel, her anlamda bağımsızlığını edinmesidir. Nitekim Jung da, kişinin hayatının amacının kendisini Anne'den bağımsızlaştırmak olduğunu söylüyor. Kişinin bağımsızlığını örselemek için çeşitli fikirler ortaya atılmış ve yaygınlaştırılmıştır. Bireyin benliğini savunduğu durumların büyük kısmının bencillik olmaması, ancak "bencillik" adı altında eleştirilmesi, "ben" söylemine yukarıdan bakılması, "ben" demek kötü bir şeymiş gibi bir algı yerleştirilmesi, bunlardan biri.

André Gide, *Kalpazanlar* romanında "aile bencilliği" diye bir ifade kullanıyor. Aile bencilliği ya da toplum bencilliği, bireysel bencillikten çok daha zararlıdır; ancak kimse onlara toz kondurmazken, çoğunluk, bireyin kendi varlığını savunmasını çeşitli biçimlerde aşağılar. Kişinin kendi bağımsızlığını kazanmasını engellemek için her tür önlem alınmıştır.

Bağımsızlığa dair söylediklerim, kendi yaratıcılığımız, içimizdeki anne, baba ve potansiyel çocuk üçgeni için de geçerli. Sanatçılar, eserlerini doğururken onlara anne-babalık ederken bir yandan da eserin kendi özelindeki sese kulak veremezlerse ortaya gerçek bir eser çıkaramazlar. Buna, kendisi ahlakçı bir adam olan Tolstoy'un, Anna Karenina'yı düşünceleri gereğince sevimsiz bir kadın olarak kurgulamışken sonra kaleminin kendi sesine izin vererek taslaklarını değiştirmesini örnek verebiliriz. Anna Karenina Tolstoy'un onu ilk kurguladığı gibi, yaptıklarından dolayı sonunda cezalandırılan, "Oh olsun, iyi ki öldü!" diyeceğimiz, kendisiyle bağ kurmayacağımız, onunla acı çekmeyeceğimiz, iç çatışmalarını birlikte yaşamayacağımız bir karakter olsaydı, *Anna Karenina* bugüne kalabilmiş büyük bir roman olamazdı.

Kalemi kendisinden daha akıllı, daha önde olmayan bir tek büyük yazar bile gösteremezsiniz; nitekim yazarlık, esere anne-babalık ederken onun bağımsızlılığını örselememek, tersine geliştirmek, desteklemek demektir, reel anne-babalıkta da olduğu gibi. Çocuğu korumakla onu pasifize etmek arasındaki çizgi, o kadar ince ki. Yazar, eserini kendisi yarattığı gibi, yarattığı eser tarafından da yeniden yaratılan, buna izin ve imkân verebilen kişidir. Nitekim eylemlerimizi, okuduklarımızı biz yarattığımız gibi okuduklarımızın ve yaşadıklarımızın da bizi yaratmasına izin ve imkân veremezsek zaten yazamayız.

Anne-babalık, herkesi değiştiren bir tecrübe. Ama önemli olan, nasıl değişebildiğiniz. Anne-babanın bu değişimi nasıl tanımladığı, tanımın kendisi güvenilir olmamakla birlikte önemli bir kriter. "Biz çok sakin kimselerdik, hiç sinirlenmezdik. Çocuklarımız bizi asabi insanlara dönüştürdü," diyen ebeveynler tanıyorum ve bu tariften, sorunun çocuklarda olmadığını biliyorum. Alice Miller, "Hayır, benim sorunum babamla değil. Babamla hiçbir sorunum yok. Sorunum sadece oğlumla," diye ısrar eden bir babadan bahseder. Anne-babalık deneyimi, çocuğunuzla ilişkiniz üzerinden sizi kendi çocukluğunuza ve çocukluğunuzdaki anne-babayla ilişkinize götüren ve bunları kendi anne-babalığınızda yeniden yarattığınız bir süreçtir.

R. Berin Tuncel, *Kendine Doğmak* kitabında şöyle yazmış:

> Anne olan kadın, çocuğu ile ilişkisi esnasında kendini bir aynadan seyreder.
>
> Bu ayna, çocuğudur. Çocuğu ile kendisini ayrıştırabildiğinde davranışlarının nedenlerini ve ne gibi sonuçlar doğurduğunu görmeye başladığında, çocuğunun davranışındaki değişimi de görebilir.
>
> İnsanlar birbirleri ile sadece bilinç düzleminde etkileşim içinde değillerdir. Aynı zamanda ve aslında çoğunlukla da metakomunikatif –duyu ötesi– bir iletişim kurarız her birimiz. Yani bilinçdışı bir sistem daima devrededir.
>
> İşte bu bilinçdışı etkileşimin en net gözlenebildiği ilişkilerden biri, anne-çocuk ilişkisidir. Annenin bilinçdışı alemler ile teması, çocuğu ile ilişkisini biçimlendirir. Annenin içsel farkındalık düzeyi, çocuğunun farkındalığını ve davranışlarını etkiler.
>
> Kendine kör bir kadının çocuğu ile ilişkisinde tıkanıklıklar yaşaması olasıdır. Çünkü hangi davranışının hangi tıkanıklıktan kaynaklandığının farkında değildir, haliyle çocuğunun buna verdiği tepkinin de asıl kaynağını göremez. (s. 195, 196)

R. Berin Tuncel'in söz ettiği gibi, "çocuğun buna verdiği tepkinin asıl kaynağını göremeyen" anne, çocuğun tepkisi üzerine "Çocuğum problemli," diyen anne. "İyi anne yoktur" söylemini kabul edemeyen, kendi sorunlarını anneliğine muhakkak yansıtacağını öngöremeyen, problemi önce kendinde aramayan annenin "iyi anne" olamayacağında bu yüzden bu kadar ısrar ediyorum.

Evden sokağa adımımı atar atmaz anne-babaların şefkat kisvesi altında hiç farkında olmadan istismar ettikleri çocukları görüyorum. Henüz bir yıl olmadı; yeni yürümeye başlamış bir çocuğun birkaç adım atarak sonra dizleri üzerine hafifçe düştüğüne şahit oldum. Bir manken olan annesini o zaman fark ettim. Çocuğu yavaşça kucağına aldı, ve son derece yumuşak bir sesle "Koştun, bu yüzden düştün," dedi. Çocuk sesini çıkarmadı.

Çocuk zaten çok hareket eden, hızlı, konuşkan değil, hayli yavaş, sakin bir çocuktu. Nitekim birkaç adımlık –bana göre– yürüme teşebbüsü ve düşmesi de son derece yavaş olmuştu. Tepkileri de aynı şekilde yavaştı. Bir süre sonra, annesinin kucağında giderken, yavaşça "Anne, dizim acıyor," dedi. Annesi aynı yumuşak sesle "Evet, çünkü koştun. Koşarsan düşersin ve böyle canın acır," cevabını verdi. Arkalarından yürüyordum. Az sonra "Anne, dizim acıyor," diye yineledi çocuk. Annesi tekrar, ağır ağır, "Evet, çünkü koştun. Koşarsan düşersin ve canın acır," dedi.

Sonra insanlarla dolu bir masaya oturdular ve anlayabildiğim kadarıyla masadaki herkes çocuğuyla hep çok sevecen tonda konuşan, ona asla sinirlenmemiş bu mankenin tepkisini "anne yüreği" olarak değerlendirdi.

Kişinin Gerçek Kimliği, Anne/Baba Olunca Ortaya Çıkar

Bizim "Ah, anne yüreği işte!" diyerek iç geçirdiğimiz şey çoğu zaman, annenin çocuktan önce de var olan güvensizlikleri, evhamları, zaafları, kişisel zayıflıklarıdır, ki bunlar çocuk doğunca ona yöneltilmiştir. Çocuğun ona bakanlara tamamen bağlı, korunmasız bir varlık olması, bakımını üstlenen kişilerin bu duygularını onda dilediğince yaşayabilmesi için eşsiz bir imkân oluşturur. Bu durumda, annenin, olabileceği en korkunç insana çocuğuna karşı dönüşmesi için her tür psikolojik mekanizma hazır ve mevcuttur. Buna bir de çevrenin desteği eklenir. Ne de olsa anne, çocuğunu hastanelik edecek kadar dövmediği, açlığa terk etmediği, ona cinsel tacizde bulunmadığı ve bulunulmasına da göz yummadığı takdirde ne yaparsa yapsın herkes tarafından alkışlanacak, başkalarına sert yahut fazla gelen tepkileri de "anne yüreği", "çocuğun iyiliği için" gibi yüceltmelerle geçiştirilecektir. Normalde bağıran bir insan değilseniz ve kendinizi çocuğunuza bağırırken buluyorsanız bu, çocuğunuz kötü bir çocuk olduğu için değil, ne çocuk ne de bir başkası siz bunu yaptığınızda sizi gerçekten eleştirmeyeceği içindir. Evet, insan çocukluğudur. Kişinin gerçek kimliğinin, anne/baba olunca ortaya çıktığı gibi.

Anne-babalık tecrübesinin herkesi değiştirdiğini söylemiştim. Bu sözü aslında, "Anne/baba olmak, kimseyi değiştirmez; ancak insanın gerçek kişiliğini ortaya çıkarır," şeklinde de değiştirebiliriz. Bir insan, çocuklara nasıl davranıyorsa o'dur; ama bir insan en çok, kendi çocuğuna davranırken kimse o'dur. Şöyle düşünelim. Bir insanın gerçek kalitesini, normalde değil, öfkelendiğinde, kendisini çaresiz hissettiğinde nasıl davrandığı, öfkelendiği kimselere nasıl, ne şekilde tepki verdiği gösterir, değil mi? Bir insanın en çok öfkelendiği kişi çocuğudur; çünkü insanın, kendisine ait olduğunu kabul etmek istemediği kötü taraflarını *yansıtacağı* (projection) en kolay kurban kendi çocuğudur; üstüne üstlük, bu yansıtma (projection) ve yansıtmayla ilişkili verdiği tepkiler, başkaları tarafından eleştirilmeyeceği, "anne-babalık" adı altında örtbas edileceği için kişi daha rahat davranır. İşte bu yüzden, kişinin en çıplak, en gerçek hali, çocuğuna öfkelendiği zamanki halidir. Maalesef bu halin, sanıldığı gibi, çocuğun gerçekten de kızılacak biri olması ya da kızılacak bir şey yapmasıyla ilgisi yoktur.

Burkart "Çocukluğumuz hakkında bir şeyler öğrenmek isteyen biri, ruhumuz hakkında bir şeyler öğrenmek istiyor demektir," demişti. Alice Miller, *For Your Own Good* (Senin İyiliğin İçin) kitabında Hitler'in bunca insanın katline sebep olan bir caniye dönüşmesinin nedenleri arasında, kendi çocukluğunun acısını çıkartacağı çocukları olmayışını da sayıyor. Hitler milyonları katletti. Bizse "melek anne" mitine sarılarak çok daha fazla sayıda bebekten gizli Hitler'ler yaratıyor ve sadece insanın yapabileceği akıl almaz kötülüklerle dolu bir dünyayı birlikte inşa ediyoruz.

Çocuklar, deneyim yoluyla öğrenirler. Çocuk dokunarak öğrendiği için sehpa örtülerini çekiştirir, evde erişebildiği eşyalara uzanır. Biz öğrenme maksadıyla bunları yapmaya yeltenen çocuğu engelleyerek onun doğuştan getirdiği merakı örseler ve sonra en başından örselediğimiz bu merakın okulla birlikte yeniden ortaya çıkması için çaba sarf ederiz. Koşmayı denemeye başlamış bir çocuğu koştuğu için suçlamak, fiziksel acısını koşma teşebbüsünün karşılığı olan bir ceza gibi göstermek, kalıcı bir zihinsel istismardır ve çocuğa düşerek herhangi bir yerine verebileceği zararların çoğundan daha büyük zarar verir. Kendi adıma, bir çocuğun bacaklarına çekiçle vurup onu ilelebet sakat bırakmakla çocuğa böyle cümleler kurmak arasında fark göremiyorum. "Koştun, o yüzden düştün," denen bir çocuk yeniden koşmaya eskisi gibi cesaret edemeyecek, nedeni koşmak olsun ya da olmasın her canı yandığında bunu kendisinin bir şeye teşebbüs etmesine bağlayarak kendisini suçlayacak, sadece fiziksel değil, herhangi bir şekilde de adım atmaya ve başarısız olmaya korkan bir insan olacak, inisiyatif alamayacak, ama bunun nedenlerini hatırlayamayacaktır. "Ama anne yüreği çocuğunun dizinin acımasına razı olmaz! Çocuğunun dizi acıyan anne kendi bacağı parçalanmış gibi olur," mu diyorsunuz? "Sana bir şey olunca ben onun on mislini hissediyorum; seni korumak hususunda o nedenle bu kadar temkinliyim," diyerek kendi içsel güvensizliklerini rasyonalize etmeye çalışan anne/babalar, bu yaptıklarının ciddi bir psikolojik istismar ve manipülasyon olduğunu bilmeliler.

Eskiden beri anneliği öven söylemlere bakın; hep, salt fiziksel anneliği övdüklerini, anne sevgisini bunlarla açıkladıklarını göreceksiniz. Ülkemizde de annelik deyince çoğu kimsenin aklına çocukları için güzel yemekler pişiren, onları yıkayan, giydiren, kıyafetlerini ütüleyen, evini temiz tutan, çocuklarının yediği şeylerin içeriğine dikkat eden bir kadın gelir. Güzel yemekler yemenin, temiz ve düzenli bir evde yaşamanın kimi çocuklar için diğerlerine nazaran daha önemli olabileceğini teslim etsem de, yetişkinlerde depresyona, anksiyeteye, sosyal kaygıya, kişilik bozukluğuna, herhangi bir soruna zemin oluşturan çocukluk tecrübelerinin hiçbirinin bu tür fiziksel durumlardan kaynaklanmadığını biliyorum. Hiçbir çocuk, annesi düğme dikmesini bilmiyor ve okula düğmesi eksik gidiyor diye, pantolon paçaları düzgün değil diye, ütülü nevresimlerde yatmıyor diye, evindeki eşyaların üzerinde toz birikiyor diye, yediği yemeğin tadı pek güzel değildi diye yaralanmaz. Bunlar hep, kendi yetişkinlik değerlerimizle algıladığımız ve çocuğa da kendi bakış açımızla "iyi", "gerekli" olarak dayattığımız şeyler. Siz hiç, çocukluğunun kötü geçtiğini iddia eden ve bunu "Annem pilavın kıvamını bir türlü tutturamazdı,", "Kahvaltılar berbattı,", "Balkonu seneden seneye yıkıyorlardı,", "Evi de ancak iki haftada bir süpürüyorlardı," gibi cümlelerle açıklayan, bu gibi fiziksel durumları yetişkinlikte aşılamayan derin yaralar olarak anlatan birine rastladınız mı? "Evet, ama bunlar sadece detay değil mi?" diye düşünebilirsiniz. İnsanların çocukluk acılarına dair nasıl cümleler kurduklarına dikkat edin: "Annem ayaklarımın büyük olduğunu söylerdi,", "Babam arkadaşlarımın doğum günü partisine gitmeme izin vermezdi,", "Arabayı nasıl yıkarsam yıkayayım asla beğenmezlerdi," gibi, aslında uzaktan detay gibi görünen şeyler olduklarını fark edeceksiniz. Nitekim anne-babalar da hep "Aman, ben söylediğimi/yaptığımı unutmuşum, o hâlâ o küçücük şeyi hatırlatıp duruyor!", "Bunda ne var ki? Benim yaptığım, ufacık şey. Benim çocuğum fazla kinci/hassas," gibi cümleler kurup dururlar. Bu detaylar, aslında sadece kendilerinden müteşekkil değildir. Çocukluğumuzda –ya da sonrasında– takıldığımız bir söz, davranış başka söz ve davranış kalıplarıyla, genel bir tutumla birlikte var oldukları için onlardan dolayı acı çeker, o özel durumun bağlı bulunduğu genel vahameti bir başkasına açıklayabilmekte sorun yaşarız.

Bizim ülkemiz, çocuğun fiziksel bakımına azami itina gösterirken ruhuna aynı itinayla yaklaşmayan, hatta, fiziksel açıdan gösterdiği ihtimamı çocuğun ruhunu sakat bırakmak için araç olarak kullanan, fiziksel bakım vasıtasıyla aslında kendi ruhundaki acıları, zayıflıkları onarmaya çocuğunun ruhunu kendi malı gibi alet ettiğinin farkında olmayan annelerle dolu. "Çocuğum aç. Ama aslında aç olduğunu bilmiyor, ondan yemek istemiyor.", "Çocuğum üşüdüğünün farkında değil, bu hırkayı giymeyi o yüzden reddediyor." diyen, diyebilen çok anne var. Bir anne-babanın, çocuklarını iki kolu ve bacağından sıkı sıkı tuttuklarını, burnunu sıktıkları çocuk mecburen ağzını açınca yemeği oraya tıkıştırdıklarını kahkahalarla gülerek anlatışlarına şahit olmuştum. Kendilerine bu yaptıklarının hatalı olduğu söylenince birden ciddileşerek "Aa, ama yemiyor, ne yapalım! Madem başka yolu yok, tabii ki böyle yapacağız!" demişlerdi. Onlara göre onların görevi çocuğun ağzına yemeği bir şekilde sokmaktı; madem çocuk ağzını açmıyor, yemeği oraya zorla sokmalarını bir başkası nasıl eleştirebilirdi? Çocuğun ağzı onlarındı ve o ağızla ne yaptıklarını bir başkasının sorgulayabilmesi onlara hadsizlik gibi geliyordu. Bu yaklaşımın çocukta direkt olarak yeme bozukluğu olmasa bile önünde sonunda bir problem ortaya çıkarması kaçınılmaz. Çocuğuna dayakla yemek yediren anneler tanıyorum. Çok anne var ki çocuğun bedeninin doğum itibariyle artık kendisininkinden ayrıldığını kabullenemiyor. Sizin mideniz ayrı, çocuğun midesi ayrıdır. Sizin bedeniniz ayrı, çocuğun bedeni ayrıdır. "O yedikçe ben doyuyorum sanki; o yedikçe ben mutlu oluyorum!" gibi cümleler ancak, siz yedirdikçe mutlu olan, ağzını iştahla açan bir çocuk karşısında geçerli olabilir.

Bir çocuğa bakmak, o çocuğu yıkarken, yedirirken, giydirirken çocuğun bedeninin, ruhunun sizinkinden ayrı olduğuna saygı göstermediğiniz müddetçe yarardan çok zarar verir. Bana bunu çocuğun iyiliği için yaptığınızı söylemeyin; siz kendi ruhunuzdaki açlığı bastırmak için çocuğun ağzına zorla yemek tıkıyorsunuz. Size ruhunuz aç olduğu için kızmıyorum. Ruhen aç bırakılmış bir çocukluk geçirdiğiniz için kızmıyorum. Ama kendi ruhunuzdaki açlığı bastırmak için çocuğun bedenini de değil, ruhunu kullandığınızı asla görememenize ve benliğini savunan çocuğun tepkisine çocuğun problemli olduğu iddiasıyla karşılık vermenize, bu iddianızın binlerce yıldır her yandan coşkulu bir destek bulmasına içerliyorum. Ne yana baksam, ne yana baksam, ne yana baksam yanakları her gün semiren, temiz, ütülü kıyafetleri üzerlerine her gün ayrı bir özenle giydirilen, sıcak tutulan, buna karşılık, bir "kişi" olmak üzere doğan ve bir "kişi" olmayı biteviye isteyen kişilikleri her geçen gün daha da çok ezilen, baltalanan, bedenleri büyürken ruhları her geçen gün daha çok solan, üşüyen, ölen, sömürülen, işkence gören çocuklar görüyorum ve bu durumu düzeltebilmek için, diğer yazdıklarımın üzerine böyle bir kitap yazmak ve bu satırları okuyanlardan da bunları erişebildikleri herkese anlatmalarını rica etmek, burada yazdığım ve yazamadığım şeyleri gidebildiğim her yerde ulaşabildiğim herkese gücüm yettiğince anlatmak dışında bir çare bulamıyorum.

Bir insanın çocuğunun sıhhati, güvenliği için endişelenmesi normaldir; ama, yaşanmış olaylardan örnek verecek olursam, çocuğumun teneffüslerde ne yaptığını görebilmek için okulun yanında ev tutuyorsam ve günlerimi balkondan, pencereden çocuğumun okulunu izleyerek geçiriyorsam, lisede yatılı okuyan oğlumun bana telefonda her gün o gün kaç kere tuvalete gittiğini söylemesini bekliyorsam ve bunu haber alamadığımda rahatlayamıyorsam, engel olamadığım bu hislerimin kendi kişisel güvensizliğimden kaynaklandığını akıl ve irademle takdir edebilir, bunları hissetmeye devam etsem de çocuğuma davranışlarıma aksettirmemeye özen gösterebilir, bu hislerime karşılık vermekte zorlanan çocuğuma hak verebilirim. Annem bana, iki buçuk yaşındaki kızını kollarından tutup öfkeyle oturttuğu için çocukta ömür boyu çaresi olmayan bir kalça çıkığına sebep olmuş bir anneyi anlatmıştı. Çocuğun durumuna çok üzülmekle birlikte anneyi hiç suçlamıyordu. Anneme göre bu olaydan çıkarılması gereken ders, çocuk bedenine dikkat etmek gerektiği, çocukların kendisi de ters bir hareket yaptıkları takdirde bunun kalıcı bir sakatlıkla sonuçlanabileceğiydi. "Kadın ceza almadı mı?" diye sorduğumda böyle bir soru sorabilmeme çok şaşırmıştı. "Hayır?" demişti; "Bu, yanlışlıkla olan bir şey; bir kaza. Çocuğun sakat kalmasına annesinden çok kim üzülebilir? Bu durumda en çok üzülen kişiyi nasıl suçlayabilirim?" Çocuğun ruhunu sakat bırakan annelere yaklaşım da bundan farklı değil.

Ve, iki buçuk yaşında bir çocuk bir ömür sakat kalmayı hak edeceği kadar kötü ne yapmış olabilir?

Fiziksel Annelik, Gerçek Anneliği Örtbas Etmeye Yarar

Çocuklar sizden lezzetli yemekler, mum gibi evler beklemezler. Çocuğun tek istediği, ve sonuna kadar hak ettiği, onu her şeyiyle, bütün hisleriyle kabulünüzdür. "Mükemmel anne" ve "mükemmel ev kadını" denince –maalasef bunlardan ilki, hâlâ ikinciyi çağrıştırıyor!– akla gelen kadın tipi, trajikomik şekilde, çocuğuna saygı duyabilen anneyle ters orantılı. Bu tip annelerle büyüyen çocuklar kendilerini evin bir parçası gibi hissetmediklerini, evin alanında ancak bir misafir gibi dolaşabildiklerini söylüyorlar. Şartlarını bizim oluşturduğumuz ve çocuktan sadece riayet etmesini beklediğimiz ev, çocukla *birlikte yaşadığımız* ortak bir alan değildir. Ancak bizim şartlarımıza uyduğu takdirde burada yaşayabileceğini söylediğimiz ve gidecek başka yeri de olmadığını aslında bildiğimiz çocuk, dünyaya getirdiğimiz ama yersiz yurtsuz bıraktığımız bir çocuktur. Evimize tam manasıyla kabul etmediğimiz çocuğun kendisini de kabul ettiğimizi söyleyemeyiz. Çocuğun ağzına zorla yemek tıkayarak bedenine tecavüz etmekle evi kendi belirlediğiniz şekilde fazla derli toplu tutup mealen "Burası benim alanım. Burası çok temiz ve düzenli; her detay benim istediğim gibi kalacak," demek arasında fazla fark yoktur. Evi bu şekilde düzenleme ve temizleme, bir kadının o ev içinde tahakküm kurmasının bir yoludur. Doğduğu evde ondan esirgenmiş alana şimdi kavuşmuş, annesinin yaptığı gibi, "Bunu kocam ve çocuklarım için yapıyorum," maskesi altında şimdi kendisi kendisi dışındakilerden o alanda *gerçekten yaşıyor* olma özgürlüğünü esirgiyordur.

Bir annenin çocuğuna "Koştun, o yüzden düştün," demesini mazur gören herkes de, bana göre çocuğunu öfkeyle oturtarak sakat bırakan kadınla aynı suçu işliyor, çünkü kadının suçunu görememesine ve onu işlemesine olanak tanıyan şey, bu bakış. Ella örneğini verdiğimde "Anne/baba çocuğunun vejetaryen olmasına izin vermiyorsa bu, çocuğun iyiliğini düşündüğü, protein alması gerektiğini bildiği içindir. Bunu anne/baba bilir ama çocuk bilmez," gibi itirazlar, sık gelen olumsuz tepkiler arasında. Çocuğa doğuştan getirdiği hakkı olan özgürlüğünü tanımak, onu başıboş bırakmak demek değildir. Nitekim Ella'nın da protein alımına dikkat eden bir ailesi olduğundan söz etmiştim. Ella yediklerinin içeriği konusunda baskı altında olsaydı, et yememeye karar verebilecek kadar inisiyatif kapasitesi geliştirebilmiş olsa bile bu kararını belki gizli tutacak, eve gelip herkesle paylaşmayacak, evdeki büyüklerin Ella'yı başıboş bırakmadan bu kararın sonuçlarına sağlıklı şekilde göz kulak olma imkânı zedelenecekti. Zaten ben de Ella örneğini, çocukla çizgimizin nerede başlayıp nerede bittiğini iyi gösterdiğini düşündüğüm için veriyorum. Amaç, burada olduğu gibi, çocuğun iç dünyasıyla da iletişim kurmak, çocuk üzerinde baskı kurmadan ona rehberlik etmek olmalı. Et yememenin protein eksikliğiyle sonuçlanacağı görüşü doğru bile olsaydı, çocuğa neyi yemek istemediği konusunda karar hakkı tanımamanın onun kişiliğine verdiği psikolojik zararın fiziksel çoğu zarar ihtimalinden daha ciddi olduğuna inanıyorum.

"Et yemenin çocuk için iyi olduğunu anne/baba biliyor, çocuk bilmiyor," bakışına karşılık kendi hayatımdan örnek vereyim: Et ve yumurta yemeyi ruhen de bedenen de –nitekim bu ikisi arasında aslında fark yoktur; biri diğerinin sonucudur– bünyem hiçbir zaman tam anlamıyla kaldırmadı. Beni bunları yemeye fiziken ya da açık bir baskıyla zorlamayan bir ailem olsa da et yemenin benim için iyi olduğunu söylerler, beni istemesem de et yemeye (birçok insanın çok yumuşak bulacağı bir anlayış ve hoşgörüyle) teşvik etmeye çalışırlardı. Et yemek bana kendimi bildim bileli, etik açıdan da ters geliyordu. Ancak etobur bir aileye doğmuştum. Etrafımda bu hislerimi teyit edecek hiçbir ibareye rastlayamıyordum, bunu çok arasam da. Demek ki böyle hissetmem normal değildi, sorun bendeydi. Beş yaşındayken anneme, üzerinde uzun zaman ve derin derin düşündükten sonra, çok çekinerek, "Hayvanları yemek için kesmek yanlış değil mi..." diye sormuştum. Sormuştum, çünkü o yaşta, böyle bir şeyin doğru ya da yanlış olacağına kendi adıma karar verebileceğimi bilmiyor, her konuda tek bir doğru olduğunu ve onu da büyüklerin bildiğini zannediyordum. Annem bana yumuşak bir tonla, anlayışını hissettirerek, "Hayır, hayvanlar zaten biz onlardan faydalanalım diye var," demişti. Annemin böyle söylemesinin nedeni ona öğretilen geleneksel algıydı ki bu algının aslında yanlış dayanaklara yaslandığını şimdilerde yazdığım bir romanda işliyorum. Annemin söylediğinin "doğru" olduğuna inanmam, ama bu "doğru"yu korkunç, hatta çok korkunç bulmam, bir türlü ikna edemediğim, güçlü şekilde var olan içsel realitemle çatışmama, kendimle çelişmeme neden oldu. Madem "doğru" böyleydi, ben neden bu "doğru"ya bütün kalbimle inanamıyor, o doğruya uygun şekilde hissedemiyordum? Niçin et ve yumurta yerken böyle midem bulanıyordu? "Yanlış" olan bendim ve o yanlışı düzeltemiyordum bütün çabama rağmen. İnsanların, zaten yememeleri gereken şeylerden tiksindiklerini çok sonra öğrendim. Et yemenin benim için neden yanlış olduğunu otuzlarımda gittiğim doktorların açıklamalarından öğrendim. Vejetaryen felsefeyi bir yana bırakalım, bir insanın bedeni için doğru olan bir başkasınınki için doğru değildir. Konu ister yemek olsun ister başka bir şey, her insan, kendisi için doğru olanı aslında bilerek doğar. Çocuğa öğrettiklerimiz, çocuğun aslında doğuştan var olan ve gelişmesi gereken bu iç realitesiyle bağını koparmasına, içinde bir bölünme yaşamasına, sezgilerine ihanet etmesine ve sonunda onları öldürmesine neden oluyor.

Annem bana yemediğim şeyler için "Onları eskiden ben de sevmiyordum, ama büyüyünce alıştım. Sen de zamanla onları sevmeyi öğreneceksin," derdi. Şimdi de, et, yumurta gibi yemediğim birçok şey olduğunu öğrenen yetişkinler, iyi eğitimli olsalar bile, "Peki bunları yer hale gelebilmek için bir şey yapmayı düşünmüyor musunuz?" diye sorabiliyor. Nitekim insanın çocuğa saygı gösterebilmesiyle diğer insanlara saygı gösterebilmesi arasında çok ama çok derin bir ilişki vardır. Ne kadar yumuşak biçimde yapılırsa yapılsın "Olsun, bir gün sen de alışacaksın," demek, çocuğa kendisinde düzeltilmesi gereken bir yanlış olduğunu ihtar etmek, kendisiyle ruhen, zihnen, fiziken çelişmesine neden olmak, çocuğun kendisi için doğru olanı kendisinin bulmasının önünü tıkamaktır.

"Et yemenin –yahut bir başka şeyin– çocuk için iyi olduğunu anne/baba biliyor, çocuk bilmiyor," diyenlere tek bir şey söylemek istiyorum: Evet, çocuk ne konuda ne düşüneceğini hiç bilmeden ve her alanda düşüncesinin sizin tarafınızdan şekillenmesine son derece açık halde doğar, ama bu, sizin kendi elinizle istediğiniz şekle sokacağınız elastik bir kalıp olarak doğduğu anlamına gelmez. Lütfen çocuğunuzun sezgilerine güvenin, anne-babalık adı altında çocuğunuzun olmak üzere doğduğu kişinin önüne geçtiğinizi fark edin. Kimi insan sıcak, kimi insan soğuk sever; kimi hızlı, kimi yavaştır; bebek sahibi olduğunuzda bebeğinizin sıcağı ya da soğuğu sevdiğini, başına bir şey geçirilmesinden hoşnut olduğunu ya da olmadığını, o veya bu yerine şunu tercih ettiğini anlarsınız. Bunlar, bebeğin hayatının devamında da değişmeyecek şeylerdir ve aslında sadece basit fiziksel realitelerden oluşmazlar. Bebeğimizin sesinin yetişkinlikteki sesi olacağı, bir yandan aynı kalmakla birlikte sürekli değişeceği gibi, değişme kapasitemiz olmakla birlikte, çekirdeğe benzeyen bir özle dünyaya geliyoruz. Bu özün en sağlıklı şekilde gelişebilmesi için ona onun kendi özelinde muamele etmemenin, ona onunla hiç uygun olmayan bir şey dayatıp istediğiniz sonucu alamadığınızda buna "yanlış" demenin kendisi yanlıştır. Çocuğunuz kendisi hakkında, sizin çocukla ilgili bilmediğiniz şeyleri bilerek doğar. Sizin bilginiz, çocuğunuzun bilgisini örselememeli, tam tersine onu kuşatıp sarmalı, geliştirmelidir.

Daha önce yakınınızda et yememiş birine rastlamamış olabilirsiniz, size et yememenin protein eksikliğine neden olacağı öğretilmiş olabilir; ama çocuğunuz et mi yemiyor, çocuğunuzdan önce öğrendiğiniz şeyleri çocuğa dayatmak yerine siz et yememe konusunda bilgi sahibi olmaya bakın, bu konuda kitaplar okuyun, araştırın, sorun, et yemeyen insanlarla konuşun, öğrenin, daha önce bildiklerinizi sorgulayın, çocuğunuzun önünüze getirdiği bu yeni tecrübeye siz nasıl o eğilimin özüne zarar vermeden rehberlik edeceğinizi tasarlayın. Anna Karenina karakterinin normalde Tolstoy'a ters olması gibi, çocuğunuz da size daha önce ters gelen birçok eğilimle birlikte doğar. Alice Miller *For Your Own Good* (Senin İyiliğin İçin) kitabına, "Anne ya da baba olmuş ve kendisine karşı tamamen dürüst olan herkes, çocuklarının bazı yönlerini kabul edebilmenin bir ebeveyn için ne kadar zor olabileceğini tecrübeyle bilir."[12] cümlesiyle başlıyor. Tolstoy'un, kendisi için en doğrusunun ne olduğunu bilen romanı gibi, çocuğunuz da kendisi için en doğrusunu sizden iyi bilmektedir; size düşen, çocuğun kendi doğrusunu bulmasına ve gerçekleştirmesine vasıta olmaktır. Tolstoy'un kendisine uygun şekilde tasarladığı *Anna Karenina* romanının facia olacağı gibi, sizin, çocuğunuzun doğuştan getirdiği özün kendisini gerçekleştirmesine izin vermemeniz, bence çocuğu öldürmenizle zaten eş anlamlı. Çocuğundan bir şeyler öğrenmeye açık olmayan, çocuğuyla ilişkisinde karşılıklı bir rıza ve etkileşimle değişemeyen hiçbir anne-baba iyi anne-baba olamaz. Dışarıdan ne kadar müşfik, sevecen, anlayışlı görünürlerse görünsünler. Hatta, ne kadar iyi bir anne-baba olduğunuzun en önemli göstergesi, çocuğunuza ne kadar çok şey öğretebildiğiniz değil, çocuğunuzdan ne kadar çok şey öğrenebildiğinizdir.

*

Bu kitapta sıklıkla değineceğim Amerikalı psikoterapist Thom Hartmann'ın, düşen bir çocuğa ne denilebileceğini tartıştığı bir örneği var. Küçük bir kız düşüp yanında dizini incittiğinde ilk tepkisi "Off, çok acımış olmalı!" demeye hazırlanmak olmuş, ancak bunu tam söyleyecekken, bunu aslında çocuk değil, *kendisi için*, kendisini rahatlatmak için söyleyeceğini, çocuğun bu sözden hiçbir fayda sağlamayacağını fark etmiş. Küçük kızın dikkatini olumsuz acı yerine olumlu iyileşmeye yönlendirmeyi denemiş. Acı her an azalmakta olan bir şey olduğu için, "Hmm, şimdi çarptığı andan *daha az* acıyor olsa gerek," demiş. Kız tam ağlayacakken, bunu duyunca durup

12 Miller, Alice *For Your Own Good: The Roots of Violence in Child-rearing*, s. 3

düşünmüş. Şaşırarak ve ciddiyetle, "Evet, gerçekten de daha az acıyor," demiş.

Thom Hartmann, böyle söylemenin, o acının giderek daha da azalacak ve sonunda kaybolacak bir şey olduğunu acı anında çocuğa duyurmanın bir yolunun bu olduğunu o anda keşfediyor. Eğer bizim amacımız da *çocuğun faydası* olursa, çocuğa yaptığımız birçok şeyi aslında *çocuk değil, kendimiz için* yaptığımızın farkına varabiliriz. Ama neyin çocuğun yararına olacağını keşfedebilmemiz için, önce çocuk için en iyisini, en doğrusunu zaten bildiğimiz, ne yaparsak yapalım çocuğun iyiliği için yaptığımız düşüncesini bir kenara bırakabilmemiz elzem. Çocuğunuz için en iyisini, siz bilmiyorsunuz. Çocuğunuz için iyisini, eğer çocuğa ve olaylara doğru şekilde kulak verebilirseniz, ortaya çıkan durumlar ve çocuğunuz size kendisi gösterecek.

Anne-Babalar *Yeterince* Sever, Ama *Gereğince* Değil

Çocuğunuza içten içe duyduğunuz sevgi, onu olması gerektiği gibi sevdiğiniz anlamına gelmez. Birçok anne/baba, çocuklarını *yeterince* sevse de *gereğince* sevmez. Çocuğa sevginin önemi anlatıldığında hemen karşı çıkarak "Hayır, ama benim çocuğum çok sevgi gördü! Halalarından, amcalarından, teyzelerinden bu kadar sevgi görmüş bir çocuk olamaz! Sebep sevgi olamaz!" diyen çok anne-baba var. Sizin sevgiyi hissetmeniz başka, onu çocuğa iletebilmeniz başkadır. Siz çocuğu kendi içinizde ne kadar çok severseniz sevin, bu sevgi, çocuğu olduğu şey olarak kabul etmekle birleşmiyorsa ve çocuğa sevildiğini ve kabul edildiğini hissettirmiyorsa, işlevsizdir.

Çok insan, bir başkasını *yeterince* seviyordur. Ama *gereğince* sevmek, işte bu az sayıda kişinin harcı olan bir şey. Annenin çocuğuna, kayınvalidenin gelinine, aşığın maşuğa, kardeşin kardeşe; herhangi bir insanın başka bir insana sevgisinde genel psikolojisindeki olumsuz şeyler de devreye girer muhakkak.

Sevgi, sanıldığı gibi saf, katışıksız değildir. Aksi halde, bir çocuğa ömrü boyunca en çok zarar verenin, onu yeryüzü üzerinde en çok sevenlerle aynı kişiler olmasını açıklayamazdık. "Biz kızlarımızı çok severiz," "Biz gelinlerimizi çok severiz," gibi vurgulu sevgi sözcüklerinin ardına saklanarak baskı ve zulüm uygulamak, ayrımcılık yapmak, hayli yaygın bir yöntem. Bu tür sevgi iddiaları, iddiada bulunanın yaptığı kötülüğü kendisine karşı da örtbas etmesine olanak tanıyor. Halbuki birbirimize borçlu olduğumuz şey, sevgi değil, saygıdır. Anne-babanın çocuğa sevgisi hariç, dünya üzerinde hiç kimse hiç kimseyi sevmek zorunda değil. Sevgi iddiası, saygı göstermemenin bir yolu bazen; ve çocuğun bu saygıya herkesten çok ihtiyacı var.

Bir anne, oğlunun lolipop yemesi karşısında çocuğun dedesinin yüzünü buruşturarak "Hiç sevmiyorum şu lolipopu!" dediğini anlatmıştı. Çocuk, "Sevme. Sen ben misin?" diye karşılık vermiş. Çoğu çocukta böyle bir karşılık verebileceği düşünce mekanizması atıldır, çünkü çocuğun benliğiyle kendi benliğimizin "ayrı" olduğunu çocuğa duyurabilmek yerine çocuğun benliğini ve böyle ayrı bir benliğin var olduğunun bilincini bastıran yaklaşımlar sergileriz. Çocuğun kendisine ait tercihleri olabileceğini yok sayıyor, gündelik hayatımızda "Hiç sevmiyorum şu tişörtü!" "Odanın duvarına o renk boya olur mu hiç!" gibi tepkilerle çocuğun benlik sınırlarına sürekli müdahale ettiğimizin, çocuğun kendisine saygısını zedelediğimizin farkına varamıyoruz.

Pedagoji biliminin çocuk büyürken ortaya çıkan durumlarla birebir örtüşmediği, her çocuğun ayrı olduğu, çocuk eğitimine dair size söylenmiş her şeyi kendi çocuğunuzun özeline ve somut şartlarına uyarlanacak esnek, soyut teoriler olarak almanız gerektiği doğru. Çocuğun iç benliğiyle irtibat kurmasını desteklememiz gerektiği gibi, eğer biz de çocuk büyürken kendi iç benliğimizle yeterince irtibat kurabilirsek, karşımıza çıkmasını hiç beklemediğimiz durumlarda ne yapılması gerektiğini annelik ya da babalık sezgilerimizle bulabiliriz.

En sevdiğim psikoterapistlerden biri olan Thom Hartmann, eşi Louise'in annelik sezgilerini de kullanarak çözdüğü bir olayı anlatıyor. Dört yaşındaki kızları, markete her gittiklerinde olay çıkarıyor. Bir şeyleri almak için tutturuyor ve istediği şey alınmazsa bağırmaya başlıyor. Sırasıyla kızı yatıştırmayı ve cezalandırmayı deniyorlar; ikisi de işe yaramıyor. NLP uzmanı bir psikolog arkadaşları, "Çocuğun hiç beklemediği bir şey yapın," diyor; "Ve bunu öyle bir şekilde yapın ki, hem çocuğa sevginizi hem de hayatın eğlenceli olabileceğini aynı anda ifade edebilsin."

Bu hikâyeyi muhteşem buluyorum ve her yerde, her fırsatta anlatıyorum. O gün öğleden sonra markete gitmeden önce, Louise markette ne kadar eğleneceğini anlatıp durur. "Sen de markette benimle eğlenmek istiyor musun?" diye sorar küçük kıza. "İstiyorum!" diye yanıt verir küçük kız hevesle. (Burada, olayı dört yaşında bir çocuğun anlayacağı, bağ kuracağı seviyeye indirmek için "eğlence" –fun– sözcüğünü kullanıyor olsalar gerek. Biz bunu "iyi vakit geçirmek", "yapılan işten zevk almak" gibi düşünebiliriz.)

Markete gittiklerinde, çocuk tahmin ettikleri reyondan geçerken yine aynı kriz yaşanır. Louise'in alışveriş arabası bu esnada yarıya kadar doludur. Louise kıza "Ben senin burada benimle birlikte eğlenmek istediğini sanıyordum. Eğer ikimiz de birlikte eğlenemeyeceksek, bu iş yürümüyor. Sen böyle davranınca market alışverişi benim için eğlenceli olmaktan çıkıyor," der. Alışveriş arabasını üzerinde çocukla birlikte kasaya sürer ve şaşkın kasiyere "Markete çocuğumla birlikte eğlenmek için geldim, ama çocuğum ikimizin de eğlenmesini istemiyor. O yüzden şimdi bu aldıklarımı size emanet edeceğim, çocuğumu eve bırakacağım ve alışveriş yaparak eğlenmek üzere tek başıma buraya geri döneceğim," cümlelerini kurar. Çocuğu arabayla eve getirir ve Thom Hartmann'a "Çocuğumuz markette her ikimizin de eğlenmesini istemedi. Ben markete dönüp alışveriş yaparak eğlenirken ona bakar mısın?" diye sorar.

"Tabii," der Thom Hartmann, "Umarım çok eğlenirsin!" Louise neşeyle "Eğleneceğim!" der ve kapıdan çıkar. Çocuk tüm bunları şaşkınlıkla izlemiştir. Bu, çocukla markette yaşadıkları son kötü olay olur.[13]

Louise Hartmann, bu olay süresince çocuğu *karşısına* almıyor, ona yukarıdan bir şey dikte etmiyor. Tam tersine, çocuğa "Gel, *birlikte* eğlenelim. Bu aslında ikimiz için de eğlenceli olabilir." mesajını veriyor. Bu, çocuğu pasifize eden değil, kendi davranışının sonuçlarının sorumluluğunu ona duyuran, birlikte izleyecekleri yolda neyin nasıl olacağının kontrolünü çocuğun eline olması gereken ölçüde veren bir yaklaşım. Hayatımızın kendi kontrolümüzde olduğu hissi çocukken elimizden alınmış olsa da, bireyin yetişkinlikte hayata karşı hissetmesi gereken ve elinde olan ve olmayan kontrol tam da Louise Hartmann'ın burada kızına hissettirdiği ölçüde. Ella gibi bu da, çocukla sınırımızın nerede başlayıp nerede bittiğini, hatta herhangi bir insanla sınırımızın nerede başlayıp nerede bittiğini çok güzel gösteren, çocuğa kendi sınırlarını onu aşağılamadan, hatta özgür bırakarak, seçimi ona yaptırarak öğreten bir örnek.

Louise Hartmann burada kızına hiçbir şeyi ihtar etmiyor. Ona "Bunu yapamazsın!", "Uslu dur!", "Sözümü dinle!" gibi cümleler kurmuyor. Tam tersine, kızın içinden gelen davranışı dilediği gibi ve sonuna kadar gerekleştirmesine *izin* veriyor, hatta bu öyle bir *izin* ki, küçük kızın eğer isterse böyle davranma hakkı olduğunu ona onu hiç *eleştirmeden* duyuruyor. Çocukluk atölyesinde bu örneği verdiğimde Sevgi Okuman, "Bizde olsa anne mealen çocuğa 'Hayır, her seferinde benimle o markete gelmek zorundasın! Ve her seferinde orada benim istediğim gibi durmak zorundasın!' derdi," demişti. Ne kadar doğru.

---

[13] Thom Hartmann bu olayı daha sonra yine değineceğim *The Edison Gene: ADHD and the Gift of the Hunter Child* (2003) kitabında anlatıyor. (bkz. Vermont: Park Street Press, s. 144, 145)

Bir başka katılımcı, "Çocuğa '*Sen* benim eğlenmeme engel oluyorsun,' demek onun benliğine yönelik bir suçlama değil mi?" diye sormuştu. Louise Hartmann'ın kasiyere söylediği "Çocuğum ikimizin de eğlenmesini istemiyor," (Orijinali: "My child doesn't *want* us both to have fun.") ve sonra evde eşine söylediği "Çocuğumuz markette her ikimizin de eğlenmesini istemedi." (Orjinali: "Our child wasn't *willing* to let us both have fun at the supermarket.") cümleleri, çocuğun istek ve iradesini vurgulayan yapıda cümleler ki bunlar da çocuğun benliğiyle değil, davranışıyla ilgili olan, çocuğa istemezse böyle davranmayacağını, istediği için böyle davranmayı seçiyorsa da bunun sonucunun bu değil şu şekilde olacağını öne çıkaran ifadeler. Nitekim çocuğun markette bu şekilde davranmasını istememenizin nedeni aslında gerçekten de Louise Hartmann'ın burada kızına söylediği gibidir; Hartmann "*Ben* bu şekilde eğlenemiyorum, yaptığım işin tadını çıkaramıyorum. *Ben* bu işten zevk alacağım. İstersen seninle birlikte de zevk alabiliriz," diyor, kızına aynı zamanda onun da bir başkasına böyle diyebileceğini, onun mutluluğunu bozan bir davranışı bir şekilde engellemesi gerektiğini öğretmiş oluyor. Daha önce "Ben size çocuğa karşı hiyerarşi kurmadan tamamen dürüst, açık olmayı teklif ediyorum," demiştim. İşte Louise Hartmann'ın yaptığı, bana göre tam da bu. Ve bunu küçük kızın seviyesine inerek, onun anlayacağı dilde yapıyor.

Thom Hartmann bu olayı anlatmadan önce, markette gördüğü iki yaşlarında bir çocuğu örnek veriyor. Çocuk kurutulmuş bir paket meyveyi eline alarak "Benim!" ("Mine!") demiş. Annesi ise paketi rafa geri koyarak ve parmağını çocuğun yüzüne uzatarak "Kötü bir çocuk olma!" diye bağırmış. "Çocuğun ifadesi, bana acı ve gurur karışımı gibi geldi," diyor Hartmann, "Annesinin ondan dolayı mutsuz olduğunu bilmekten gelen acı, ve kendi kimliğine dair içsel bir bilginin, annenin sözleri tarafından teyit edilmesinden gelen gurur."[14] Çocuk

[14] A.g.e., s. 143

annesinin "Kötü bir çocuk olma!" ("Don't be a bad boy!") demesi üzerine raftan bu sefer bir kutu konserve çorbaya uzanıp onu yere atmaya yeltenmiş ve annesi "Kötü çocuk!" diyerek çocuğun eline vurmuş, konserveyi rafa geri koymuş.

Jack London'ın *Beyaz Diş* romanını okuduysanız, hayvanların yemekle ilişkisini bilirsiniz. Sahiplik hisleri insanlardaki gibi değildir; ellerine geçirdikleri yiyeceği kendilerinin sanır, masadan çaldıkları et için insanların onlara kızmasına anlam veremezler. Ellerine geçirdikleri her şey, artık edinilmiştir, bütün haklarıyla onlarındır. Bir çocuğun dünyası da bizimkinden farklıdır ve bakış açısı buna benzer. Çocuk, eline geçirdiği şeyi kendisinin zanneder. Hatta küçük çocukların, ceplerine gizlice bir dükkândaki şekerlemeleri, bir başkasının oyuncaklarını atmaları gibi bizim hırsızlık olarak değerlendirdiğimiz durumlarda, dışarıdan bize görünenle çocuğun algıladığı farklıdır. Bir çocuğa raftaki bir nesneyi almak istediği için "Kötü çocuk!" diye kızdığınızda çocuğun sizin ona neden kızdığınızı anlaması hayli zordur; o bundan sadece, "kötü çocuk" olduğu sonucunu çıkaracaktır.

Çocukların kemiklerinin henüz yumuşak olması ve bu yüzden iki buçuk yaşında bir çocuğu kollarından sertçe tutup oturttuğunuzda kalıcı hasara neden olabileceğiniz gibi, kimlik algıları da yeni şekillenmekte, yeni yeni oluşmaktadır ve kalıcı hasarlara açıktır. "Kötü çocuk" dediğiniz bir çocuk, "kötü çocuk" kimliğiyle kendisini özdeşleştirir ve gerçekten de, sizin gözünüzdeki "kötü çocuk" haline gelir. Çocuklara yaklaşım, kendilerini gerçekleştiren kehanetlere benzer. İngilizcede sık yapıldığı gibi, bir çocuğa her daim "iyi çocuk" (good boy/girl) demek, çocuğun kendisini "iyi çocuk" olarak algılamasına, davranışlarının zaten iyi olduğunu düşünmesine ve iyi davranmasına neden olur. Marketteki anne çocuğuna "Kötü çocuk!" demeseydi, çocuk bundan acı duymakla birlikte kendisini "kötü çocuk"la özdeşleştirmeyecek ve muhtemelen normalde istemediği bir kutu konserve çorbayı tepki olarak yere atmayacaktı. Çocukların efendisi olmak, onlarla zıtlaşmak, onlara boyun eğdirmek, anlamadıkları bir şeyi yapmalarını sağlamak, size iyi görünen sonuçlar verdiği takdirde bile, kendisinden kopan, içten içe yaralı, kim olduğundan dolayı acı çeken, ama bu konuda yapabileceği bir şey olduğunu dahi bilmeyen bireyler meydana getirir. Kendisine neden "Kötü çocuk!" dendiğini anlayamayacak olan marketteki çocuk, annesinin bu "kötü çocuk"u sevmediğini, ama kendisinin o "kötü çocuk" olduğunu ve bunu değiştirmesine imkân bulunmadığını düşünür; bu çaresizlik içinde, benliğini savunacağı tek çare, ona zaten olduğu o kötü çocuğa göre davranmak ve raftaki bir başka nesneyi yere atmak gibi görünür.

Yüzlerini hiç görmediğim, ama iki sene önce doğduğunu bildiğim çocuklarına neredeyse iki yıldır hep çok yüksek sesle bağırdıkları için cümlelerini hiç istemediğim halde kelime kelime işittiğim yan bina komşularım, oğullarına "Aslan, sen ne kadar pis bir insansın," diyorlar. Burada eleştiri davranışa değil kimliğe yönelik olduğu için, çocuk bu sözden, ne yaparsa yapsın pis bir insan olduğunu anlar. Kötü çocuk olmasını değiştiremeyen çocuk gibi, onun da temiz kalmak için çaba sarf etmesine gerek yoktur, çünkü zaten pistir. Aslan'ın babası bazen ona "Annen uyuyacak! Sen manyak mısın; sen manyak mısın, annen uyuyacak diyorum! Manyak!" diye bağırıyor. Bir çocuğun annesinin yanına gitme isteği, son derece doğal, sağlıklı bir istektir. Ama kendisiyle böyle konuşulan çocuk annesinin yanına gitmeyi her istediğinde "Annemin yanına gitmek istiyorum, demek ki ben manyağım. Manyak bir insanım," diye düşünür, annesinin yanına gitme isteğinin anormal, kendisinin de gerçekten manyak olduğuna inanır, kendisini bu kimlikle özdeşleştirir, ona neden kızdıklarını, yapmamasını istedikleri şeyin ne olduğunu anlamaz. Alice Miller'ın *Sessizlik Duvarını Yıkın*'da söylediği gibi, "Bir çocuk 'Annem benden nefret ediyorsa, o zaman ben nefret edilecek biriyim,' diye düşünür."[15]

[15] S. 22

Bu arada ben Aslan'ın sesini neredeyse hiç duyamıyorum. "Yüksek sesle konuşma! Sana yüksek sesle konuşma dedim! Yüksek sesle konuşma dedim!" diye bağıran kimi anne-babaların sesini çok iyi duyduğum halde bahsi geçen çocuklarının sesini hiç duyamadığım gibi. Ama Aslan'ın, sesini çıkarsın ya da çıkarmasın ömür boyu kendisini içten içe hep pis, manyak ve başka birçok olumsuz sıfatla özdeşleşmiş gibi hissedeceğini, bu histen kolay kolay kurtulamayacağını biliyorum. Ve "Keşke bu acıyla yaşayacağına hiç doğmasaydı," diyorum; ona da en az, savaşlarda katledilen, sakat kalan bebeklere üzüldüğüm kadar, hatta onlardan daha fazla üzülüyorum.

Louise Hartmann, çocuğunun hangi davranışının onu olumsuz etkilediğini anlatırken "Ben" sözcüğünü kullanıyor. Böyle konuştuğunuz çocuk, kendisi de "ben" ve "sen" demesini öğrenir; kendi duyguları, düşünceleri ile başkalarının duygularını, düşüncelerini ayırt etmeyi, duyguları ayırt etmeyi, düşünceleri ayırt etmeyi, bunların farkına varmayı öğrenir.

Çocukların, ergenlikte olduğu gibi, bazen sırf "karşı çıkmak için karşı çıkmaya" ihtiyaç duydukları doğrudur. Kendi kişiliğini anne-babasının, öğretmeninin, büyüklerin, dünyanın kişiliğinden *ayırmak*, ayrı bir varlık olarak ortaya koymak için çocuğun *karşı çıkması* elzemdir, sağlıklıdır. Çocuklar olumsuz davranışları, bir şey başarmak için, kendilerini ispatlamak için sergilerler. Çocuğun olumlu biçimlerde kendisini ispatlamış hissetmesini sağlamak, bu olumsuz davranışların azalmasına yardımcı olacaktır. Normalde istemediği, ihtiyaç duymadığı bir şey olan konserve çorbayı eline alıp yere atmaya yönelmesi, marketteki çocuğun hiçe sayılan benliğindeki gurur kırıntısıyla kendisini ispatlama girişimiydi; annesinin ona "Kötü çocuk!" demesine *karşı* bir hareketti. Çocukların markette sırf bir şey istemiş olmak için bir şey isteyip tutturması da, çok kez, çocuğun o şeyi gerçekten istediğini değil, bu davranış ve istenilen şeyi yaptırma üzerinden kendisini otoriteye karşı ispatlamaya ihtiyaç duyduğunu gösterir; bu ihtiyacı göz ardı etmemek mühimdir. Louise Hartmann'ın "Ben karşında değil, yanındayım," mesajını bu yüzden önemsiyorum. Çocuk kendisini markete götürülen bir nesne değil, anneyle birlikte alışveriş yapan bir özne, eyleme ortak olan, ondan birlikte keyif alan bir özne gibi hissederse, kendisini ispatlama ihtiyacı da kendiliğinden ortadan kalkar; o zaman, çocuğun *gerçekten* istediği şeyler üzerine daha makul biçimlerde karşılıklı konuşulabilir.

"Suçluluk" (guilt) ve "utanç" (shame) arasında derin bir fark vardır. Suçluluk, ne yaptığımızla, utanç ise direkt olarak kim olduğumuzla ilgilidir.[16] Kendisinden utanan insan, ne yaptığından bağımsız olarak kendisinden utanacak, çok derinlerde bir şeyleri değiştiremediği müddetçe ne yaparsa yapsın kendinden utanma duygusunu aşamayacaktır. Depresyon ve anksiyeteyle yakın ilişki içinde olan bu tür bir derin utanma duygusu, kişinin anne-babasının ona çocuklukta aşıladığı bir şeydir, kişinin öz-değer hissinin zayıf olması gibi hayli ciddi bir durumla birlikte bulunur.

T.S. Eliot'ın ünlü "The Love Song of J. Alfred Prufrock" şiirindeki Alfred Prufrock karakterini böyle bir utanmaya örnek verebiliriz. Prufrock, İngilizce tabirle, hayli "self-conscious" bir adamdır; yani benliğinin, hareketlerinin son derece farkındadır, fakat bu farkındalık, her zaman olumsuz bir farkındalıktır. Bu nedenle aşırı kertede çekimser, çekingendir, adım atmaya korkar, özellikle kadınlara yaklaşmaya hiç cesaret edemez. Prufrock'un, çocukluğunda onu *kim* olduğundan utandırmamış ebeveynleri olduğunu düşünemeyiz.

Alfred Adler, çocuğa sadece olumlu ilgi gösterilmesi gerektiğini, çocuk olumsuz bir şey yaptığında en ideal davranışın bunu görmezden gelmek olduğunu, olumlu ilgi gören çocuğun zaten olumsuz ilgi çekmeye de çalışmayacağını savunur. Biz ise tam tersine, çocuk olumsuz bir şey yaptığında

---

16 Bkz. Perera, Sylvia Brinton, *The Scapegoat Complex: Toward a Mythology of Shadow and Guilt*, 1986, Inner City Books

tepki veriyor, desteklenmesi gereken olumlu davranışlarına ise sessiz kalıyoruz. Olumlu ilginin bir çocuğu "şımartacağı", baştan yanlış bir düşünce. Nitekim bir çocuğa asla "fazla iyi" davranamazsınız; bizim anladığımız anlamda, bir çocuğu asla şımartamazsınız. Sağlıklı olan ise, çocuk olumlu bir şey yapsın yapmasın ona böyle ("good boy/girl" gibi) olumlu sıfatlarla özgüven aşılamak.[17]

İnsanların çocuğa inanmaktansa idealleştirilmiş anne-babayı korumaya hep daha yatkın olduğundan, anne-babayı idealize eden biyografi yazarlarının da bize sıklıkla, bir çocuğun ruhsal gerçekliğiyle pek ilgisi olmayan portreler sunduklarından yakınan Alice Miller, *Başlangıçta Eğitim Vardı!* kitabında şöyle diyor:

> Tüm biyografi yazarları, Klara Hitler'in, oğlunu "çok sevdiği ve onu şımarttığı" konusunda hemfikirdirler. Öncelikle şunu belirtmek gerekir; eğer sevgiden anlaşılan, annenin çocuğunun tüm gerçek ihtiyaçlarını anlayabildiği ve giderebildiğiyse, az önce bahsi geçen ifade çelişkili bir ifadedir. Çünkü gerçekte çocuğun ihtiyaçları karşılanamadığı zaman, çocuk *şımartılır*. Yani *ihtiyacı olmadığı* şeyler fazla miktarda verilir, ki bunlar da aslında çocuğa, annenin kendi eksikliğinden dolayı veremediği şeylerin yerini alması için sunulmaktadır. Sonuç olarak şımartma, ileride hayat tarafından da doğrulanacak olan ciddi bir eksikliğin göstergesidir. Adolf Hitler gerçekten sevgi görmüş bir çocuk olsaydı, kendisi de sevgi dolu olurdu.[18]

Çocuğu bu şekilde "şımartmaktan" söz ederken, fiziksel anne/babalıktan, çocuğa yapılan fiziksel şeylerden bahsediyoruz. Fakat, hep vurguladığım gibi, çocuğun fiziksel ihtiyaçları

---

17 Bir araştırma, bilgisayar oyunlarının sonunda "Çok iyi!", "Tebrikler!" gibi övücü ve cesaret verici ifadelerin kullanılmasının kişileri bu oyunları oynamaya sevkettiğini açığa çıkarmıştı.

18 Bkz., 2003, Arion Yayınevi, Çev. Şirin Baykan, s. 217, 218

aslında son derece kısıtlıdır. "Batı'da çocukları ceza olarak aç yatağa gönderiyorlar. Biz asla bu kadar acımasız olamayız." derken insanlar çocuklarına karşı ne kadar yufka yürekli olduklarını, hatta onlara hak ettikleri cezaları veremediklerini ifade ediyorlar bazen. Çocuğu yatağa aç göndermek ya da herhangi bir şekilde aç bırakmak, tabii ki asla yapılmaması gereken, çocuğun ruhunu da aç bırakan, ona sevilmediğini ve kabul görmediğini duyuran bir hareket. Aç kalmamak, anne/babanın çocuğuna borçlu olduğu temel fiziksel haklardandır. Çocuğunuza istediğinizde yemek verip istediğinizde vermemek gibi bir hakkınız olmadığı gibi, çocuğa istediğinizde sevgi, şefkat gösterip, istediğinizde bunları ceza olarak kesmek gibi bir hakkınız da yoktur.

Marilyn French'in çok etkileyici romanı *Kadınlara Mahsus*'ta (The Women's Room) Mira, elbiselerini çıkarıp güneşli bir günde şekerciye doğru gezintiye çıkmaktan hoşlanan bir bebektir. Eve bir polis tarafından getirildiği ikinci kez, annesi Bayan Ward onu iple bağlar. "Niyeti, çocuğa karşı nazik olmamak değildir tabii ama çocuk kalabalık bir caddeden geçmektedir. Bu yüzden, çocuğun istediği yere yürüyebilmesine imkân tanıyan, uzun bir ip kullanır. Fakat Mira bu cezaya rağmen, bütün elbiselerini çıkarmaya devam eder. Bayan Ward, dayağa inanmamaktadır; bunun yerine, sert azara ve Mira'ya hiç şefkat göstermeme yöntemine başvurur. Yöntem işe yarar. Mira evlendiği gece tüm kıyafetlerini çıkarmakta zorlanır.[19]

Çocuğun temel ihtiyacı olan sevgi, yakınlık, şefkat gibi olumlu duyguları bilerek kesmek, korkunç ve çok acımasız bir cezadır. Nasıl ki çocuğu bazı geceler evden atmak gibi bir hakkınız yoktur, aynı öyle, çocuğa bazen kucak açıp bazen olumlu duyguları göstermeyi kesme gibi bir lüksünüz yoktur. Çocukla ilişkinizi, bir ev gibi düşünün. Ev, aynı zamanda iç dünyadır.[20]

---

[19] Bkz. *The Women's Room*, 1977, New York, Summit Books, s. 19

[20] Masallarda, edebiyatta, rüyalarda da "ev"in iç dünyayı temsil etmesi nedensiz değil. Hassas insanların ortak alanları paylaşmakta sorun

Burası çocuğun onu zorla içine doğurduğunuz, yaşayabileceği tek alanıdır. Bu duygusal alandan çocuğu tekmeleyip atmanın, ona içeride yer olmadığını söylemenin, bir çocuğu reel hayatta sokağa atıp evde yer hak etmediğini söylemekten ne farkı vardır? Bu çocuk daha sonra kendisine nasıl bir ev kurarsa kursun rahat edemez, dünyada -reelde yahut herhangi birinin kalbinde- kendisine ait bir yer hak edebileceğine inanamaz.

Alice Miller, *Hayat Yolları* kitabında şöyle diyor:

> Ceza, çocuğun kötü niyet ile hareket etmiş olduğu varsayımına dayanır. Çocuğun güven değil korku duymasına yol açmasına şaşmamak gerekir. Sonuç olarak, güçlü olanın, gücü keyfi olarak kullanma hakkına sahip olduğunu öğrenmiş olur. Şiddet uygulanarak yetiştirilmiş bir çocuk, yeni deneyimler edinmekten korkar. Çünkü her köşede, sözde hatalar yüzünden cezalandırılma tehlikesi gizlidir. Yetişkin hale geldiğinde de, kendisini yönlendirebilecek deneyim pusulasından yoksun bir haldedir. Bu yüzden de otoriteye itaatkâr bir tavırla boyun eğer ve kendisinden zayıf olanlara, çocukluğunda maruz kaldığı keyfi davranışları andırır şekilde, köle muamelesi yapar.[21]

Louise Hartmann'ın kızına süpermarkette yaptığı şeyin yanlış olduğunu duyurma biçimi çok hoşuma gitmişti, çünkü hiçbir şekilde ceza, tehdit, yaptırım, çocuğa olumsuz herhangi bir duygu gösterme içermiyor, çocuğa annesiyle eşit bir ilişki içinden öğrenme imkânı sağlıyordu. Alice Miller'in paragrafında söz edilen "şiddet"e, kuşkusuz, çocuğa hava, su gibi ihtiyaç duyduğu sıcaklığı, sevgiyi, şefkati göstermemek de dahil. Alice Miller, 50'li yıllarda Dr. Harlow'un maymunlar üzerinde yaptığı deneylere de değiniyor. Harlow'un deneyleri,

---

yaşaması, kendilerine ait fiziksel bir alan edinmelerinin duygu dünyalarında önemli olması, bununla da ilgili.

21 A.g.e., s. 167

yapay annelerle büyütülen maymunların, ilerki dönemlerde saldırgan davranışlar gösterdiğini ve kendi yavrularına karşı ilgisiz kaldığını açığa çıkarmıştı. Benzer şekilde, John Bowlby, suçlular üzerinde araştırma yapmış ve şiddetin kökeninin, ilk çocuklukta annenin çocuğun duygularına karşılık vermekte, çocuğa sevgi ve şefkat göstermekte yetersiz kalmasına bağlı olduğunu ortaya çıkarmıştı.

Alice Miller, 1944'te duygusal temastan mahrum edilen bebeklerin ölmesiyle sonuçlanan deneyin benzerlerini yapan Rene Spitz'ten de örnek verir. Avusturyalı-Amerikalı psikanaliz Spitz'in, en ünlüsü 1952'de bir hastanede gerçekleşmiş, bugün kısa filmlerini YouTube'dan da izleyebileceğiniz araştırmalarında, hastanede yatan bebekler, aşırı hijyenik koşullarda tutulmalarına rağmen, duygusal ihmal sebebiyle ölürler. Annelerinden, beş ay, altı ay ayrı kalan bebekler, oturamaz, ayağa kalkamaz, yürüyemeze, konuşamaz, hareket edemez, kısacası, ciddi gelişim bozuklukları gösterir. Bu tür duygusal yoksunlukların neticesi çok şiddetli ve –eğer bebek yaşayabilirse– maalesef kalıcı olur.[22]

---

[22] Spitz, bebeklik döneminde annelerinden alınarak hastanede uzun süre tutulan bebeklerin yüzde 37.3'ünün iki yaşına gelmeden öldüğünü söylüyor. Watson ve Rayner'ın ünlü "Little Albert" deneyinde, 9 aylık bir bebekken bilhassa korkutulan Albert, ciddi stres belirtileri gösterir. Deneyde çocuğuna ne yaptıklarını fark eden hemşire annesi deney bitmeden çocuğu kaçırsa da, Albert altı yaşına gelmeden ölür. Albert'ın beynindeki sıvıdan ölmesi, korkutulmanın beynine yaptıklarının bir sonucu olsa gerek. Alice Miller *Hayat Yolları*'nda, hastane doğumlarının ve bir komplikasyon oluştuysa bebeklerin doğduktan sonra hastanede, annelerinden uzakta bakılmasının, onlarda ne kadar kalıcı hasara neden olduğunu anlatıyor. Bu, Miller'ın *Banished Knowledge* (Yasak Bilgi) kitabında da üzerinde durduğu bir konu. Miller kitapta, Fransız doktor Frederick Leboyer'ın, jinekologların, hastanelerin ve ebelerin ne kadar yanlış "iş" yaptığını anlattığı filmlerine ve kitaplarına değiniyor. Doğumda annelerinden alınan maymunlar, doğum yaptıklarında da annelik içgüdüsü göstermiyorlar. Ayrıca, ebeveyn ihmali ve istismarının, bu ebeveynlerin bebekken ihmal ve istismar edilmesiyle açık bir bağlantısı olduğunu ortaya koyan istatistikler var. Alice Miller *Thou Shalt Not Be Aware* (Farkına Varmayacaksın) kitabında, bebeğin doğumdaki duygusal durumunun tüm

Bowlby ve Spitz'in yaklaşık kırk yıl önce yaptığı gözlemlerine, aradan geçen süre içinde nörobiyolojik araştırmalar da eklenmiştir. Araştırmacılar, yalnızca tacizlerin değil, ebeveynin şefkatli temasından yoksun kalmanın da, özellikle duyguları kontrol eden beyin bölümlerindeki gelişmenin geri kalmasına yol açtığını saptamıştır. Bu yüzden de, "bakışlarla yönetilen" çocuklar, yıkıcı sonuçları muhtemelen ancak bir sonraki nesilde ortaya çıkan, duygusal zararlara uğramışlardı.[23]

Alice Miller, çocukların bedensel terbiye yanı sıra ağır duygusal yoksunlukla da hep karşı karşıya kaldıklarını anlatıyor. Okşama, sarılma, öpme gibi çocuklara yönelik şefkatli temaslar, yirminci yüzyılın başlarındaki çocuk yetiştirme kılavuzlarında "maymun sevgisi" olarak adlandırılıyor ve ebeveynler bu tür "şımartmalar"a karşı uyarılıyormuş.[24] Ebeveynler, sevgilerini çocuklarına göstermemenin onların iyiliği için olduğuna yüzyıllarca inandırılmış ve çocuklara sert davranmaya yönlendirilmişler. Alice Miller, dünyada hiç savaşmamış halklar olduğunu, bu halkların çocuklarına değer verdiğini, saygı gösterdiğini söylüyor. Dünyada çocuğa dayağı yasaklayan 24 ülkeden ilki olan İsveç'te çocuğa vurulmasını yasaklayan yasa 1979'da yürürlüğe girdiğinde, halkın yüzde 70'i yasaya karşıymış.[25]

---

hayatını etkilediğini anlatıyor. Ayrıca, doğum sonrasında annelerinin stresini yahut reddini hisseden bebekler, fiziken hastalanıyorlar. (bkz. s. 276)

23 A.g.e., s. 160

24 Freud, gelinine, yeni doğan oğlunu çok fazla kucağına almamasını tavsiye eder. Gerekçesi, erkek bebeğin annesine karşı yoğun cinsel duygularını tahrik etmemektir. Alice Miller, Freud'un çocuklara bakışını kitaplarında hep eleştirir.

25 Çocuğa vurmayı açıkça yasaklayan ülkelerde bile bu yasak düzgün uygulanmıyor ve düşük bir para cezası alan anne-babaların sayısı bile yok denecek kadar azdır. Çocuk koruma örgütleri ve pedagoglar dahi yıllarca çocuğa vurma yasasının karşısında yer almışlar. Yasaya

Çocukların taciz edilmemesi gerektiği konusunda bugün hemen herkes hemfikir. Ama pek çok kişi, dayağın her türünün taciz olduğunun farkında değil henüz. Güçlü bir yetişkinin dövülmesi herkesin gözünde taciz olduğu halde, savunmasız bir çocuğun dövülmesine böyle bakılmıyor. Bu gerçeğin gözden kaçmasının nedeni, bedensel terbiye gibi adlarla, yasal bir eğitim yöntemi olarak kabul edilmesi ve bunun soykırıma dek uzanan sonuçlarının görmezden gelinmesidir. Bu, tarihimizdeki iletişim bozukluklarının en acı örneklerinden biridir. Bu korkunç eğitim yöntemi bir nesilden diğerine aktarılmış ve "tanrının emri" olarak kabullenilmiştir. Çocuklara, büyükleri tarafından "senin iyiliğin için dövüyoruz," denmiş, çocuklar da buna inanmış ve aynısını kendi çocuklarına uygulamışlardır. *Yüzyıllar boyunca.*[26]

Çocuk istismarının aldığı şefkatli biçimler dahi çok çeşitli. Çocuklarıyla hep yumuşak, anlayışlı konuşmaya özen gösteren bir anne tanımıştım. Çocukları "Filanca, anne/babasına 'siz' diye hitap ediyormuş!" dediğinde "Yani... aslında olması gereken o tabii..." diyordu üzgün, ezik bir şekilde; ve böyle derken sesi, kendisi ve kocası fazla anlayışlı, hoşgörülü ebeveynler olduklarından "olması gereken"i yapamadıkları için üzüntü duyduğunu çocuklarına duyuran bir ton alıyordu.

---

karşı çıkanlar, İngilizce "Spare the rod, spoil the kid" (Sopayı sakla, çocuğu şımart) atasözünü sıklıkla slogan olarak kullanıyor. Lisedeki psikoloji dersinde, öğretmenimiz normalde açık fikirli biri olmasına rağmen "Bir çocuğa on yaşına kadar vurmanın ona ne zararı ne de faydası olur," demişti. Çocuğa vurmayı yasaklayan yasa, ülkemiz dahil çok yerde (mesela İsviçre'de) hâlâ yürürlükte değil. Batı'da "Help, rather than punish", yani "Çocuğu cezalandırmak yerine ona yardım et" gibi kampanyalar yasanın tanınması için uğraş gösteriyorlar. Miller, *Suskunluk Duvarını Yıkın*'da "Kendisini savunabilen bir yetişkin dayak yediği zaman ona vuran cezalandırılıyor da kendisini savunamayan çocuk dövüldüğü zaman neden kimse cezalandırılmıyor?" diye soruyor.

26 A.g.e., s. 174

Arkadaşlarının, anne-babalarına 'siz' demesinden hayrete kapılan ve o hayreti paylaşmak için bu bilgiyi heyecanla annelerine getiren çocuklar dumura uğruyor, birden durarak, hak etmedikleri halde kullandıkları bu özgürlük için suçluluk duymaları gerektiğini anlıyorlardı. Anne-babaları kendilerine "siz" denmesini daha önce hiç talep etmediği için, bu yeni bilgi onlar için daha da kafa karıştırıcı oluyordu; bu durumda çocuklar, sorgulamadıkları halde böyle hak etmeden sahip oldukları başka şeylerin de olması gerektiğinin farkına varıyorlardı. Anne-babaları onlardan kendilerine "siz" diye hitap edilmesini istediklerini direkt olarak söylese, bu çok daha az karmaşık, çok daha az yaralayıcı olacaktı.

Depresyon, İnsanın İçindeki Anne-Babanın, İnsanın İçindeki Çocuğu Sabote Etmesidir

Alice Miller'ın *Başlangıçta Eğitim Vardı!*'da söylediği gibi, "İnsan küçük bir çocukken nasıl muamele görüyorsa, hayat boyunca öyle davranır. *En büyük acılar genellikle insanın kendine çektirdiği acılardır*. Kişi benliğindeki işkenceciden hiçbir yerde kurtulamaz."[27]

Depresyondan, anksiyeteden, özgüven eksikliğinden mustarip olan, ama çocukluğunda benliği anne-babası tarafından derin şekilde yaralanmamış bir tek insan bile gösteremezsiniz. Hepimizin bir iç sesi vardır. Depresyon, anksiyete, özgüven eksikliği gibi durumlar, iç sesimizin kendimize karşı sertleşmesidir.

Depresyondan dolayı sabahları yataktan çıkmakta güçlük çeken bir arkadaşım, konuyu vaktiyle bir psikiyatriste açmış ve psikiyatrist ona "Çok kötü bir patronun olduğunu düşün! Saati sekize kur ve asker gibi kalk!" demiş. Sanırım depresyondan dolayı yataktan çıkmakta güçlük çeken birine bundan daha hatalı bir öğüt verilemezdi. Sabahları yataktan çıkmak-

27 A.g.e., s. 164

ta güçlük çekiyorsak bu, yataktan çıktıktan sonra yapmamız gereken işlerden ve onların sonucundan korktuğumuz içindir. Bu durumdaki bir insana, mesela, yataktan çıkar çıkmaz masanın başına geçmesi ve yarım saat boyunca, aklına ilk gelenleri hiç düşünmeden karalaması önerilebilir. Bir süre bunu yapan kişi, onu gerçekten korkutanın ne olduğunu karaladığı kâğıtlara baktığında anlar. Yazılanlar, sıklıkla "Ödevim var tezimi yetiştirmem lazım daha şunları şunları yapmaya bile başlamadım üstelik onlardan sonra şunları yapmam lazım yapamıyorum yetiştiremiyorum ya kötü olursa ya bitmezse ya hocam/patronum kızarsa ya beni okuldan/işten atarlarsa beceremiyorum güzel olmuyor rezil olacağım beğenmeyecekler" gibi sayıklamalardır. Yapılacak işler ve sonuçları önemsemediği için değil, tam tersine, fazla önemsediği için kişi onları ertelemekte, korktuğu için kaçmaktadır.

David Burns *İyi Hissetmek* (*Feeling Good*) kitabında hangi düşüncelerin hangi hislere ve tutumlara neden olduğunu çözümlüyor ve bilişsel psikolojinin "Nasıl düşündüğümüz, nasıl hissettiğimizi belirler," temeli uyarınca, hangi düşünce kalıplarımızı değiştirirsek hangi sorunlarımızın kendiliğinden ortadan kalkacağını, çözüleceğini anlatıyor. "Kötü bir patronum var. İşe geç kalırsam bana çok kızacak ve beni işten atacak. Cezalandırılacağım, işsiz kalacağım, mahvolacağım," gibi sert, baskıcı, zorlayıcı düşünceler, zaten kişinin yataktan kalkmasını ya da başka işleri yapmasını *önleyen* düşüncelerin kendisi. Burns, Türkçeye "meli/malı" gibi çevirebileceğimiz "should" kipinin, kişi bu kipi ister kendisi ister başkaları için kullansın, mutsuzluğa ve içsel çatışmalara nasıl sebep olduğunu, gereklilik kipini hayatımızdan neden tümüyle çıkarmamız gerektiğini anlatıyor. Ben bu durumu Türkçede bazen "Kimse 'meli/malı' kipi kullanmamalı," esprisiyle açıklıyorum. "Birinin çuvallamasını mı istiyorsunuz? Ona mükemmeliyetçilik aşılayın. 'İyi'nin karşıtı 'kötü' değil, 'mükemmel'dir," de diyorum ki son cümleyi Burns çok güzel izah ediyor.

David Burns'ün depresyonu iyileştirmek ve önlemekte anti-depresanlardan daha etkili olduğu bir deneyle kanıtlanmış –ve maalesef Türkçede hayli kısaltılarak basılmış– kitabında verdiği örnekler, kendisi bu konudan bahsetmese de "anne-babanın çocuğu yetiştirmesi" zannettiğimiz şeyin çocukta bıraktığı hasarı anlayabilmemiz açısından hayli değerli. Kitabın burada özetlemeye çalıştığım ana fikrine şöyle bir örneği ilave edeyim: Diyelim ki bir sunum yapacaksınız. İnsanlar böyle durumlarda prova yaparlarken, sunumu olabilecek en güzel şekliyle gerçekleşirken hayal ediyorlar. Halbuki yapılması gereken, tam tersi. Sunuma hazırlanırken zihninizde kendinizi sunumu iyi değil, kötü yaparken canlandırırsanız, hatta olabilecek en kötü senaryoyu kurgularsanız, sunumu iyi yapma ihtimaliniz artıyor. Bunu şöyle düşünün: Kendi kendinize "En kötü ne olabilir ki?" derseniz, kötü'den o kadar korkmazsanız, endişeleriniz hafifliyor ve "iyi" olmanın önündeki engeller kendiliğinden kalkıyor. Leo Buscaglio "Siz zaten mükemmelsiniz. O mükemmelliği siz bozuyorsunuz," derdi. Ne kadar da doğru.

Korkulan şeyin gerçekleşmesi, çoğu zaman korkunun kendisi kadar kötü, yıpratıcı değildir. Freud da, bizim "nahoş" olarak tecrübe ettiğimiz çoğu şeyin, aslında sadece "nahoş olarak algıladığımız" şeyler olduğundan bahseder.[28] Olası bir kötü senaryodan hayatımız ona bağlıymış gibi, böyle bir şeyin gerçekleşmesi çok vahimmiş gibi korkmamız, egolarımız henüz çok zayıfken ve anne-babamızın sevgisine, onayına su gibi, hava gibi ihtiyacımız varken bu sevgi ve kabulün bazı şartlara bağlı olduğunu hissetmemizden kaynaklanıyor. Sabah yataktan kalkamazsak derslerimizi veremeyeceğimiz ve bu derslerde –yahut başka bir şeyde– başarılı olamayınca dünyanın başımıza yıkılacağı korkusundan dolayı yataktan kalkamamak gibi durumlara, kendimizden menkul bir değerimiz olduğu

[28] Bkz. "Beyond The Pleasure Principle", Cilt XVIII, *Beyond the Pleasure Principle, Group Psychology and Other Works* içinde, s. 11

hissimiz ne kadar zayıfsa o kadar yatkın oluruz. Terapi dediğimiz şey özetle, insanın sabah yataktan çıkmasını -ve/ya başka şeyleri- önleyen bu gerçekdışı algıların neler olduğunu öğrenmek ve onları "unlearn" edebilmek, yani vaktiyle öğrendiğimiz bu şeylerin doğru olmadığını içsel olarak öğrenebilmek üzere çalışmak demek.

Olumsuz ruh hallerine sebep olan şeyin, insanın iç sesinin kendisine karşı sertleşmesi olduğundan söz etmiştim. Burada bahsettiğim türde bir iç ses, yüzünüze doğru parmak sallayarak size yanlış yaptığınızı söyleyen, hatta ihtar eden, size bir doğruyu dikte ederek o doğruya uymanızı bekleyen, uyamadığınız, adapte olamadığınız takdirde size kendinizi "yanlış", "yetersiz", "başarısız", "kötü" ve daha birçok olumsuz şey hissettiren bir iç ses. Suratımıza bu şekilde parmak sallayan bir iç sesi, tabii ki anne-babalarımızdan, öğretmenlerimizden, büyüklerimizden öğrendik, bunu ne kadar yumuşak şekillerde yaparlarsa yapsınlar. Depresyon, insanın konuş/a/madıklarının onun yerine konuşmasıdır. Kendisiyle ve başkalarıyla konuşabilmeyi, kendisini kendisine ve başkalarına müdafaa etmeyi öğrenenlerde depresyona daha ender rastlanır. *Depresyon, kişinin kendi kendisini sabote etmesidir.* Kendi kendimizi sabote etmesini, bize kendi kendimizi sabote etmeyi öğretenlerden öğrenerek içselleştirmeseydik, bugün depresyon nedir bilmezdik. Çocuklarını asla eleştirmeyen kabilelerin yetişkinlerinde de depresyon yoktur.

Hepimizin içinde bir anne, baba ve çocuk bulunduğundan söz etmiştim. İç sesimizin sertleşmesi, içimizdeki annenin ve içimizdeki babanın sesinin sertleşmesidir ve bu durumda içimizdeki çocuk küçük, zayıf, çaresiz kalır. Güçlü psikoloji, içimizdeki çocuğun güçlü olduğu psikolojidir. Burada anne, baba ve çocuklara dair ne söylüyorsam onun, kendi içimizde yaşadığımız anne-baba-çocuk üçgeni için de geçerli olduğunu yeniden hatırlayalım. İçimizdeki anne-babanın sesini içimizdeki çocuğa uygun şekilde yumuşatabilmeliyiz ki güçlenelim.

İçimizdeki anne-baba, içimizdeki çocuğun hislerini anlamalı, onlara karşılık verebilir hale gelmelidir.

Depresyon ve benzer diğer problemler, psikolojide "iç düşman" (inner enemy) dediğimiz mekanizmanın çalışmasıdır. Jung'u bilen psikoterapist arkadaşlarımdan, "Çok zeki ve çok yetenekli bir insan, ama olması gereken yerden uzak. Çok güçlü bir iç düşmanı olmalı!" gibi ifadeler duyarım. *İç düşmanın düşmanlaştığı kişi, iç anne-baba değil, iç çocuktur*. Tam tersine, bu iç düşman, iç anne-babanın sert sesiyle özdeşleşerek yer bulur kendisine, ve iç çocuğu bu sesle ezer. Anne-babanızın sizi büyümek isteyen her yerinizden kestiğini, varlığınızın olmak istediği şeyin sesini kıstığını kabul etmek istemiyorsanız, yetişkin olmakla birlikte artık kontrol sizin elinizde olduğu halde içinizdeki çocuğa baskı yapıyor, onun büyümesini, güçlenmesini bizzat önlüyor olabilirsiniz.

Kendimize karşı kendi anne-babamız olurken, "Yataktan kalkmalısın, yoksa her şey çok kötü olur!" diyen değil, burada anlattığım gibi, seven, koruyan, destekleyen, eleştirmeyerek rehberlik eden bir anne/baba olmalıyız. Kendisine karşı kötü anne/babalık eden bir insan, çocuğuna da iyi anne/baba olamaz. Çocuğa şefkat kisvesi altında da olsa baskı uygulayan anne-babalar, kendi anne-babalarının seslerini içselleştirdikleri için iç anne ve iç babalarının sesleri kendilerine karşı da sert olan insanlar. Nitekim çocuğa neden ve nasıl kötülük yaptıklarını anlamalarını önleyen şey de bu.

II. BÖLÜM

MODERN EĞİTİMİN TARİHÇESİ

Birinin bir başkası üzerinde baskı kurmasının normalize edilmesi, ailede başlıyor. Dünya realitesi, kanıksadığımız için, ne kadar yanlış olduğunu fark bile edemediğimiz hiyerarşiyle, zihinsel ve psikolojik istismarla dolu. Çocuğun ruhunu öldürmek için el birliğiyle çalışan dünyanın bu sinsi planını uygulamak için icat ettiği yöntemlerden biri de eğitim. Bu konuda yapılmış en güzel özetin, Thom Hartmann'ın henüz Türkçeye çevrilmemiş *The Edison Gene: ADHD and the Gift of the Hunter Child* (2003, Edison Geni: DEHB ve Avcı Çocuğun Yeteneği) kitabındaki "How Modern Education Came About" (Modern Eğitim Nasıl Ortaya Çıktı?) bölümü olduğunu düşünüyorum. Thom Hartmann'ın izniyle, bu bölümü kendimce Türkçeleştirerek paylaşacağım:

> 1700'lerin sonundan 1800'lerin ortalarına kadar, Amerika Birleşik Devletleri ve Avrupa'ya muazzam bir sosyal dalgalanma damga vurdu. Amerika'da çiftçiler ayaklanarak dünyanın en güçlü imparatorluğunu devirdiler. Fransız köylüleri de ayaklandı; kral ve kraliçelerinin başlarını kestiler. Bugünkü Almanya'nın bir parçası olarak düşünebileceğimiz Prusya, o güne dek kendisini dünyanın en güçlü askerî kuvveti kabul etmesine rağmen, Napolyon'un liderliğinde gönüllü bir çiftçi ordusu kuran ayaktakımı karşısında bozguna uğradı.
>
> Küçük bir tüccar sınıfı bulunsa da, o dönemde insanlar ya çok zengin ya da çok fakirdi. (Bugün anladığımız anlamda orta sınıf, Amerika Birleşik Devletleri ve Avrupa'da ancak II. Dünya Savaşı sonrasında, büyük ölçüde, gelir

miktarıyla oranlı artan verginin bir sonucu olarak ortaya çıkmıştır.) Zenginler, fakirlerin ayaklanarak başlarını kesme ihtimali karşısında giderek artan bir endişeye kapıldılar.

"Ayaktakımı"nın otoriteye boyun eğmesini sağlamak için uygulanan geleneksel yöntemler, kırbaç, darağacı ve hapis tehdidiydi. Fakat on sekizinci yüzyılda Amerika'da başlayarak on dokuzuncu yüzyıl boyunca, hatta yirminci yüzyılın ilk döneminde de Avrupa'ya yayılan ayaklanmalar, iktidar sınıflarını ve kraliyet ailelerini alarma geçirdi. Geleneksel yöntemler işe yaramıyordu; "ayaktakımı", haklarını ve özgürlüğünü talep ediyordu. Kendilerini düşünüyorlar, politikada söz sahibi olmayı, güç edinmeyi istiyorlardı.

1760'larda, Prusya Kralı II. Frederick ile Avusturya İmparatoriçesi Maria Theresa, Ernst Wilhelm von Schlabrendorff'un tavsiyesini dinleyerek, Avusturya ve Prusya'da zorunlu eğitim sistemleri geliştirdiler. Alman filozof Fichte'nin 1819'da Büyük Almanya'nın doğumu sırasında yapı taşlarını oluşturduğu sistem gibi, bu sistemin de işçi sınıfının itaat etmesini sağlamak için özel olarak tasarlanmış bazı özellikleri vardı:

1. **Çocuğunu okula göndermemek hapis cezasına tabiydi, gerekirse silah kullanılıyordu.** Plato'nun binlerce yıl önceki küçük başarısız girişimi dışında, Batı dünyasında daha önce zorunlu eğitim hiç denenmemişti. Böyle bir şey, düşünce olarak bile insanın sezgilerine tersti: "Ayaktakımı"nı daha eğitimli olsunlar diye zorlamak niyeydi ki? İşin aslı ise şuydu ki, bu sistemin asıl amacı, etki altında kalmaya açık olan çocukların itaat edeceği, saygı duyacağı en önemli merciin aile yerine hükümet olmasını sağlamaktı.

Hükümetin gücünün, anne babanın gücünden daha büyük olduğunu içinde duymalıydı çocuk. Ve bu güçten korkmalıydı.

2. **Bu eğitim sistemi bütüncül değil, lineerdi.** Medeniyetin ilk temellerinden itibaren, Aristoteles'in eğitim sistemlerinden Ortaçağ'ın Michelangelo gibi dahileri yetiştiren çıraklık sistemlerine kadar her yerde, eğitim herkesin eşit olduğu bir süreçti. Öğretmen, kılavuzluk ediyordu, çocuklarsa öğretme ve öğrenme işine aktif olarak katkı sağlıyorlardı. Hayatta olduğu gibi burada da, birbirlerinden kopuk değil, bütün halindelerdi. Fakat Alman filozoflar, iyi asker ve iyi fabrika işçisi yetiştirmek için –çünkü amaç buydu!– öğrencilerin büyük resme bakmadan, onlara ne söylenirse onu yapan, bütüncül değil lineer düşünen kimseler haline getirilmesinin elzem olduğu hükmüne varmışlardı. Eleştirel düşünme yeteneği unutturulmalı, öğrenciler lineer düşünmek üzere eğitilmelilerdi. Bunu başarabilmek için Fichte'nin ortaya attığı bir yöntem, her konunun diğerinden ayrılması ve ayrı bir öğretmen tarafından öğretilmesiydi.
3. **Zamana tabiydi.** Bugün modern eğitim dediğimiz şeyi kuran düşünürler, Endüstri Devrimi'nin hızla yayıldığı bu çağda çocukları fabrikadaki iş hayatına daha iyi hazırlayabilmek için, çocukların bir zil sesi duyunca durmaya ve bir zil sesi duyunca yeniden hareket etmeye başlamayı, kendilerini fabrikadaki zil sesine göre ayarlamayı öğrenmeleri gerektiğine karar verdiler. L. Mumford'ın 1955'de dediği gibi, "Modern endüstriyel çağın anahtar makinesi, lokomotif değil, saattir." Çocuklar, onlara yapmaları söylenen şeyi, sadece bu şey onlara *söylendiği zaman* yapmasını öğrenmelilerdi.

4. **Notlandırmaya tabiydi.** Endüstri Devrimi, seri üretim hattı üstündeki bir ürünün "geçer ya da kalır notu aldığı" fikrini de beraberinde getirmişti. Sözgelimi bir ayakkabı fabrikasında, ayakkabılara geçer ya da kalır notu veriliyordu. Geçer notu alamayanlar, fakir kimselere "ikinci el" olarak mı verileceğine, yeniden parçalarına ayrılıp geri dönüşümden mi geçirileceğine, yoksa tamamen çöpe mi atılacağına karar vermek üzere yeniden puanlamadan geçiriliyorlardı. Bu dönemdeki düşünürler, eğitim sürecinde öğrencileri eşit gören Sokratik bakışı devreden çıkardıklarında öğrenciler, okul ve okulun sistemin dar kriterleri tarafından denetlenip notlandırılmak üzere eğitim ve sosyalleşmenin seri üretim hattına dizilmiş ürünler olarak görülmeye başlandı. Bu sistem, 1800'lerin sonunda William Farish tarafından İngiltere'de tamamen kurumsallaşmış olacaktı.
5. **İngilizcede "give-and-take" dediğimiz karşılıklı fikir alışverişi bu sistemde ortadan kaldırıldı.** 1740'ta, Prusyalı felsefeci Johann Hecker, otoriteyi sorgulamayan bir halk yaratmak için, çocukların okulda "Bir soru sorabilir miyim?" diye sormaya mecbur bırakılması fikrini ortaya attı. "Bir soru sorabilir miyim?" derken, çocuklar aslında gerçekten de soru soruyor olmayacaklar, bu cümleyle birlikte el kaldıracaklardı. Böylece, Sokratik öğrenme metodunun merkezindeki fikir teatisi de ortadan kalkmış oldu. Sokratik yöntem, İngilizcede "independent thinkers" dediğimiz bağımsız düşünürler yetiştiriyordu; yeni eğitim modelinin amacı ise bu değildi. Hecker'ın bakışına göre eğitim, otoriteyi temsil eden öğretmenden boş bir kabı temsil eden öğrenciye doğru tek yönlü akan bir şeydi. Hecker'ın sistemi, 1800'lerin başında Alman okullarında kurumsallaştı.

6. **Eğitimin içeriği kontrol altındaydı.** Bu yeni eğitim modelinin belki en cazip yönlerinden biri, seri üretim hattında üretilen ürünler gibi bunun da standardize edilebilmesiydi. Eğer hükümet öğrencilerin ne öğrendiğini kontrol edebilirse, onlara hükümeti sorgulamamanın öneminin kendisini de öğretebilirdi. Halihazırdaki güç ve ekonomi sistemlerini destekleyen değerleri ve inançları aşılayabilirdi. Özetle, artık devrim yapmayı düşünmeyecek iyi vatandaşlar yetiştirebilirdi.[1]

Thom Hartmann'ın burada anlattığı gibi, 1760'larda, Prusya Kralı II. Frederick ile Avusturya İmparatoriçesi Maria Theresa'nın bir araya gelerek otoriteyi sorgulamadan ona itaat eden bir halk yaratmak amacıyla planladığı eğitim sistemi, Prusya'dan başlayarak zamanla tüm dünyaya yayılmış ve bugün hâlâ burada sıralanan detaylarla uygulanıyor. Çocuğun bir şey sormadan, hatta düşünmeden önce izin isteyerek kendisini bedenen ve ruhen frenlemeye alışması, bunun farkında olmasalar da otoritenin onayını almadan bir şey düşünemeyen ve hareket edemeyen nesiller yetiştirmek üzere okulun aileyle işbirliği yapması demek. Aile, çocuğu halihazırdaki dünyaya adapte olacağı şekilde sosyalleştirme amacını güder, çocuk ve toplum arasında köprü görevini görür. Ne var ki ailenin de çoktan içselleştirdiği ve aslında kendisinin de mağduru olduğu hâkim sistem, kendi varlığını mümkün en az değişiklikle devam ettirmek için sinsice planlanmış istismarlar bütününden başka bir şey değildir. Okul, yerleşik düzenin kendi varlığını bireyin varlığı yerine ikame ettirme sürecini çocuğa ailesinin rızasıyla işleyen sayısız fiziksel, zihinsel ve psikolojik istismar biçiminden sadece biri. Bu süreç sonunda her birimiz, dev bir çarkın uzantısına dönüşüyor, bu dev çarkla birlikte hareket ediyor, çarktan ayrı, yani gerçek bir varoluşumuz olmadığının ayırdına bile varamıyoruz.

1 A.g.e., Rochester, Vermont: Park Street Press, 2005, s. 181-184

Öğrencilerin belli saatler dahilinde öğrenim görmesi, hele bunun zille olması, artık hiçbirimizin yadırgadığı bir durum değil. Eğitim dediğimiz şeyin sadece bu şekilde yapılabileceği fikrini sorgulamak dahi aklımıza gelmiyor. Halbuki bugün İngiliz kraliyet ailesinin de çocukları için tercih ettiği Montessori okullarında, çocukların giriş çıkışı için belirlenmiş saatler yok. Montessori'de, yine, Türkiye'de üstün zekâlı çocuklar için açılmış kimi okullarda, devam zorunluluğu ve ders saatleri olmadığı halde öğrenciler okula her gün isteyerek geliyorlar; çünkü buralarda, istedikleri şeyi istedikleri şekilde öğrenme hakkına sahipler. Sıra sistemi bize normal geliyor; halbuki sıra, öğrencinin otorite unsuru karşısında boyun eğmesi gerektiğini ve "üst"ten gelen baskıyı ona fiziken duyurmak, bir öğrencinin diğerinden farkı olmadığını hissettirmek, kişilik hissini ve kendisine –ve tabii bir başkasına da– saygısını öldürmek ve saygı kavramını itaatle değiştirmek, öğrencilerin kendilerine verilen numaralardan ibaret olduğu fikrini pekiştirmek için özellikle tasarlanmış bir oturma planı. Tipik bir sınıfta öğrenci, kendisine dikte edilen "tek doğru"ya kendisini uydurmak için çaba harcayan, değeri, o "tek doğru"ya ne kadar uyabildiğiyle belirlenen, ölçülen, benliği hiçe sayılan, zaten kendisine kendi benliğini yok etmesi öğretilen, pasifize edilmiş bir varlık. Halbuki sözgelimi Montessori okullarında, zil gibi, sıra da yok. İsteyen ayakta dururken, isteyen minderde, isteyen sandalyede oturuyor, öğrenciler saat kısıtlaması olmaksızın diledikleri gibi bahçeye girip çıkıyor; kim ne isterse onunla meşgul oluyor. Öğretmenin anlatıp öğrencinin dinlediği, öğrencinin, öğretmenin anlattıklarının pasif bir alıcısı haline dönüştürüldüğü ve pasif alıcı olabildiği ölçüde başarılı sayıldığı sistem, bugün gözümüze ne kadar normal görünse de doğal değil.

Bugün dünyanın en iyi okulları olarak bilinen Montessori okulları, başarısını, bir okul olma niyetiyle yola çıkmamış olmasından almakta. Maria Montessori, bir öğretmen değil, fizikçi, ve 1901'de kendisine bir grup engelli çocuk emanet ediliyor. Montessori, ekibinden, çocuklara saygı duymalarını, her çocuğun kendi ilgi alanını keşfetmesi için onları cesaretlendirmelerini istiyor. Buradaki çocuklar herkesi o kadar derinden şaşırtan bir ilerleme gösteriyorlar ki Dr. Montessori 1907'de bugünkü Montessori okullarının modeli olan ilk "çocuk evi"ni açıyor. Montessori, burasının bir okul değil, çocuklar için bir ev, bir yuva olduğunu, İngilizcede "instruction" dediğimiz, öğretmenin öğrenciye bir şeyler dikte etmesi yönteminin kendileri için geçerli olmadığını vurguluyor. Buradaki öğrencilere hiç kimse ders vermediği halde, çocukların her biri beş yaşına gelmeden okuma ve yazma öğreniyor. Halbuki o dönemde, dört buçuk yaşında çocukların okuyup yazma becerisi edinmesi, mucize gibi karşılanmış. Çocukların nasıl öğrendiğini senelerce gözlemleyen Maria Montessori, yazdığı kitaplarda eğitimin doğal bir süreç olduğunu, her insanda kendiliğinden geliştiğini anlatıyor. Çocukların, kendilerine bir şey "öğretildiği" hissi olmadan öğrenmelerinin doğalarına çok daha uygun olduğu, çok daha iyi sonuçlar verdiği, Montessori okullarının ispatı.

Amaç gerçekten de çocukların öğrenmesi olsaydı, bu açıdan başarılı olamadığı defalarca açık şekilde kanıtlanmış okul sistemi, dünyanın her tarafında bu kadar yaygın şekilde uygulanıyor olmazdı. Fakat bu sistem, devletler için, çok masraflı olmasına rağmen, ödenen bedele fazlasıyla değen bir avantaj sağlamakta. Kendisi de Amerikalı olan Thom Hartmann, zorunlu eğitimin Amerika Birleşik Devletleri tarafından kabul görme hikâyesine de değinmiş. Amerika önceleri zorunlu eğitim fikrine pek ilgi göstermemiş. Ama ne zaman ki, İç Savaş sırasında ve sonrasında başlayan grevler endüstriyi vurmuş, Güney Amerika federal hükümete karşı ayaklanarak bağımsızlığını kazanmak için yıkıcı bir savaş başlatmış, böyle bir zorunlu eğitimin masrafının, "ayaktakımı"nın grev ve ayaklanma gibi hareketlerle otorite için yeniden tehdit oluşturma ihtimalinin ciddi şekilde azalması yanında hiçbir şey olduğunda karar kılmışlar. Avrupa'ya giderek Prusya kökenli zorunlu eğitim sistemini inceleyen Horace Mann ve başkaları, hükümete, böyle zorunlu, lineer, otorite yanlısı, hükümet tarafından kontrol edilen bir eğitimin, sosyal stabiliteyi sağlamak için *tek yol* olduğunu, "düzgün eğitilmiş insanlardan oluşan bir ulusta, bir daha asla devrim olmayacağını" belirtmişler.

Thom Hartmann, zorunlu eğitimin kabul ettirilmesi sürecine dair çok sayıda hikâye anlatıyor. Bunlardan biri, herkes eğitimli olunca işçilerini kaybedeceğinden korkan demiryolu patronlarıyla Amerika Birleşik Devletleri'nin eğitim hususunda ilk Hükümet Temsilcisi olan William Torrey Harris arasında. William Torrey Harris, Ellis Huntington'a, endişeye hiç mahal olmadığını, zira yeni kurdukları Amerikan eğitim sisteminin, "eğitimli insanlar değil, tam tersine, sosyal olarak son derece itaatkâr işçiler meydana getirmek için Almanya'da özel olarak tasarlandığını" söylediği bir mektup yazmış ve mektuptan sonra, Amerika'da zorunlu eğitime karşı çıkan demiryolu sahipleri fikirlerini değiştirmişler.[2]

Okullar, hiç kimse yazar olsun, sanatçı olsun diye değillerdir. Hep söylediğim gibi, hayat hiç kimsenin yazmasını ve ya da yaratıcı olmasını istemez. Yaratıcı içgüdümüz, en sağlıklı içgüdümüzdür, ve biteviye kendisini gerçekleştirmek için uğraşır. Ama dünya, aile, okul, toplum, iş ve kurumsallaşmış her şey aracılığıyla bu yaratıcılığı dört yandan bastırmaya, öldürmeye çalışır. Yeniye, doğduğu şeyden ayrı olana, çocuk arketipine karşılık gelen *yaratıcılık*, potansiyel olarak hepimizin içinde bulunsa da *yaratıcı eyleme* dönüşmesi engellenir. Halbuki yaratıcı enerjinin istediği şey, kendisini gerçekleştirmek, yani eyleme dönüşmektir. Fizikteki enerji gibi yaratıcı enerji de asla yok olmayan, bastırıldığı zaman gücü bize karşı yıkıcı şekilde çalışan bir enerjidir. Beş yaşına gelmeden önce bir sanat alanında deha gösteren çocukların sadece onda biri

2 A.g.e., s. 185, 186

büyüdüklerinde sanatçı olabiliyor. Hem *Fildişi Kuyu* hem *Yazma Cesareti* kitaplarımda yaratıcı enerjinin dünya tarafından nasıl engellendiğinden, bu enerjiyi yararımıza nasıl çevirebileceğimizden ve bunu yapmadığımız takdirde kendisini gerçekleştiremeyen ve biriken enerjinin bizim nasıl mahvımız olduğundan uzun uzun bahsettim.

Yaratıcı enerjimizi gerçekleştirmemiz, kendimizi gerçekleştirmemizdir; ve doğan her benlik kendisini gerçekleştirmek ister. Hem çocuklarda hem kendimizde potansiyel olanı gerçekleştirmek, gerçekten gerekli olan dayatmalarla salt bu yaratıcılığı öldürmek için bilhassa dayatılanlar arasındaki farkı ayırt etmek, kendimize, çocuğumuza, içimizdeki çocuğa en önemli borcumuzdur. "Yazmasaydınız çıldırır mıydınız?" diye soranlara, "Yazmayan değil, ama herhangi bir şey üretmeyen herkes çıldırır. Nitekim çıldırmış durumdalar," cevabını veriyorum. Dünyanın bu kadar çıldırmış olması, hep iyiyi ve güzeli yaratmak isteyen yaratıcı potansiyelimizin doğduğumuz günden, hatta öncesinden itibaren önleniyor olmasından kaynaklanıyor. Anne-babanın çocuğa verdiği zararı dünyanın bireye verdiği zarardan ayıramayız; bunlar aslında aynı kötülük kökünden geliyor. Kendi içimizdeki çocuğun kendisini gerçekleştirmesine engel olmamızla reel çocuğumuzun kendisini gerçekleştirmesine engel olmamızın aslında hep aynı şey olduğu, birbirinden ayrılamadığı gibi.

Bir romancı olarak görevimin sadece, romanımı yazılabileceğim en iyi şekilde yazmak olduğunu, bana atfedilen diğer bütün görevlerin kendiliğinden bunun içinde bulunduğunu söylerim hep. Bu, herhangi biri ya da çocuk için de böyle. Bir çocuğun yapması gereken –ya da, belki daha doğru bir ifadeyle, içindeki potansiyelin gerçekleşmek istediği–, bir başkasınınkiyle aynı değildir. Her romanın potansiyel "en iyi"sinin kendisine özgü şekilde en iyi olacağı gibi, mesela ahşaptan heykel yontmayı isteyen iki çocuğun da heykelleri için "en iyi", birbirinden farklı ve özgün olacaktır. İster öğretmen ister anne-baba olalım bize düşen, çocuğun kendi potansiyelinin ne olduğunu keşfetmesine, ve bu potansiyeli gerçekleştirirken yapılan şeyin *kendisi için en iyisi* olmasına yardımcı olmak. İyi bir romandaki iyi'yi başka bir iyi romandaki iyi ile kıyaslayamayacağım gibi, bir çocuğun yaptığı heykeldeki iyi'yi başka bir çocuğun yaptığı heykeldeki iyi ile kıyaslayamam.

Notlandırma sistemine alışmış olduğumuz için bunun aslında ne kadar tuhaf ve yanlış bir yöntem olduğunu hemen göremiyoruz. Not, çocuğun yaptığı işi, kendisini ve başka öğrencileri bu notlara göre ölçmesine, otorite ve yetişkinler tarafından ölçülmeyi içselleştirmesine neden oluyor. Thom Hartmann'ın sınıflandırdığı kategoriler, zamanla azalarak değil, tam tersine, güçlenerek, artarak, çeşitlenerek yerleşmiş dünyaya. "Öğrencileri puanlandırırken onlara bizim istediğimiz şeyden ne kadar eksik olduklarını vurgulayalım. Yüz üzerinden seksen puanlık doğrun var yerine, yirmi puanlık eksiğin ya da yanlışın var diye yazalım kâğıtlara." "Hatalarını kırmızı tükenmez kalemle işaretleyerek iyice belirgin hale getirelim. 'Kırmızı' uyarıcı nitelikte olsun, tükenmez kalem sayesinde onlara 'geriye dönülmez' bir yanlış yaptıklarını hissettirelim," gibi düşüncelerle, çocuğun kendisine ve yaptığı işe güvenini sarsmak için bilhassa ortaya atılmış yöntemler, bugün dünyanın her yanındaki okullarda kullanılıyor. Genel olarak okul sistemiyle ve okulun notlandırmasıyla, notlandırma işini çocuğa ve veliye duyurma biçimleriyle aslında yapılan, çocuğu otorite tarafından belirlenen bir standarda uygunluğuyla ölçüp değerlendirmek, o standarda uygun hale getirmeye çalışmak ve çocuğun o standart ile uyumlu olduğu ölçüde iyi, değerli, başarılı olduğu fikrini dayatmak, çocuğu kendisine değil, başkasına yarar birine dönüştürmek.

Amerikalı çocuk yazarı Helen E. Buckley'nin "Çocuk" (The Little Boy) başlıklı hikâyesi, okulun çocuğa ne yaptığını çok güzel anlatıyor. Bunu da Türkçeleştirerek paylaşacağım:

Çocuğun okuldaki ilk günüydü. Çocuk çok heyecanlıydı,

yeni şeyler öğrenmek için sabırsızlanıyordu. Öğretmeni, "Bugün bir resim çizeceğiz," dedi. "Güzel!" diye düşündü çocuk. Resim yapmayı severdi. Her tür resmi çizebilirdi. Aslanları ve kaplanları. Tavukları ve inekleri. Trenleri ve vapurları. Boya kalemlerini çıkardı ve çizmeye başladı çocuk.

Ama öğretmen, "Durun!" dedi; "Başlama vakti şimdi değil!" Sonra herkes ona hazır görünene kadar bekledi.

"Şimdi," dedi öğretmen, "Çiçek çizeceğiz." "Güzel!" diye düşündü çocuk. Çiçek çizmeyi severdi, ve pembe ve turuncu ve mavi boya kalemleriyle güzel çiçekler çizmeye başladı.

Ama öğretmen "Durun!" dedi, "Şimdi size çiçeğin nasıl çizildiğini göstereceğim." Yeşil saplı, kırmızı bir çiçek çizdi. "İşte," dedi öğretmen, "Şimdi başlayabilirsiniz."

Çocuk önce öğretmenin çiçeğine, sonra kendisininkine baktı. Kendi çiçeğini öğretmeninkinden daha çok beğenmişti. Ama bunu söylemedi. Resim kâğıdının diğer yüzünü çevirmekle yetindi sadece. Ve öğretmenin çiçeğine benzeyen bir çiçek çizdi. Yeşil saplı, kırmızı bir çiçek.

Başka bir gün öğretmeni "Bugün hamurla bir şey yapacağız." dedi. "Güzel!" diye düşündü çocuk. Yılanlar ve kardan adamlar, filler ve fareler, arabalar, ve kamyonlar; çocuk oyun hamurunu çekiştirip mıncıklamaya başladı.

Ama öğretmen "Durun!" dedi, "Başlama vakti şimdi değil!" Sonra herkes ona hazır görünene kadar bekledi.

"Şimdi," dedi öğretmen, "Bir tabak yapacağız." Çocuk tabak yapmayı severdi. Her boyda ve her şekilde tabaklar yapmaya başladı. Ama öğretmen "Durun!" dedi, "Şimdi size tabağın nasıl yapıldığını göstereceğim." Ve sonra herkese, derin bir tabağın nasıl yapıldığını gösterdi. "İşte," dedi öğretmen, "Şimdi başlayabilirsiniz."

Çocuk önce öğretmenin tabağına, sonra kendisininkine baktı. Kendi tabağını öğretmeninkinden daha çok beğenmişti. Ama bunu söylemedi. Elindeki oyun hamurunu hamur yeniden koca bir topa dönüşene kadar yuvarlamakla yetindi sadece. Ve öğretmeninin tabağına benzeyen bir tabak yaptı. Derin bir tabak.

Aradan çok zaman geçmeden, çocuk beklemeyi öğrendi. İzlemeyi, ve ona söylenenleri aynı öğretmeninin yaptığı gibi yapmasını öğrendi. Aradan çok zaman geçmeden, çocuk artık kendi kendisine bir şeyler yapmamayı öğrendi.

İşte o günlerde, çocuk ve ailesi başka bir şehre, başka bir eve taşındılar, ve çocuk başka bir okula gitmeye başladı.

Okuldaki ilk gününde, öğretmen "Bugün bir resim çizeceğiz." dedi. "Güzel!" diye düşündü çocuk, ve öğretmeninin ona ne söyleyeceğini bekledi. Ama öğretmen hiçbir şey söylemiyordu. Öğretmen sadece sınıfın içinde geziniyordu. Çocuğun yanına yaklaştığında, "Sen resim çizmek istermiyor musun?" diye sordu öğretmen. "İstiyorum," dedi çocuk; "Peki ne çizeceğiz?" "Sen çizene kadar, senin ne çizeceğini ben bilemem," dedi öğretmen. "Peki nasıl çizeceğiz?" diye sordu çocuk. "Sen nasıl istersen o şekilde," dedi öğretmen. "Herhangi bir renk olur mu?" diye sordu çocuk. "Herhangi bir renk olur," dedi öğretmen. "Eğer herkes aynı resmi çizseydi, eğer herkes aynı rengi kullansaydı, kimin ne çizdiğini ben nasıl bilebilirdim?" "Bilmiyorum," diye yanıtladı çocuk.

Ve yeşil saplı, kırmızı bir çiçek çizmeye başladı.

Evet, bunun, okulun çocuğu ne hale getirdiğini çok güzel özetleyen bir küçük öykü olduğunu düşünüyorum; ama aile ve bütünüyle dünya olarak da çocuğa –ve tabii bireye– yaptığımız şeyin, okulunkinden pek farklı olmadığı kanısındayım.

Çocuk okula başladığında bu hikâyedeki çocuk gibi özgür ve yaratıcı düşünebilen, davranabilen bir çocuksa, öz benliğine ailesi tarafından fazla ket vurulmamış bir çocuk demektir.

Anne-Baba Dışındaki İnsanların Çocuğu İstismar Etmesinin Nedeni Yine Anne-Babadır

Bu kitabın girişinde, çocukluğun bir cehennem olmasının nedeninin, çocuğun kendisine yapılan yanlışların yanlış olduğunu bilmemesi olduğunu anlatmaya çalışmıştım. Anne-baba çocuğa Helen Buckley'nin öyküsündeki ilk öğretmen gibi davranıyorsa, çocuk okul kurallarını daha kolay içselleştirecektir. Eğer çocuğumuza öyküdeki ikinci öğretmen gibi davranıyorsak, çocuğa yanımızdan ayrıldığı andan itibaren herhangi birinin öyküdeki ilk öğretmen gibi davranacağının her zaman ihtimal dahilinde olduğunu biliriz. Fakat biz çocukta öz-değer hissini ne kadar geliştirebildiysek, çocuk dışarıdan biri ona yanlış davrandığında bunun "yanlış" olduğunu o derece idrak edebilecek ve birinin yanlış davranışından o kadar az yaralanacaktır.

Çocuğun benliğini zedeleyici davranışlarla, çocuğa benliğini dışarıdan ve derinden yaralanmaya açık hale getirmeyi farkında olmadan biz öğretiriz. Bir başka deyişle, çocuk, her isteyenin onu yaralamasına kendisi müsaade eder. Çünkü biz çocuğun benliğine tecavüz ediyor, ona acı çektiriyor ve onun bu acıyı alır, kabul eder, onaylar hale gelmesini istiyoruzdur. Örneğin çocuğa el kaldırıyorsak ve biz çocuğa vururken çocuğun kendisini savunmasına izin vermiyorsak, biz bir yanağına vururken onun bile isteye diğer yanağını çevirmesini sağlamışsak bu, bir başkası onun canını yakmak istediğinde de çocuğu o acıyı alır, kabul eder ve diğer yanağını çevirir hale getirmişiz demektir.

Bu verdiğim örneği sadece fiziksel acı çektirme olarak düşünmeyelim. Daha önce de değindiğim gibi, çocuğa bizim ona bağırabileceğimizi ama onun bize bağıramayacağını, bizim onu eleştirebileceğimizi ama onun bizi eleştiremeyeceğini, bizim ona öfkelenebileceğimizi ama onun bize öfkelenemeyeceğini öğretmişsek, çocuk acının, öfkenin, suçlanmanın pasif alıcısı olduğunu öğrenecek ve bir başkası karşısında da böyle davranmaya, zihinsel, fiziksel ve cinsel; her anlamda suistismal edilmeye açık hale gelecektir. Çocuğun içindeki "iç anne-baba" sert, otoriter, sorgulanmaz olarak içselleşirse, çocuk herkese karşı sert anne-babanın karşısındaki ezik ve pasif çocuk olarak davranır.

Bir adam bir adama vuruyorsa, el kaldırılan adamın kendisini savunmasını bekleriz, öyle değil mi? Üzerine yürünen birinin, kendisinin de aynı şekilde karşılık vermesini. Ama çocuğun, eline cetvelle vurmaya hazırlanan öğretmeni karşısında süklüm püklüm durmasını ve elini bile isteye açıp o cetvele uzatmasını, kendi eline -yahut bir başka yerine- zarar verilmesi eylemine uysal şekilde ve kişiliksizmişçesine iştirak etmesini bekliyoruz. Değil elinize cetvelle vurulması, eline cetvelle vurulan bir başka çocuğun durumuna şahit olduysanız bile, hatta, değil eline cetvelle vurulan bir başka çocuğun durumuna şahit olma, eline vurulacak cetvel karşısında elini açıp uzatmak dışında bir çaresi olmadığını içinde duyan çocuğun kendisini neden çaresiz hissettiğini anlıyorsanız, içinizde duyuyorsanız bile, siz de fiziksel, zihinsel, psikolojik bir istismarın mağduru olmuşsunuz demektir.

Yetişkin birinin bir başka yetişkine vurduğunu gördüğümüzde hemen araya giriyor, ama yetişkin birinin çocuğa vurması, bağırması karşısında elbirliğiyle sessiz ve kayıtsız kalıyoruz. Aslında elbirliğiyle, çocuğa normal olanın bu olduğunu öğretiyoruz. Halbuki çocuk, sadece fiziksel değil, daha önemlisi psikolojik olarak da, kalıcı yaralar almaya bir yetişkinden çok daha müsait, bir yetişkinden her anlamda daha savunmasız. "Yetişkinler, kendilerinden kat kat büyük öfkeli bir dev aniden kendilerine saldırsa, dehşete düşeceklerini ve aşağılanmış hissedeceklerini kolayca zihinlerinde tasavvur edebilirler."[3] cümlesindeki benzetme, bir yetişkinin bir çocuğa -fiziksel ya da sözlü- saldırmasıyla bir yetişkinin başka bir yetişkine saldırmasının neden aynı olmadığını çok doğru şekilde göz önüne seriyor. Kitabın başında, çocuğun bir şeyi hissetmesinin bizimkinden katbekat fazla olduğunu söylemiştim.

Kimsenin kimseye vurduğuna şahit olmak istemem. Ama illa birinin birine vurduğunu göreceksem, bir yetişkinin bir çocuğa vurmasındansa bir çocuğun bir yetişkine vurduğunu görmeyi tercih ederim. Burada "vurma"yı, görünür ya da görünür olmayan bir şekilde incitme, bağırma, öfkelenme, eleştirme, imâda bulunma, şefkat ve hoşgörü kisvesi altında aslında kişinin benlik saygısını zedeleme, sınırlarına müdahale etme olarak da okuyabiliriz.

Çok sayıda çocuğa işkence eden, onları korkunç şekillerde öldüren ve bunu yapmaktan kendini alamayan Jürgen Bartsch, annesini en çok çileden çıkaran şeyin dayaklarına karşı kendisini savunması olduğunu anlatıyor:

> Dayaklarına karşı geldiğimde annem çok öfkelenirdi. Ona göre kötekleri yerken hazır ol durumunda olmalıydım. On altı yaşımdan on yedi yaşıma kadar beni dövmek için eline bir şey geçirdiği zaman, o şeyi elinden çekip aldım. Bu onun başına gelebilecek neredeyse en kötü şeydi. Hareketimi ona karşı bir isyan olarak görüyordu. Halbuki ben yalnızca kendimi korumaya çalışıyordum, sonuçta annem hiç de güçsüz bir kadın değildi. Sanırım bu gibi durumlarda beni yaralamayı gerçekten göze alırdı, bunu fark edebiliyordum.[4]

---

[3] Martin Domes'un *Der kompetente Sauglig* (Yetenekli Bebek, Fischer, 1993) kitabında geçen ifadeyi, ben *Beden Asla Yalan Söylemez* kitabının 200. sayfasındaki şekliyle aldım.

[4] Paul Moore'un *Jürgen Bartsch'ın Portresi* (1972) kitabından; ancak ben bu bölümü *Başlangıçta Eğitim Vardı!*'dan aldım, bkz. s. 257, 258

Bartsch, üzerine kasap bıçağı fırlatan annesinin, Bartsch kenara çekildiği için öfkeden deliye döndüğünü anlatıyor. Bu kadar çaresiz durumda bırakılan bir çocuk tabii ki biraz güç kazandığında, bu yaptığından ne kadar suçluluk, acı, pişmanlık duyarsa duysun, kendisini savunmaktan aciz çocukların acziyeti karşısında kendisine hâkim olamaz. Anne-babalar da onların bakımına muhtaç çocuklarının acziyeti karşısında benzer bir duygu yaşıyor, bu duygularını tatmin ettikleri biçimleri "anne-babalık" adı altında rasyonalize ediyorlar. Alice Miller, çocuk sadece normal, zararsız ihtiyaçlarını dile getiriyor olsa bile bazen "anne-babası tarafından talepkâr ve tehdit edici şekilde algılanabildiğini" söylüyor. Çünkü "çocuğa verilen eğitim aslında onun iyiliği için değil de, yetiştiren kimsenin iktidar sahibi olmak ve öç almak için duyduğu ihtiyacı gidermek için verilmektedir."[5] ve "sadece kötü muameleye maruz kalan çocuk değil, bunun sonuçlarından hepimiz kurban olarak etkileniriz."[6]

Beyin yapısının temeli ilk dört yıl içinde oluşur. Bu yıllar içinde –ve aslında sonrasında da– çocuğa kaş çatma, ses yükseltme, kızgın bakma dahil herhangi bir olumsuz his göstermenin, çocuğun beyin yapısını kalıcı olarak değiştirdiği kanıtlanmıştır. Sevgi, onay ve sadece olumlu hisler gören bir küçük çocukla kendisine kaş çatılan bir çocuğun beyin yapısı arasında fark vardır. Buna rağmen, bundan yalnızca birkaç yıl öncesine kadar yapılmış araştırmalar, yeryüzündeki çocukların büyük çoğunluğunun ömürlerinin ilk birkaç yılı içinde dayak yediğini ortaya koyuyor. Masa örtüsü gibi eşyalara uzandığı için çocuğun eline vurma, dünya genelinde hâlâ yaygın bir dayakmış. Çocuğun dokunarak öğrendiğinden, bu şekilde aslında çocuğun doğal merakını örselediğimizden bahsetmiştim.

5 A.g.e., s. 290

6 A.g.e.

Alice Miller, *Hayat Yolları* (1998) kitabında şöyle diyor: İnsanlar, daha on beş yıl önce inanılanın aksine, dünyaya tam olgunlaşmış bir beyinle gelmez. Beyinde hangi yetilerin gelişeceği ilk üç yılda yaşanan deneyimlere bağlıdır. Örneğin çok küçük yaşta ağır ve yaralayıcı deneyimler geçirmiş olan Romanyalı çocukların, sonraki dönemlerde, belli beyin bölgelerindeki bozukluklara karşılık gelen, belirgin duygusal ve bilişsel yetersizlikler gösterdikleri saptanmıştır. Nörobiyoloji alanındaki son araştırmalara göre, tekrarlanan yaralayıcı deneyimler, varolan sinir hücrelerini harap ederek taze beyinlere zarar veren stres hormonlarının salgılanışında artışa yol açmaktadır. Tacize uğramış çocukların beyinlerinde, duyguların kontrolüne ilişkin bölümlerin, karşılaştırma grubundakilere oranla, yüzde 20-30 oranında küçük olduğu bulunmuştur.[7]

Anne-babalardan "Aaa, hayır, ben çocuğuma asla vurmam!" gibi cümleler duyuyorum. Çok geçmeden "Aman, poposuna vuruyorum işte şöyle arada bir; dayak atmam!" diyorlar. Çocuğuna vurmadığını iddia eden kimselerin, çocuğun eline vurma, poposuna vurma gibi dayakları dayaktan saymamasının nedeni, kuşkusuz, söz konusu kişi "sadece çocuk" olduğu için ona yapılan yanlışları hafife almaya dair çok yaygın eğilimin bir parçası. Çocuğunuz bir portakal olsaydı, belki bu düşüncenizde haklı olabilirdiniz. (Ki portakallar bile bu kadar hissiz değiller.) Halbuki çocuk hissiz değil, sizin her yaptığınızı yapılan şeyin size göründüğünden fazla fazla hisseden bir varlıktır. Çocukların kaş çatma, ele vurma gibi istismarlar neticesinde bir yetişkinden çok daha derinden yaralandığı gerçeğini herkes görmezden gelmek istiyor. "Aman, çocuk işte," derseniz, çocuğunuza her anne-baba gibi elinizde olmadan sinirlendiğinizde, kaş çattığınızda, sonrasında bu hatanızı telafi edecek şekilde de yaklaşmazsınız. Ne de olsa siz *annesinizdir*,

7 A.g.e., s. 159

haklısınızdır, çocuğa nasıl davranırsanız davranın herkes sizin yanınızda olacaktır.

Bir başkasının çocuğunuzu herhangi bir şekilde istismar etmesini önlemenin bir tek yolu var. Bu yol çocuğa korumacı yaklaşmak, onu evden çıkarmamak, çocuğun kiminle nerede ne zaman ne yaptığını "anne-babalık işte" gibi şefkat kisveleriyle kontrol etmek değil. Bir başkasının çocuğunuzu herhangi bir şekilde istismar etmesini önlemenin tek yolu, çocuğun eleştirel, sorgulayıcı, aktif düşünen zihinsel mekanizmasını en başından örselememektir. Bizim ona davranışlarımızı sorgulamamasını, alıp olduğu gibi kabul etmesini, sadece ona gösterilene uyum sağlamasını, bizim her zaman haklı olduğumuzu öğrettiğimiz çocuk, bir başkasının kendisine yaklaşımının yanlış olduğunu nasıl düşünebilir, nasıl sorgulayabilir?

Birbirimizle "Sen bana böyle davranamazsın," "Bir erkeğin bir kadına şöyle yapması yanlış,", "Erkekler/kadınlar/sevgililer/arkadaşlar/kuzenler/akrabalar/işverenler/çalışanlar/taksiciler/yayalar/kuaförler/kapıcılar/satıcılar/siyasetçiler/gazeteciler/belediyeler/reklamcılar/çöpçüler/dilenciler böyle yapmalı/yapmamalı." gibi cümlelerle konuşup duruyoruz; ilişkilerimizi irdeliyor, masaya yatırıyor, birbirimize davranışlarımız üzerine karşılıklı tartışıyoruz. O zaman neden bir çocuğun bizim kafamızda "çocuğa davranış biçimleri" olarak doğru takdir edip çocuğa kalıp halinde dayattığımız şeyler karşısında sadece pasif bir alıcı olmasını bekliyor, çocuğa davranış biçimleri konusunda çocuğun da bizimle aktif olarak tartışmasına, düşünmesine imkân tanımıyoruz?

Bir çocuğun bizimle eşit şekilde masaya oturup "Ben bana şöyle davranmanızın yanlış olduğunu düşünüyorum," "Ben bana karşı şu konuda hata ettiğinizi düşünüyorum," gibi cümlelerle konuşabildiğini, ona davranış şekilleri konusunda, kendisiyle ilgili kararlarda anne-babasıyla karşılıklı tartışabildiğini, bir çocuğa muamelenin, çocuk kaç yaşında olursa olsun, hem zihinsel hem reel düzlemde –ki bu ikisi hep bir aradadır–, etkileşimle şekillendiğini gördüğüm gün, "Evet, nihayet istismar edilmemiş bir çocuk gördüm," diyeceğim. Ama henüz bunu yapan, hatta bunu yapmayı akıl edebilen bir çocuk görmedim.

Kitabımın çocuklara ulaşmasını, buradaki her cümlenin herhangi bir yaştaki çocuk tarafından okunmasını çok isterim. Çocukların yanında konuşmadığımız neredeyse her şeyin, çocukların yanında konuşulması gerektiğini düşünüyorum; ve buna, bu kitapta tartışılan "çocuğa davranış şekilleri" konusu da dahil. Çocukların yanında konuşma hususuna yeniden döneceğim; ama önce çocuğun zihninin nasıl çalıştığından biraz söz etmek istiyorum. *Gizli Özne* romanımda, çocuğa büyüklerin haklı, kendisinin haksız ve suçlu olduğunu öğretirseniz çocuktaki suçluluk hissini herkesin sezeceğini, kendilerinde halihazırda var olan suçluluk hissindeki "suç"u kolaylıkla bu çocuğa yakıştıracağını gerçek bir hikâyeyle anlattım. *Nitekim istismar dediğimiz şey çoğunlukla, suçluluk hissi olan kimselerin bu hislerindeki suçu, kendilerinden daha derin şekilde suçluluk duyan birileri bularak ona yüklemesi, o kişiyi istismar etmek üzerinden bu suçu, bu sefer kendilerini ondan rahatlatarak yaşaması durumudur.* Çocuğunuzun kendisine saygısını ne kadar zedelerseniz, çocukta ne kadar büyük suçluluk hissine neden olursanız, çocuk başkalarının ona yüklediği suçu sorgulamadan almaya, kabul etmeye, ona isnad edilen suç gerçekten de kendisininmiş gibi davranmaya o denli açık olacaktır. Bu açıklık durumu, maalesef çok kolay fark edilen ve sadece çocukları değil, herkesi değişik şekillerde istismar edilmeye hazır ve müsait hale getiren en önemli unsurdur; yetişkin olarak gündelik hayatımızın en yaygın tecrübelerinden biri olsa da nedeni çocukluktur, çocukken bize aşılanan "annenin/babanın haklı, çocuğun haksız" olduğuna dair çok yanlış inancın sonucudur.

Çocuklar, onlardaki düşünme, sorgulama mekanizmasını işlevsiz hale getirdiğimiz sürece, kendilerine yapılan her şeyi "normal" kabul ederler. Sokakta biri çocuğumuzun önüne çıkıyor ve onu aniden öpüyorsa, biz de buna tepkisiz kalıyorsak, bu, çocuğa mealen "Bu beden sana ait değil," demektir. Bir dostunuzun, bir akrabanızın çocuğunuzun iznini hiçe saydığını hissettirerek onu öpmesi de böyledir. Bu çocuk, yetişkin olan veya olmayan biri ona rahatsız olacağı bir şekilde dokunduğunda, onu cinsel olarak taciz ettiğinde, ne kadar rahatsız olursa olsun karşısındaki insana karşı çıkma hakkı olduğunu akıl edemez. Günümüzde "normal" bir anne-babanın "normal" şekilde davrandığı bir çocuk, taciz edildiğinde feci şekilde utanacak, yanlış bir şeyler olduğunu anlayacak, ama ortada bir "suç", "yanlış" varsa ona bunun olsa olsa onda olduğu öğretildiğinden, bir başkasının kendisini taciz etmesinden dolayı kendisinin suçlu olduğu hissine kapılacaktır. Bu çocuk büyüyüp, tacize uğramasının suçunun kendisinde olmadığını artık zihnen idrak edebilecek hale gelse de, taciz edilmesinden gelen derin suçluluk hissinden kolay kolay kurtulamaz. O histen kurtulabilmesi için, önce ona öğretilen "anne/babanın haklı, çocuğun haksız" savının kökünden yanlış, çok yanlış olduğunu anlaması ve kabul etmesi gerekir. Ama neredeyse herkesin bu sava sarsılmaz bir inançla bağlı olduğu bir dünyada, bir kişinin bunu tek başına görmesi, anlaması, kabul etmesi ve sonrasında da derinden kabul etmeyi sürdürebilmesi, o kadar zor ki...

Boş yere "Çocuklar zayıf, masum, korunmasız yaratıklar. Çocukları incitmeyin!" gibi söylemlerde bulunmayın, bu söylemlerde pankartlar açmayın. Bunun yerine, çocuğunuzu zayıf değil, eleştirel düşünebilen, iradesi güçlü, özgür iradesiyle karar alabilen ve uygulayabilen, karşı çıkabilen, kendisini ifade edebilen, düşünce ve hisleriyle bağ kurabilen, kendisiyle, anne-babasıyla, dünyayla gerçek anlamda iletişim kurabilen bağımsız bir birey haline getirmeye çalışın. Bunlar söylendiğinde "Aaa, biz çocuğumuzun karar alma becerisinin gelişmesini destekliyoruz tabii ki!" diyenler, dudak bükerek

"Beş yaşındaki çocuk vejetaryenlik ne, ne bilirmiş?" diyenlerle aynı olabiliyor. Neyi yiyip neyi yemeyeceğine karar verme hakkı olduğunu bilmeyen, istemediği şeyleri yemeye kendisini zorlayan ve çoğu kez sizin de onun kendisini ne kadar zorladığının farkında olmadığınız çocuk, tacize uğradığında taciz davranışını alan, kabul eden ve kimseye söyleyemeyen çocukla aynıdır.

"Kızlarınıza karate öğretin!" gibi söylemlere kulak asmayın. Çocuk isterse, tabii ki karate öğrensin; ama çocuğun ezilmesine neden olan, çoğu zaman, bize öğretildiği gibi fiziksel zayıflığı değildir. Çocuk karate şampiyonu olsa bile, kendisine başkalarının davranışlarının, sözlerinin pasif alıcısı olması öğretilmişse -ki okulda, evde, her yerde bu öğretiliyor–, taciz karşısında sessiz ve edilgin kalır. Çocuğunuzu dışarıdaki insanlardan korumaya değil, çocuğunuza kendisini koruma becerisi gelişecek şekilde, nesne değil özne gibi davranmaya odaklanın.

Çocuğa ne kadar duygusal ve zihinsel özerklik kazandırabilirsek -nitekim ideal, yani gerçek anne-babalığın özeti budur- çocuğun kendisine yapılan hareketi değerlendirme, kendisini koruyabilme, kendisine yapılmasını istemediği şeye karşı çıkma, daha sonra bu şeyin tekrarlanmasını önleyebilme, onu başkalarına ifade edebilme ve kendi iyiliğini garantiye alabileceği şekilde ona karşı savaşabilme becerileri o kadar gelişmiş olacaktır. Yine de, herkesin çocuğu ezdiği bir dünyada, istismar edilen çocuğun istismarı fark etmesi ve istismarla açıktan savaşabilecek bir duruş sergileyebilmesi hayli zordur. Fakat bir şey var. Başka bir şey. O da şu: Çocuğun ruh dünyasını etkileyen şey her ne olursa olsun, sonuçları çocuğun davranışlarına muhakkak, muhakkak yansır, ve siz çocuğunu tanıyan bir anne-babaysanız, çocukta bir değişiklik olduğunu hemen anlarsınız. Nitekim anne-babanın en büyük suçu, çocuğunu tanımamak, hislerini anlayamamaktır.

Az önce yinelediğim örnekte olduğu gibi, çocuğunuzun

kendisini istemediği bir şeyi yemeye içten içe ne kadar zorladığını fark etmiyorsanız, suç konuşmayan çocukta değil, sizdedir. Çocuk yattığı odadan hep nefret etmişse ve bunu size çocukluğu boyunca bir kez bile ifade etmemişse, etmeyi düşünememişse, suç sizdedir. Çocuk zaten, siz çocuğun hislerine, sesine, tercihlerine en baştan kulak tıkadığınız için kendisini ifade becerisini geliştirememiştir. Çocuğun kendisini ifade edebilmesi için önce onun ne hissettiğini, ne düşündüğünü, neyi tercih ettiğini gerçekten de merak eden, duymak isteyen bir anne-baba gerekir. Örnek verdiğim gibi süreğen durumları anlayamıyorsanız, çocuğun ruh dünyasını etkileyen önemli bir olay olduğunda çocuktaki değişikliği yine anlamamanız da hayli olasıdır.

Anne-babalar çocuktaki iyi davranışları kendi anne-babalıklarından, kötü davranışları çocuğun kendisinden –ve belki eşten yahut eşin ailesindeki sevilmeyen kişilerden– kaynaklı görmeye meyillidirler. "Çocuğum birdenbire dindarlaştı!" diye sevinir ya da üzülürler, ama davranışların sadece sonuç olduğunu, çocuktaki davranış değişikliğinin onları üzen ya da sevindiren bir şey olmasından tamamen bağımsız olarak nedenleri bulunduğunu genellikle görmezden gelirler. Çocuğunuza kendi tercihlerinizden ayrı bir birey olarak bakabilirseniz, onu sadece kendi dünyası içinde değerlendirebileceğinizi de göreceksiniz.

Fransız yazar Léon Bloy'un "Acı, geçer; ama acı çekmiş olduğumuz gerçeği, hep bizimle kalır."[8] diye bir sözü var. Çocuk ne kadar küçükse sevgiye ve onaya ihtiyacını o kadar güçlü şekilde duyduğundan, bunların karşılanmadığını hissettiği durumlardan o kadar derinden yaralandığından bahsetmiştim. Travma geçirmiş biri, artık aynı insan değildir; çünkü travmaya neden olmuş şey artık çoktan ortadan kalkmışsa

---

[8] Orijinali: "Souffrir passe, avoir souffert ne passe jamais." İngilizce söylersek: "Suffering disappears, but the fact of having suffered always remains with us."

bile, kişi ona travma yaşatmış durumu yeniden yaşamaktan o kadar korkar ki ona o durumu şimdi başka bir düzlemde hatırlatan her şeye karşı çok kişinin "abartılı" diyeceği, "fazla" bulacağı bir tepki verir. Çocuğun, benliğinin onaylanmasına derinden ihtiyaç duyduğu dönemde biz ona bu onaylanmayı yaşatamazsak, bu, çocuk için benlik travması olur, ve çocuk o travmanın derinliği nispetinde başkalarıyla ilişkilerinde de benlik yaralanması yaşamaya açık hale gelir.

Biz çocuğumuza kendisinin değerli olduğunu hissettirdiğimiz takdirde, çocuk üniversite sınavını kazanamasa, iyi bir iş bulamasa, çok para kazanamasa da bunlardan "benliğinin yaralandığını" hissedecek kadar mutsuz olmayacağını, ama öz-değer hissi geliştiremediğimiz bir çocuğun ne kadar güzel, çekici, başarılı olursa olsun kendisini çirkin, kötü, başarısız hissedeceğini örnek vermiştim. Bizim dışımızdaki insanların çocuğu ne kadar üzüp üzemeyeceği bu açıdan da onun benliğini inşa etme sürecindeki etkimize bağlıdır. "Hiçbir çocuk, okula kopuk düğmeyle gidiyor diye mutsuz olmaz," demiştim. Diyelim ki çocuk okula kopuk düğmeyle gidiyor ve bu yüzden okulda arkadaşları onunla alay ediyor. (Ki böyle bir durum söz konusuysa eğer bu, çocuklar kendi hallerine bırakıldığında kopuk düğmeleri önemseyeceğinden değil, onlara kopuk düğmeyle gezmenin kötü ya da yanlış bir şey olduğu yetişkinler tarafından empoze edildiği içindir.) Ailesi benliğinin değerli olduğunu ona hissettirmiş bir çocuk, bu duruma gülüp geçecek, müsamaha gösterecek, kendisini bir düğmeden dolayı "yaralanmış" hissetmeyecektir. Benliğinden dolayı utandırılmış bir çocuk içinse "düğme", henüz hiç kimse o düğmeyi fark etmemişse bile bir "benlikten utanma", bir düğmeden –ve başka her şeyden– dolayı bütün benliği yeniden yaralanmış gibi duyma vesilesidir. Nitekim başkaları çocuktaki –ve bireydeki– bu utanmayı fark ettikleri için kopuk düğmeyi ve kişinin kapatılmaz bir eksiklik gibi duyduğu her detayı gerçekten de utanılması gereken bir şeymiş gibi görür ve kişiye o utancı, yaralanmayı yeniden ve daha derinden yaşatırlar.[9]

Eğer çocuğunuzun her şeyden çok kolay ve derinden etkilenen, fazla hassas bir yapısı olduğunu fark ettiyseniz, anne/baba olarak çocuğunuzun benliğini yeterince destekleyip desteklemediğinizi sorgulayabilirsiniz. Kendilerine güveni zayıf anne/babalar, farkında olmadan çocuklarına da güvenemezler ve onlarda özgüven gelişmesine engel olurlar. Kendisi güvensiz anne/baba, çocuğunun iyi, güzel, başarılı olacağını bir türlü kabul edemez. Siz çocuğunuza içten içe bir türlü yeterince güvenemez, ondan iyi şeyler bekleyemezseniz, çocuğunuzun kendisinden iyi şeyler bekleyebilmesi hayli zordur. Girdiği bütün sınavlarda derece yapan birini tanıyorum. Annesi buna rağmen çocuğun gerçekten de iyi bir okul başarısı edineceğine bir türlü ikna olamıyor, okuduğu iyi okuldan Kız Meslek

---

[9] Psikanalitik jargonla konuşursak, bu durumu Bion'un "containment" teorisi ile açıklayabiliriz. "İhtiva" anlamına gelen "containment", bir şeyin bir başka şeyi ihtiva etme, mesela boş bir kabın suyu ihtiva etme özelliğidir. Düğmesi kopuk çocuk, düğmesinin kopuk olmasının utancını yahut benliğinden genel bir utancı halihazırda yaşadığı için, boş bir kabın, elinizdeki suyu ihtiva etmeye açık olması gibidir. Başkalarının da kendilerindeki utancı, kendilerinde istemedikleri kötü duyguları "yansıtıp" (project) bu düğme üzerinden "ihtiva" (contain) etmeye açıktır. Kabın, içine boşalttığınız bu suyu kabul etmesi, yani artık gerçekten de ihtiva etmesi durumunda, aralarında "yansıtmalı özdeşim" (projective identification, 1946) yaşanır. Yansıtmalı özdeşim, yansıtmanın (projection) karşılıklı olarak yaşanan, daha karmaşık halidir. Yansıtmalı özdeşimde, istemediğiniz parçanızı yansıttığınız kişi gerçekten de o parçayı haizmiş gibi davranır. Mesela, çocuğun normalde düğmesinin kopuk olmasından utanmayacağı halde, kopuk düğme gerçekten de utanılacak bir şeymiş gibi davranması, yansıtmalı özdeşimdir. Hem "ihtiva" (containment) hem "yansıtmalı özdeşim" (projective identification) teorilerini *Fildişi Kuyu*'da örnekleriyle birlikte anlatıyorum. Katherine Mansfield'in *Fildişi Kuyu* içinde incelediğim "Bebek Evi" (The Doll's House) öyküsü, ihtiva ve yansıtmalı özdeşimin canlı örneklerini barındırıyor. Kelveyler bebek evini gördüklerinde, gerçekten de yanlış bir şey yapmış gibi korkar, suçluluk duyar ve kaçarlar. İhtiva için, bkz. "Bion's Theory of Containment", *Kleinian Theory: A Contemporary Perspective*, Catalina Bronstein editörlüğünde, Londra: Wiley-Blackwell, s. 165-181.

Lisesi'ne geçmesini istiyordu. Zira anneye göre, çocuğun Kız Meslek'ten üniversiteye girişi kolay olacaktı. Kızının üniversite sınavında derece yapacağını söyleyenlerden rahatsız oluyordu; çünkü bu, çocuğa ümit vermekti. Ya yapamazsaydı? İnsan kendisini kötüsüne hazırlasa daha iyi değil miydi? Çocuk, aslında kendisinden beklendiği şekilde üniversite sınavında iyi bir derece yaptığında da annenin kızına güvensizliği ve kızın kendisine güvensizliği değişmedi, kız kendi kendisine ket vuran, iç düşmanı fazla güçlü, kendisini yapabileceklerinden çok aşağıda gören ve hakikaten de kapasitesine göre davranmayan biri olarak kaldı. İçimizdeki olumsuz hisler, çocuğumuzu görebilmemizi de engeller. Gördüğünüz şey çocuğunuzun kendisi olmayabilir.

Başkaları, çocuğu, anne-babanın çocuğu tanıttığı şekliyle görür. Daha önemlisi, çocuk da kendisini anne-babasının onu gördüğü şekilde görür. Terapi çoğu kez, kendimiz hakkındaki olumsuz his ve düşüncelerin aslında anne-babamızın bizim hakkımızdaki olumsuz his ve düşünceleri olduğunu keşfetmektir; bu keşif, görünmez prangalarımızı çıkarmamıza yardımcı olur. Çocuğumuzun yetişkinlik hayatındaki mutluluğu, çocukken onu nasıl gördüğümüz, ona ne derece güvendiğimiz gibi şeylerle derinden ilintilidir.

Kendileri kompliman kabul edemeyen kimseler, çocuklarıyla ilgili güzel sözleri duymayı, kabul etmeyi de beceremezler. Çocuklarını herkese karşı kötüleyen anne-babalar tanıyorum. Çocuklarına dair olumlu bir şey duyduklarında da çocuğu kötülüyor, bu yaptıklarının hatalı olduğu kendilerine söylendiğinde "Aman, ben öyle kendi çocuğumu övemem!" diyorlar. Bu durumda başkaları, kendilerindeki ve kendi çocuklarındaki olumsuz, kabul etmek istemedikleri yönleri çocuğunuza yansıtacak, çocuğunuzu hakikaten de bu olumsuz özellikleri haizmiş gibi görecektir. Çocuğunuza siz saygı duyamazsanız başkaları hiç duymaz. İnsanlar bir çocuğa, gence olumsuz özellikler yüklüyor, onu rahatça eleştirmekte sakınca görmüyorsa bu, anne-baba çocuğu başkalarının yanında ya da başkalarına karşı eleştirdiği içindir. Anne-babanızdan yeterince saygı görmemiş olabilirsiniz; ama kendinize duyduğunuz saygının eksikliğinin acısını çocuğunuzdan çıkardığınızı unutmayın. Anne-babanın korumadığı çocuğa herkes kötü davranır. Dahası, bu çocuğa kötü davrandıklarını da fark edemezler.

İthaki Akademi'deki Çocukluk atölyemizi dinlemiş biri, "Bir çocuğu öpmek için izin almamamızın çocuğu istismara açık hale getirdiği bana biraz uzak geldi. Bu ilişkiyi açıklar mısınız?" demişti. Burada bahsettiğim iznin, açık şekilde "Seni öpebilir miyim?" şeklinde gerçekleşmesi gerekmiyor. Ama çocuğun öpülmeye, göz teması kurmaya yahut başka tür bir iletişime rızası olup olmadığı –çocuktaki rıza mekanizmasını öldürmediyseniz– dışarıdan anlaşılabilecek bir durumdur ve ben bu rızayı dikkate alma, ona saygı duyma durumundan bahsediyorum. Gaye Elmas Ünver, çocuğa rızası olmadan dokunmamanın öneminden bahsettiğinde ne demek istediğimi dikkatli bir anne olarak hemen anlamıştı. Kendisi, çocuğunu öpmek üzere ona yaklaştığı bir gün çocuk "Öff, hayır, istemiyorum!" dediğinde, önce şaşırmış, hatta bir süre kendisine gelememiş. Bu olayın akabindeki birkaç gün, çocuğuna yaklaştığında çocuğun bunu istemeyebileceği ve reddedebileceği gerçeğini hazmetmeye çalışmakla geçmiş. Hakikaten de, bir annenin "Benim bedenim ayrı, çocuğumun bedeni ayrı," düşüncesini kabul edebilmesi, çocuğun anne/baba tarafından dokunulmayı istemeyebileceğini hazmedebilmesi zordur; ama önemli olan, Gaye Hanım gibi dikkat, zaman ve çaba harcayarak bunun doğru olduğunu içselleştirebilmek. Gaye Hanım, şimdi bu tepkiyi anlıyor ve ona hak veriyor; dokunulmayı istememenin çocuğun doğal hakkı olduğunu artık bu konuda kendisini kötü, reddedilmiş hissetmeden teslim edebiliyor. "Aman, sen kimsin ki beni reddediyorsun; dün ben senin altını temizliyordum!" diyerek çocuğun buradaki tepkisini hiçe sayan, çocuk istemese de ona öpmeye, sarılmaya, bir şekilde dokunmaya, çocuğun bedenini ayrı bir varlık olarak algılayamamaya devam eden çok yetişkin var.

Bir kamp alanında, o yıkanırken teyzesinin içeri girmesini istemeyen sekiz-on yaşlarında bir kız çocuğunun durumuna şahit olmuştum. Annesi çocuğa "O senin kirli bezlerini değiştiriyordu be! Her yerini yıkıyordu senin! Sen şimdi içeri girmesini nasıl istemezsin?"[10] diye bağırıyordu dışarıdan. Siz bebeğinizin altını değiştirirken, bebeğinizi/çocuğunuzu yıkarken bile, o beden sizin değildir, sizin tasarrufunuzda değildir. Doğurduğunuz çocuğun tuvalet temizliğini bir süre kendi başına yapamayacağı gerçeğini ona onun benliğine saygı duymamanın gerekçesi olarak yüzüne vuracaksanız, yani çocuğu ömür boyu uğraşacağı problemlerle sakatlayacaksanız, o çocuğu doğurmayın. Doğurulan çocuk tuvalet temizliği ve başka birçok konuda çaresizdir, ama siz doğurduğunuz takdirde bir süre kendine bakamayacağını gayet iyi bildiğiniz çocuğu doğurup doğurmama iradesine sahipsiniz.

S. isminde anoreksik bir arkadaşım vardı. "Kaç yaşında olduğumu hatırlayamıyorum," diye anlatıyordu, "Göğüslerim büyümeye başladığındaydı belki. Tam apartmanın iç kapısından çıkarken, annem birden öfkeyle bana dönerek 'Buraya gel!' demiş, sonra beni bu iç kapının arkasına alarak pantolonumun içine soktuğum gömleğimi yüzünde aynı sinirli ifadeyle pantolonumdan dışarı çıkarmıştı." Anne bunu yaptıktan sonra S.'ye aynı sinirli ifadeyle dönerek yolu göstermiş, "Yürü şimdi!" demiş. S., o âna kadar, gömleğini pantolonunun içine soktuğunun, bir kalçası olduğunun ve bunun örtülecek bir şey olduğunun farkında değilmiş. Ona çok kötü bir şey yapmış gibi davranan annesi karşısında suçluluk duymuş, gömleğini pantolonunun içine soktuğu için utanmış ve bir daha ömrü

10 Okur, çocuğa yapılan saygısızlığın boyutunu kaldıramadığım için burada cümleleri orijinallerinden çok daha "kibar" hale getirdiğimi tahmin edecektir.

boyunca gömleğini pantolonunun içine sokmaya teşebbüs etmemiş. S. ne kadar zayıflarsa zayıflasın kendisini şişman görüyordu ve kalçası, bacakları, göğüsleri ona hep çok fazla görünüyordu.

Bu örnekte annesinin S.'ye S.'nin bedeni ona ait değilmiş gibi hiç sormadan müdahale etmesi, üstten, dayatmacı, son derece küçük düşürücü bir davranış. S.'nin daha sonra aileden bir yetişkin bacaklarına, göğüslerine dokunduğunda hiç tepki veremeden öylece oturuşunun ve kolayca tacizin nesnesi haline dönüşmesinin bu muameleyle ilgisiz olduğunu düşünemeyiz.

Ergenlik çağında kızları olan arkadaşlarımdan sıklıkla duyduğum bir başka şey, "İnsan kızı adet görmeye başlayınca kendisini önce çok tuhaf hissediyor. Öyle hemen alışamıyorsun bu gerçeğe," gibi, çocuğun bedeninin doğal fonksiyonları olan değişiklikleri olağan görmekte güçlük çekme. Kızınız varsa, bir gün adet görmeye başlayacağını çocuğunuzun kız olduğunu öğrendiğiniz günden beri biliyorsunuzdur ve kendinizi bu gerçeğe önceden hazırlayabilirsiniz. Siz normal olan bir şeyi yetişkin olarak normal göremiyor, hissedemiyorsanız, bunları daha yeni yaşayan, yeni anlamaya başlayan çocuk nasıl normal görsün ve hissetsin? Siz çocuğa hiçbir şey söylemeseniz bile, çocuk onun bedeninde olup da sizin yadırgadığınız her şeyi hisseder. Özellikle kız çocuklarının, annelerinin kadın bedenine dair utanç ve kaygılarını kadın bu konuda kızına hiçbir şey sezdirmediğini zannetse bile sezme, sünger gibi emebilme kapasitesi şaşırtıcıdır. Çocuğunuzun kendi beden değişiklikleri karşısında sağlıklı bir tavır geliştirmesini istiyorsanız yapabileceğiniz en iyi şey, bunların normal, doğal olduğunu sözlü olarak ifade etmek yerine, bunların doğal olduğunu gerçekten hissedebilmenizdir. Bu şekilde hissedemiyorsanız, çocuğunun bedeninin kendisininkinden ayrı olduğuna saygı duymayı öğrenen bir anne gibi, çaba gösterin ve bu şekilde hissetmeyi öğrenin. Çünkü sizin çocukla ilgili -sadece bu değil, her konudaki- olumsuz hisleriniz, çocuk tarafından misliyle hissedilmesi bir yana, sizde geçici hisler olsalar da çocuğun kendisiyle ilişkisinde kalıcı zararlar anlamına gelirler.

Ebeveynin çocuğun bir bedeni olmasını, çocuğunun bacakları, göğüsleri, bu bedende her ne varsa ona sahip olmasını kabul etmesi, olağan görmesi, çocuk için önemli bir ihtiyaçtır. Özellikle kız çocuklarının kendi bedenlerine yabancılaşmasının sayısız nedeni vardır; bunlardan biri, anne babaların kız çocuğunun bedenini gereğince kabul edememesidir. Kadın bedeninin örtülmesi gerektiğine inanmanıza saygı gösterebilirim; ancak bu inancınız, bir kız çocuğunun kendi bedeninden utanmasına neden olmamalıdır. Dünya üzerinde hiçbir dinin, utanmakla ve utandırılmakla ilişkisi yoktur. "Acaba kadının az veya çok kapalı giyinmesi gerektiğini düşünmem, kızıma ya da oğluma zarar veriyor mu?" diye sormak isterseniz, kadınların açık giyinmesinin sizi sinirlendirip sinirlendirmediğine bakabilirsiniz. Örneğin bir kadının başka kadınların açık giyindiğini görünce sinirlenmesi, kendisi bunun farkında olmasa da, içten içe "Aslında ben de böyle giyinmek istiyorum; ama yapamıyorum," diye düşünmesinden, hissetmesinden, kendi gizli arzusundan ve bunu kendi kendisine itiraf edememesinden kaynaklanır. Bu, sağlıklı bir öfke değildir; bu öfkenin nesnesi, aslında onu yönelttiğiniz kadınlar değildir. Kızınızın bedenine de böyle bir öfkeyle yaklaşmadığınızdan emin olmalısınız; zira bu öfkenin ne dinle ne ahlakla ne de güzel herhangi bir şeyle ilgisi vardır. Kadınların açıklığından çok rahatsız olan bir kız arkadaşıma "Eğer bu kadar çok istiyorsan ve bu sana bu kadar zarar veriyorsa, sen de böyle giyinebilirsin; dünyanın sonu olmaz." diyorum.

Kadınların açık giyinmesi karşısında çok öfkelenen bir erkeğin, açıklığın neden kınanacak bir şey olduğunu "Ben kırk beş yıllık karımı yatakta dahi bu denli açık kıyafetlerle görmedim!" cümlesiyle açıkladığına şahit olmuştum. Zannederim yetmiş yaşlarındaydı ve dört çocuğu vardı. Kadınların dışarıda gezdiği kıyafetlerin bir kadın için kocası karşısında dahi fazla açık olmasını güzel bir şeymiş gibi, eşinin ahlakını vurgulayarak, gurur duyarak anlatıyordu.

Bu erkeğin öfkesine gerekçe olarak gösterdiği şey, öfkesinin nedenini de açıklıyor. Ve zihinsel hapishanesinin, iddia ettiği şeylerle, mesela dinle, ahlakla ilgili olduğunu düşünemeyiz.

Çocuğun Yanında Konuşmak: Çocuğunuz Ailenizden Biri mi, Yoksa Evdeki "Öteki" mi?

Çocuklar, onların yanında konuşulmasını istemediğiniz şeyler olduğunu muhakkak hissederler. Yanlarında çocuk tarafından duyulmasını tercih etmediğimiz şeyler konuştuğumuzu fark ettiklerinde bu onlara, izin verilmedikleri bir alana girmiş, kendileri suç işlemiş gibi bir his verir. Bu durumun çocuğa kendisini dışlanmış hissettirmesi bir tarafa, psikoloji otoriteleriyle çelişen bir fikir öne süreceğim: Çocuğun yanında konuşmaktan kaçındığımız konuların çoğunun aslında çocuğu hayata doğal şekilde hazırlayacak şeyler olduğu kanısındayım. Diyelim ki konuşurken konu açıldı ve "Bir yabancı ben on iki yaşındayken bacağıma dokunmuştu ve ben kendimi çok kötü hissetmiştim," gibi bir cümle kurduk. Bir çocuk orada diye bunu -yahut bir başka şeyi- söylemekten kaçınmamanın çocuk açısından birkaç şekilde faydalı olduğunu düşünüyorum. Bunları sıralayayım:

Belli bir yaşa gelince çocuğun artık yavaş yavaş öğrenmesi gerektiğine karar verilen şeyleri çocuğa anlatma teşebbüsleri, zorlama, yapay şekillerde yapılır. Pedagoji kitaplarında "Bunu çocukla baş başa kaldığınız bir zamanda konuşun. Mesela çocuk uyumak üzere yatağa yattığında iyi geceler dilemek için yanına gittiğiniz, gece lambası dışındaki bütün ışıkların kapalı olduğu saat dilimi, bu iş için çok uygun bir ortam sağlar," gibi tavsiyelere sık rastlanır. "Bu iş", maalesef çocuklara yetişkinlerin kendi perspektifinden, çocuğun ruh halini, zihin yapısını, düşünme biçimini anlamaktan uzak şekillerde "uygulanıyor." Çocuklar, sizin kafanızdaki işi uyguladığınız, "Tamam, bunu da yaptık," deyip "yapılacak işler" listesindeki haneye çizik attığınız edilgen varlıklar değildir. Öğrenme Montessori'nin dediği gibi doğal bir süreçse, bu öğrenmeye her tür bilgi ve anlama dahil olmalı. Kendisiyle pedagoji kitaplarında tavsiye edildiği gibi konuşulan çocuk, sizin neden bahsettiğinizi tam olarak anlayamaz, nitekim her şeyi bağlamından kopararak, yapay şekilde konuşuyorsunuzdur, fakat bunun yanında bunu yapma biçiminiz de zorlama, tuhaftır ve çocuk da kendisini kötü ve tuhaf hisseder.

Okullarda çocukları cinsel tacize karşı uyarmak -ve başka şeyleri öğretmek- için başvurulan yöntemler de bundan farklı değil. Bir grup insan gelir ve çocuklara fotoğraflar gösterirler, kendilerince çocuğun seviyesine inerek ona bir şeyler anlatmaya çalışırlar; ama yapılan, yine, zorlamadır, çocuğu doğal şekilde bu hayatın içine alan, dışlamayan, kendiliğinden bir anlatma biçimi değildir. Çocuk daha sonra bahsedilen durumlarla gerçekten karşılaştığında, kendisine anlatılan şeyin bu durum olduğunu kolay ayırt edemez. Çocuğun hayat içerisinde neyin ne olduğunu, neyle karşılaştığını anlaması için, bu hayata dair örneklerin çocuğun yanında *kendi bağlamlarından koparılmadan, daha canlı şekilde* anlatılması, konuşulması, çocuğun bu sürece kendiliğinden dahil olması, bunlar konuşulurken orada olduğu için kendisini suçlu, fazlalık hissetmemesi, isterse konuşmaya iştirak edebilecek, soru sorabilecek, yorum yapabilecek kadar diyalogun doğal bir parçası olabilmesi gerekir. Çocuk bir şeyin *doğal, kendiliğinden* olup olmadığını hemen fark eder. Sesini çıkarmıyor oluşu, yaptığınız şeyin doğal olmadığını anlamadığı için değildir. Ortada yadırganacak bir şey varsa yadırganması gereken kişiyi o işi yapan yetişkin değil, kendisi zannettiği içindir.

Çocukla cinsel konuları konuşmaktan utanmanız, siz bu konulara kendiniz utanç yüklediğiniz içindir. Çocuk, *cinsel tacize uğramamışsa*, cinsellikten ve cinselliğe dair meseleleri konuşmaktan utanmaz. Çocuğun cinsellikten utanmasını, fiziksel yahut psikolojik düzeyde cinsel istismarın işareti olarak görmeli, nedenlerini araştırmalı, düşünmelisiniz.

Evin çocukla birlikte yaşadığımız ortak alan olması gerektiğinden, kendisini o evin bir parçası gibi hissettiremediğimiz çocuğun dünyaya getirdiğimiz, ama yersiz yurtsuz bıraktığımız bir çocuk olduğundan bahsetmiştim. Evin ortak yaşama alanımız olduğundan söz ederken, sadece fiziksel yaşama biçimlerini kastetmiyorum. O ev içerisinde konuşulan konular da o evde yaşamaya dairdir. Eğer bu konular konuşulması, işleyişi, hayata geçirilişi bakımından sadece o evdeki yetişkinlerin inisiyatifindeyse ve çocuk bunların aktif bir parçası olamıyorsa, o evde bir "öteki", sizin kurduğunuz hayata eğreti şekilde uyması beklenen bir fazlalık, kendi hayatı olmayan pasif bir varlık, bir misafirdir.[11]

"Ben size çocuğa karşı açık, içten, dürüst olmayı, çocuğa karşı hiyerarşi kurmamayı teklif ediyorum," cümlemi burada üçüncü kez tekrarlayayım. Yakınımızdaki insanların bize açık, içten, dürüst olmasını çok önemsiyoruz, öyle değil mi? Herkes gibi ailedeki bireylerin de kendilerine özel alanları, kendilerine saklamak istedikleri olacaktır, olmalıdır; ama mesela eşimizin bizden *bilerek*, yani *aktif şekilde* gizli tuttuğu bir şey olması, canımızı yakar. Böyle bir durumda eşimize güvenimizi kaybettiğimizi, sarsıldığımızı, aile birliği kökünden yıkılmış gibi hissettiğimizi söyleriz. O zaman, çocuk bizim ailemizden biri değil mi ki çocuktan en önemli, derin mevzuları saklı-

---

[11] Londra'nın merkezinde Coram's Fields isimli eski bir park vardır ve aynı zamanda oyun alanı olan bu parkın girişinde "Yetişkinler, yanlarında çocuk olmadığı sürece giremez." yazar. Bildiğim kadarıyla dünyada sadece çocuklara tahsis edilmiş tek yer burası. Çocukların yetişkinlerden daha öncelikli olduğu, içsel anlamda da kendilerine ait hissedebilecekleri alanların yaratılması önemli. Marguerite Duras, *Somut Yaşam* kitabında *"Evden kaçarız, çünkü annemizin bizim için öngördüğü tek serüven budur."* yazmıştı. (bkz. Can Yayınları, 1997, s. 44, çeviri değiştirilmiştir.)

yor, onu bilhassa kendi hayatımızın dışında tutuyor, ona yalan söylemeyi yalandan, kandırmadan saymıyor, buna rağmen – ve hatta bunun karşılığında!– çocuğun bize hâlâ güvenmesini, hem de hiç sorgulamadan güvenmesini istiyor, biz çocuğa yüzde yüz dürüst olmadığımız halde çocuğun bize yüzde yüz güvenmeme hakkı olmadığını düşünüyoruz?

Çocuğunuza, bunun onun iyiliği için olduğuna kendinizi ikna etmiş olsanız bile, asla yalan söylemeyin. Sizin tam bir açıklıkla dürüst olmadığınız çocuktan, size karşı tamamen dürüst olmasını bekleme hakkınız olduğunu düşünmeyin. İnsanlar başkalarına karşı dürüst olsalar bile çocuklarına dürüst olmama hakkını kendilerinde görür, her konuda olduğu gibi dürüstlük konusunda da kendi çocuklarına yaptıkları yanlışları çocukları kaç yaşına gelirse gelsin yanlıştan saymazlar. Mesela ben, annem yemediğimi bildiğim şeyleri yemeğe karıştırıp önüme koyduğunda, yemeğin içinde ne olduğunu açıkça sorduğumda bana her şeyi sayıp yemediklerim hususunda sessiz kaldığında, yemediğim şeyleri bana hâlâ gizlice yedirmeye çalıştığında, bu yaptığını çok sinsice buluyorum, hatta ihanet olarak değerlendiriyorum ve çok içerliyorum. Buna rağmen, annemden kendisini üç kelimeyle tanımlamasını isteseydim, hayli muhtemel ki o üç kelimeden biri "dürüst" olurdu.

"Çocukları kaç yaşına gelirse gelsin" ifademden, anne-babanın, çocuğunun yaşı büyüdükçe ona yaptığı yanlışın öneminin de arttığını düşündüğüm sanılmasın. Böyle diyerek, çocuğu önce "çocuk olduğu" gerekçesiyle ezen anne/babanın çocuk yetişkin haline geldiğinde de birey kabul edemediğini vurgulamak istiyorum. "Kaç yaşında olursan ol, anne/babanın gözünde hep çocuksundur," gibi sözler, çocuğun benliğine vaktiyle saygı duymamış anne/babanın çocuk büyüdüğünde de o benliğe artık kolay kolay saygı duymayacağı gerçeğini ortaya koyuyor. "Anne/baba yüreği işte," diyerek anne-babanın yetişkin evladına çocuk muamelesi yapmasını meşru görmek, her zaman olduğu gibi yine anne-babanın, büyüğün hatasını aklayan, evladı, genç olanı ezen bir yaklaşım.

Türkiye'de yayınevi sahibi bir adam, yine Türkiye'de büyük bir yayınevinin genel yayın yönetmeni olmuş bir kadından bahsederken, kadının ona karşı çok hürmetkar olmadığını düşündüğü bir davranışını anlattığı sırada durmuş, dudak bükerek "Bu... Bizim kucağımızda gezdirdiğimiz bir bebekti işte..." demişti. Bir insan bebekken hasbelkadar orada bulunduysanız da onu kucağınıza aldıysanız bu, o bebeğin büyüdüğünde size hürmet göstermesine, her istediğinizi yapmasına, sizin de onu küçümseme hakkını kendinizde görmenize gerekçe sayılamaz. Birini küçümsemek için hemen yaşı kullanarak "dünkü çocuk" demek, sık yapılan bir başka düşünce istismarı. Böyle söyleyerek, insanlara yaşları bizden küçük olduğu takdirde saygıyı hak etmedikleri, ne yaparlarsa yapsınlar kendilerinden yaşça büyük birinden akıllı olamayacakları, ondan daha başarılı bir iş yapamayacakları fikrini alayla ve aşağılamayla dayatmış oluyoruz ve bu ifadenin kendisi tek başına da ağır şekilde rencide edici.

Bir arkadaşım geçenlerde, "Karşında çocuk yok!" tabirinin aslında çocuklar için ne kadar aşağılayıcı olduğundan bahsetti. "Senin karşında çocuk yok!" diyerek, çocuğa karşı her tür muameleyi, yalanı, sınırlarına müdahaleyi, saygısızlığı, hatta istismarı da meşrulaştırmış oluyoruz aslında. Ben bile, senelerdir çocuk haklarını böyle canhıraş şekilde savunduğum, mesela çocukları herhangi bir şey yemeye zorlamanın ne kadar yanlış olduğunu her yerde anlattığım halde, biri bana yemediğim şeyler konusunda rencide edici bir laf söylediğinde "Karşılarında çocuk var sanki!" diye öfkelenirken buluyorum kendimi. Ne kadar acı...

Çocuğun Yanında Konuşulmaması Gereken Şeyler

Her çocuk, anne/babasını sağlam görmek ister. Çocuğun yanında neredeyse her şeyin konuşulabileceğini, üzüntülerinizden, zaaflarınızdan bahsetmenin bir sakıncası olmadığını düşünüyorum; ama, bunlar belli ölçüler içinde kaldığı takdirde. Daha önce örnek verdiğim gibi, "Yabancı biri bacağıma dokunmuştu ve ben kendimi çok kötü hissetmiştim," diyerek kötü bir tecrübeden, *bu tecrübeden hâlâ üzüntü duymakla birlikte onu artık atlatmış* bir yetişkin olarak bahsedebileceğiniz kanaatindeyim. Ama yaşadığınız şey hâlâ atlatamadığınız bir meseleyse, ondan bahsederken hıçkırıklara boğuluyor, dövünüyor, kendinizi yerlere atıyor, ne yaptığınıza/söylediğinize tam anlamıyla hâkim olamıyor, yaşanmış şeyle aranızdaki objektif mesafeyi koruyamıyorsanız, o zaman o meseleyi kendi içinizde çözmediğiniz sürece çocuğun yanında da bu henüz kontrolü sağlanmamış hislerinizi katarak konuşmamalısınız.

Çocuklara görsel ve sözel olarak zarar veren içerikler, çıplaklık, cinsellik değil, şiddettir. Bize çıplaklıktan ve cinsellikten utanmamız gerektiği öğretildiği için bunu içselleştirir, çocuğun da çıplaklık ve cinsellikten utanacağını varsayarız. Halbuki çocuk, biz ona bu utancı öğretmediğimiz sürece çıplaklıktan ve cinsellikten rahatsız olmaz. "Çocukların izlememesi gereken sahneler" konusunda Batı'da her sene toplanan bir kurul var. Pedagoglardan oluşan bu kurulun kararlarına göre çıplaklık ve cinsellik içeren sahneler için yaş sınırı her sene aşağı çekilirken şiddet içeren sahnelerde bu sınır her sene yükseliyor.

Televizyonda çıplak insanlar göründü diye kanalı değiştiriyorsak, bunu gözden kaçırmayan çocuğa faydadan çok zarar veriyoruzdur. Fakat, bir erkeğin bir kadını istemediği bir cinsel eyleme zorlaması gibi sağlıksız cinsellik içeren sahneler, kitaplar, tabii ki çocuklara uygun değildir. Bundan birkaç yıl önce, böyle bir kitap okulun okuma listesinden çıkarıldığı için çok gürültü koparılmış, bunun özgürlük karşıtı olduğu iddia edilmişti. Halbuki kitap ideal/sağlıklı değil, sağlıksız, özenilmeyecek türde, şiddet ve tecavüz içeren bir cinsellik anlatıyordu. "Çocukları şiddet içeren her şeyden uzak tutalım, bunları onlara hiç göstermeyelim/okutmayalım, onların erişemeyecekleri yerlere koyalım." demiyorum, ama cinselliği yeni yeni anlamaya başlamış bir çocuğun önüne ideal olmayan, yani şiddet ve zorlama barındıran bir cinselliği anlatan kitabı kendi elimizle koymanın alemi yok.

Çocukların, özellikle kız çocuklarının yanında zor doğumlardan bahsetmemek gerektiğini söyleyen görüşlere katılıyorum. Doğumdan ziyade, doğum sonrasındaki dikişlerden korkan bir arkadaşım vardı. Çünkü çocukken bir yetişkinin, dikişlerden ne kadar canının yandığını *bunu içsel anlamda hâlâ atlatamamış bir yetişkin olarak* anlattığına şahit olmuştu. Doğumdan ve doğum sancısından bahseden kadınları da dinlemişti; ama onlar bu acıdan bahsederken hâlâ, yani sanki o anda da canları yanıyor gibi davranmıyorlar, o acıyı yaşanmış, bitmiş, şimdi uzak bir geçmişten ve nesnel bir mesafeden, canlı olarak hissedilmeyen bir anı olarak anlatıyorlardı. İşte, acı ister fiziksel olsun ister psikolojik, çocuğun yanında konuşulması ve konuşulmaması gereken sınır bu örnekte olduğu gibidir; sınır, o acıyı şimdi -belli bir yere kadar da olsa-geçmiş, artık psikolojik olarak tamamen kendi kontrolümüz altında bir şey olarak hissetmemizdir.

Bu kitapta geçtiği gibi, çocukların yanında konuşulmaması çocuk için iyi olabilecek şeyler konusunun ise bir çocuğun yanında her zaman konuşulabileceğine, bu kitaptaki her şeyi bir çocuğun da okuyabileceğine, bunları çocuklarla karşılıklı tartışabileceğimize inanıyorum. Çocuğa zarar veren, ona dürüstçe "Benim atlatamadığım bir acım var," demeniz, bu durumunuzdan çocuğa soğukkanlı olarak bahsetmeniz değildir. Çocuğa zarar veren, atlatamadığınız acınızı atlamadığınızı, çocuğun yanında bizzat yaşayarak göstermenizdir.

Ya "Başkaları" Ya Çocuğunuz!

Yetişkinlerin çocuğun yanında her şeyi konuşmak istememesinin önemli bir nedeni, çocuğun duyduğu herhangi bir şeyi bir başkasının yanında konuşması ihtimali. Bu, anlayabildiğim, bir yere kadar da hak verdiğim bir endişe. Evet, çocuğum gerçekten de onun yanında yahut ona söylediğim özel bir şeyi hiç beklemediğim bir yerde, hiç istemediğim bir kişiye söyleyebilir. Ama çocuğum neyi kime söylerse söylesin, sadece ihtimal olarak var olan böyle bir şeyin gerçekleşmesi halinde bile bundan göreceğim zarar, çocuğumun mutluluğundan, kötü durumlarla karşılaştığında kendisini hazırlıksız bulmamasından, mutlu, kendine güvenen, kendisini vaktiyle ve dolayısıyla hâlâ dışlanmış hissetmeyen, sağlıklı bir yetişkin haline gelmesinden önemli değildir.

Çocuklarıyla ilişkide anne-babalar ikiye ayrılırlar. "Başkaları"nı çocuklarından önemli görenler ve çocuklarını "başkaları"ndan önemli görenler. "Başkaları" dediğimiz şey, akışkan, soyut, kimlerden oluştuğu net olmayan, kişinin üzerinde asılsız, tamamen kendinden menkul güç bulunduran bir kavramdır. "Başkaları" dediğimiz şey, aslında yoktur. Ama "başkaları" diye bir şeye inanırsanız ve onun kendi üzerinizde bir güç unsuru olmasına izin verirseniz, kendinizle ilişkinizi ve çocuğunuzun kendisiyle ilişkisini ciddi şekilde baltalarsınız. Çocuklar, "başkaları"nın sizin için çocuğunuzun kendisinden daha mühim olduğunu muhakkak ama muhakkak fark ederek büyürler. Gördüğüm insanların büyük çoğunluğu, hayatlarındaki en önemli, en sevdikleri kimsenin çocukları olduğunda ısrar ediyorlar. Buna rağmen, aralarında çocuklarını "başkaları"ndan öncelikli tutanlar azınlıkta.

Daha önce bahsettiğim, kompliman kabul edemeyen, çocuğunu başkalarının yanında eleştiren anne-babalar, başkalarını çocuklarından öncelikli tutan anne-babalar sınıfına girerler. Başkalarını öncelikli tutan her anne-baba böyle davranmaz tabii. Ama başkalarına karşı çocuğuna dair sadece güzel şeyler söyleyen anne-babalar bile, eğer başkalarını öncelikli tutan gruptaysalar, çocuğun benlik bilincini, kendisine saygısını, anne-baba tarafından sevildiği ve onaylandığı duygusunu ciddi şekilde zedelerler. Başkalarını öncelikli tutmak, çocuğun kendisine sadık olmasına ve kendisi için en iyi olanı bulup yapmaya çalışmasına vasıta olmak yerine çocuğu kim olduğu bilinmeyen ve hiçbir zaman da bilinemeyecek bu "başkaları" sürüsüne göre davranmaya zorlar, çocuğa kendisinin değil, başkalarının önemli olduğunu, yalnızca başkalarının istediği gibi olursa değerli olabileceği hissini ve düşüncesini aşılar. "Başkaları ne der?", "Başkaları ne düşünür?", sonu asla gelmeyecek olan, bir insanda değerli olabilecek her şeyin açığa çıkmasını daha ihtimal halindeyken engelleyen endişelerdir. Bir insanın mutsuz olması, ömrünün sonuna kadar mutsuz olmasını istiyorsanız ona bu endişeleri gerçek problemlermiş gibi aşılamanız tek başına yeterli olur.

"Başkaları"nı, başkalarından gelen eleştirileri ne kadar ciddiye alıyorsak, çocuğumuz o kadar güvensiz büyür. Başkalarının düşüncelerinden, tercihlerinden, söylemlerinden ne kadar etkilendiğimizi çocuğumuza hiç aksettirmediğimizi zannettiğimiz durumlarda bile böyle bir aksettirme kaçınılmazdır. "Başkaları" denen soyut kavramla ilişkinin boyutu, kişinin yaşadığı hayatı ve çocuklarıyla ilişkisini belirler. Anne/baba çocuğuna karşı elinden geldiğince anlayışlı, yumuşak davranmaya çalışan türde bir anne/babaysa bile, zihninde inandığı "otorite"ler varsa, o otoriteyi temsil eden kişilerin tutum ve davranışları üzerinden çocuğu da, sevecenlikle bile olsa, otoriteye uyum sağlamaya, otoriteye uygun şekilde kendine ihanete zorlar.

Bir başkasının çocuğumuzu eleştirmesine asla müsaade etmemeliyiz. Çocuğumuzu –zaten eleştirmememiz gerekmekle birlikte– bir başkasının yanında asla, asla eleştirmemeliyiz. Başkaları yanında eleştirilen ve başkalarının eleştirmesine müsaade ettiğimiz çocuk, kendisini kimseye karşı savunamayan, haklarını arayamayan, tırnakları kökünden sökülmüş bir çocuktur. Halbuki hayat, o tırnakları kullanmasanız bile bazen göstermeniz gereken, aslanlarla dolu bir arena.

Bütün çocuklar, anne-babaları ne kadar genç ve sağlıklı olursa olsun, anne-babalarına bir şey olması durumunda onların bakımını kimin nasıl üstleneceği konusunda endişe taşırlar. Ailede sizden sonra çocuğa en yakın olanların çocuğa davranışı, çocuk için bu açıdan da büyük önem taşır. Sizin çocuğunuzu ezmeniz ve farkında olmadan en yakınlarınıza, kendi anne-babanıza, kardeşlerinize ezdirmeniz, çocuğun bu endişeleri daha yoğun yaşamasına neden olur. Ve yazık ki bu endişe haklı bir endişedir. Ailede anne-babadan sonra gelen yakınların çocuğa iyi davranması, çocuktaki özgüveni ve özdeğeri çok etkiler. Birinin bize kötü davranmasının her zaman bizim davranışlarımızla da ilgisi bulunduğu gibi, yakınınızdakilerin çocuğunuza gerektiği gibi saygılı davranmamasının da sizinle muhakkak ilgisi vardır.

Çocuğunuzun mutlu olması için yapabileceğiniz tek şeyin aslında ona öz-değer aşılamak olduğunu kitap boyunca hep vurguluyorum ve örneğini verdiğim her şeyin çocuktaki öz-değerle ne kadar ilişkili olduğunu da göstermeye çalışıyorum. Daha önce, çocuğun yahut herhangi bir bireyin mutlu olabilmesinin özerk varlığını ne kadar güçlü şekilde inşa edebildiğine bağlı olduğunu anlatmıştım. *Mutluluğunu bir başkasına bağlamak, mutsuz olmaktır.* Çok güvendiğimiz kişilerin bile ne zaman ne şekilde davranacağının garantisi yoktur. "Başkaları"nın fikirlerinin, tercihlerinin bizim hayatımız üzerinde bir etkisi olmasına izin veriyorsak, bu "başkası" annemiz/babamız bile olsa suçlu bizizdir ve birey olmasını, yetişkin olmasını öğrenmek, kendi hayatının, hislerinin, adımlarının sorumluluğunu almak demektir. Çocuğun kendi hayatının, kendi mutluluğunun ve mutsuzluğunun sorumluluğu alan bir yetişkine dönüşebilmesi için, onu kendimiz dahil olmak üzere "başkası" olan, ondan "başka" olan herkesten ayırmamız, bağımsız varlığını, özgür iradesini desteklememiz, bu varlığı ve özgür iradeyi "başkası" ile ezmememiz gerekir.

Bize ne öğretilmiş olursa olsun, ilişkilerimizi bile tek başımıza yaşarız. Aşk gibi derin, karşılıklı bir ilişkide bile iki tarafın ortak bir şey olarak gördüğünün, yaşadığının farklı olduğunu anlatır Marcel Proust. İlişkinin iyi yaşanması, ilişkimizi tek başımıza da yaşadığımızın idraki ile mümkündür ancak. Bizden büyük bir şeyin, bir ailenin, bir toplumun, dünyanın sağlıklı, faydalı, üretken şekilde parçası olmak, önce kendimiz olabildiğimiz sürece mümkündür. Önce kendisine uyum sağlamayan insan topluma, dünyaya doğru şekilde uyum sağlayamaz. İnsanın kendisi olmasına izin ve imkân barındırmayan aidiyetler gerçek aidiyetler değildir, sömürüdür. "İyi eş", "iyi evlat", "iyi anne/baba", "iyi vatandaş" tanımı altında bize öğretilenler, "iyi eş", "iyi evlat", "iyi anne/baba", "iyi vatandaş" olduğunu zannederken kendisini içten içe mutsuz ettiğini bilmediği çıkmaza sokan, bunun bedelini başta kendi çocukları olmak üzere etrafındaki herkese ödettiğinin farkında olmayan bireyler meydana getirir.

Okul Sağlıklı Bir Sosyalleşme Biçimi mi?

Çocuğumuzun "iyi evlat/yeğen/torun", "iyi öğrenci", "iyi vatandaş" olmasını istememiz de çoğunlukla "başkaları" düşüncesinden doğar. *İyi Aile Yoktur*'un devam kitabında, sünnet töreni, nikah töreni, düğün gibi sosyalleşme biçimlerinin aslında ne kadar sinsi amaçlar güttüğünü irdeleyeceğim. Toplumsal biçimlerin çoğu, "başkaları" düşüncesi ile birlikte işleyen, "başkaları" fikrini çocuğa ve bireye yerleştiren, göründüğü şeyden çok daha derin fonksiyonlar ve yaptırımlar ihtiva eden baskılardır. Bunlardan "okul"u konuşmuştuk. Okulun çocuk üzerindeki olumsuz etkilerini takdir edenlerin dahi ilk kaygısı "Evet, ama çocuk başka türlü nasıl sosyalleşecek, arkadaş edinecek?" oluyor. Bize, okulun çocuk için muhtemel en iyi sosyal alan olduğu öğretildiği için böyle düşünüyoruz. Ama okul gerçekten de çocuğun sosyal beceri kazanması ve sosyal ihtiyaçlarını karşılaması açısından en iyi yer midir?

Okul, hiyerarşiye dayalı rijit, kapalı bir yapı içinde işliyor. Okuldaki kimi öğrencilerin diğerlerine akran zorbalığı uygulamasının nedeni, bu öğrencilerin kendilerinin de okulun hiyerarşik yapısını içselleştirmiş olması. Bu öğrenciler, okuldan öğrendikleri hiyerarşiyi kendi aralarında yeniden yaratmaktan başka bir şey yapmıyor aslında.

Kayseri'de bir ilkokul öğretmeni olan Hacer Çiftçi, öğretmenliğinin ilk yıllarına dair bir anısını şöyle anlatıyor:

Ailede öğrenilen hiyerarşinin bir başka biçimi okulda iyice pekiştiriliyor. Hatta aileler, "Çocuğum okulda ve hayatta çeşitli zorluklarla karşılaşacak. Ben ona yumuşak davranmayarak çocuğumu bu zorluklara karşı hazırlıyorum," gibi rasyonalizasyonlara sık başvururlar. Halbuki, tam tersine, çocuğa sevgi, ilgi, anlayış göstermek, onu hayatın zorluklarına karşı hazırlar, bu zorluklarla karşılaştığı takdirde güçlü olmasını ve davranmasını sağlamaktadır. *Yetenekli Çocuğun Dramı*'ndan bir paragraf paylaşayım:

> İnsan yaşamının o ilk ve son derece önemli yılını bütün yoksulluğa rağmen ona gerçek bir sevgi ve güven veren, onu esirgeyen bir annenin yanında geçirmişse, bu takdirde sonradan karşılaştığı kötülükleri yapısında sindirebilmek bakımından bütünlüğü daha yaşamının başında zedelenen, kendine ait bir yaşamı olmasına hak tanınmayan, baştan beri varlığının tek amacının annesini "mutlu" etmek olduğunu öğrenmek zorunda olan birine göre çok daha donanımlı, çok daha sağlamdır.[12]

Burada bahsedildiği gibi çocuğun ilk yılının hayati önem taşımasının nedeni, çocuk ne kadar küçükse her şeyden o kadar derinden ve o kadar kalıcı şekilde etkilenmesidir. Bu önem, çocuğun –ve bireyin– artan yaşıyla birlikte azalarak ilerleyen yıllarda da devam eder. Çocuğa gösterilen sert, bas-

---

12 Alice Miller, s. 58

kıcı tavır, çocuğun kanatlarını güçlendirmeye değil, tam tersine kırmaya, aile dışında karşılaşacağı zor deneyimlerden daha derin şekilde yaralanmasına, ve kendisini ezen tavırlara karşı dik durmak yerine kendisini ezdirmesine neden olur. Okulda başka çocukların zorbalığına sistematik olarak maruz kalan bütün çocuklar, istisnasız olarak, evde de zorba davranışlara katlanmayı öğrenmişlerdir. Zorba öğrenciler, mağdurlarını en mağdurlar arasından seçer. En mağdur ise evde en çok dövülen değil, evde en çok sindirilen çocuktur ki siz bunu çocuğunuza hiç bağırmadığınızı, hatta her zaman şefkat ve anlayışla yaklaştığınızı düşünürken bile başarmış olabilirsiniz. Alice Miller'ın *Başlangıçta Eğitim Vardı!* kitabında geçen bir paragraf bir çocuğun mağduriyetinin dış olaylarla ölçüleyemeyeceğini çok güzel özetlemiş:

> Bir çocukluğu "çok kötü", bir başkasını da "daha az kötü" olarak değerlendirmemizi sağlayacak objektif ölçütler yoktur. Bir çocuğun kaderini nasıl yaşadığı, duyarlılığıyla da bağlantılıdır, ki bu da insandan insana farklılık göstermektedir. Ayrıca her çocuğun çocukluğunda bazen kurtarıcı bazen de yok edici olabilen göze batmayan durumlar söz konusudur. Bu etkenler kolay kolay değişmez.[13]

İşte, anne-babanın en büyük suçunun çocuğunu tanımamak, çocuğunun ne kadar duyarlı olduğunu fark edememek olduğunda bu yüzden bu kadar ısrar ediyorum. Alice Miller, yukarıda bahsettiği gibi "bazen kurtarıcı bazen de yok edici olabilen göze batmayan" etkenler kolay kolay değişmese de, bizim *eylemlerimizin sonuçları hakkında sahip olduğumuz bilginin* değişebilecek mahiyette olduğunu ve önemli olanın da bu olduğunu söylüyor. "Çevre korunmasında olduğu gibi; hava ve su kirliliğinin yok edilmesinin yaşamamız için zorunlu olduğunu anladığımızdan beri söz konusu 'özveri' ve 'iyi

---

[13] S. 245

davranış' değildir. Ancak bunu anladığımız zaman çevre kirliliğini önleyecek olan yasaların uygulanmasına başlanmıştır."[14]

Peki, bir çocuğun genel geçer yasalarla "eğitildiği" ailede ve okulda çocuğun kendine özel durumuna nasıl kulak vereceğiz, ona sevildiğini nasıl hissettireceğiz?

Alice Miller, *Thou Shalt Not be Aware* (Farkına Varmayacaksın) kitabında şöyle diyor:

> Bir çocuk ne dövülerek ne de iyiyi amaçlayan sözcüklerle başkalarını sevmeyi öğrenebilir. Hiçbir azar, vaaz, açıklama, iyi örnek gösterme, tehdit ya da yasaklama çocuğu sevebilen bir insan haline getiremez. Kendisine vaaz edilen çocuk, başkalarına vaaz etmeyi öğrenir. Dövülen çocuk, başkalarını dövmeyi öğrenir. Bu şekilde, iyi bir vatandaş, cesur bir asker, dindar bir Yahudi, Katolik, Protestan, ya da ateist, hatta sadık bir psikanalist yetiştirebilirsiniz. Ama gerçekten yaşadığını hisseden, özgür bir insan yetiştiremezsiniz. Gerçekten sevebilme kapasitesinin kapılarını açabilen tek şey, çocuk yetiştirmek için yapmaya mecbur olduğumuzu sandığımız şeyler değil, kişinin gerçekten yaşadığı hissi ve özgürlüğüdür.[15]

Alice Miller *Başlangıçta Eğitim Vardı!* kitabında "Vaktiyle gerçekten sevgi görmüş bir çocuk bir yetişkin olarak güçlüklerle, hiç sevgi görmemiş bir insandan daha kolay başa çıkar." diyor; "Yani bir insanın sevgiye bağımlı ve bu konuda açgözlü olması onun, çocukluğunda bol bol sahip olduğu bir şeyden şimdi vazgeçmek istememesi anlamına değil, *hiçbir zaman sahip olmadığı* bir şeyleri aradığı anlamına gelir,"[16] ve "Anne sevgisini yaşamış olan bir insan asla rol yapmak zorunda kalmaz."[17]

---

14 A.g.e.

15 Miller, a.g.e. s. 96

16 S. 223

17 A.g.e., s. 224

Yazarın *Yetenekli Çocuğun Dramı* kitabından da bir bölüm paylaşmak istiyorum. Anne-baba zulmüne dair söylenen her şey, okul ve öğretmenler için de geçerli. Aileler çocuğun ruhunu öldürmek ve sakatlamak konusunda, çok kez okul ve öğretmenlerle işbirliği halinde çalışıyor.

> Aşağılama zayıfların silahıdır; zayıf olanların kendilerini geçmişin eyleme çağıran duygularına karşı savunabilmek için başvurdukları çaredir. Bütün dışlamaların, bütün horlamaların temelinde, yetişkinin çocuk üzerindeki bu gizli, az çok bilinçli, kontrolü olanaksız ve toplum tarafından da –öldürme ve ağır yaralamalar dışında– göz yumulan zorbalığı bulunmaktadır... Yetişkin, çocuğunun ruhunu kendi malı gibi kullanır; nasıl kullanacağı da tümüyle onun insafına bırakılmaktadır. Totaliter rejimlerle yönetilen ülkelerin halkı da aynı durumdadır, fakat bu insanlar bile meme çocuğunun haklarını hiçe sayan bir ana/babaya teslim olduğu ölçüde, bu çocuklar kadar teslim olmuş durumda ve çaresiz değillerdir... Küçük çocuğun katlandığı acılar konusunda bir duyarlılık kazanmadığımız sürece yetişkinin gücünü bu şekilde kullanıyor olması kimsenin gözüne batmayacak, ciddiye alınmayacak ve önemi de geniş ölçüde küçümsenecektir. Çünkü söz konusu olanlar "sadece çocuktur." Fakat bilmeliyiz ki, yirmi yıl sonra bu çocuklar bütün bunların acısını kendi çocuklarından çıkaran yetişkin birer insan olacaklardır. Belki bilinçli olarak "dünyadaki" zulüm ile savaşacaklar fakat bilmeden "çevrelerinde" bulunanlara eziyet edeceklerdir. Çünkü zulmü erken yaştan beri tanımakta ve bir bilgi olarak bedenlerinde taşımaktadırlar: Yüceltilmiş bir çocukluk imajı ardında gizlenen, artık ulaşamadıkları bu bilgiler, onları yıkıcı eylemlere güdecektir.
>
> Yıkıcılığın bir "miras" olarak bir kuşaktan diğerine devredilmesini duygusal düzeyde bir bilinçlendirme ile acilen çözmek zorundayız... Birisini tokatlayan veya bi-

lerek aşağılayan bir insan, bazen bunu neden yaptığını bilmese de, karşısındakine acı verdiğini açıkça bilir. Fakat ana/babalarımız ve sonra biz, çocuklarımıza defalarca acı verdiğimizi, onların filizlenen benliğini derinden ve kalıcı bir biçimde örselediğimizi fark etmeyebiliyoruz. Çocuklarımızın onlara acı verdiğimizi kavrayıp bunu dile getirebilmesi ve böyle yaparak bize hatalarımızı ve ihmallerimizi görüp özür dilememiz için fırsat vermesi büyük bir şanstır. Bu özür dilenince, çocuklarımız şiddet uygulayan gücün, ayrımcılığın ve aşağılamanın kuşaktan kuşağa aktarılan zincirinden kurtulabilir. Erken yaştaki çaresizliklerini ve bunun doğurduğu öfkeyi bilinçli olarak yaşayabildikten sonra kendilerini çaresizlik anlarında güç kullanarak savunmalarına gerek kalmaz.

Fakat bu çoğunlukla yapılamamakta, çocukluk acılarının duygusal boyutu insanların bilinç dışında, onlardan tümüyle gizlenmiş olarak kalmaktadır.[18]

Ders boyunca oturup sessiz kalmaya zorlanan öğrenciler bu süre boyunca zaten sosyalleşemiyorlar. Teneffüsler ise, kısıtlı zaman sürekli zihinde tutularak, bir sınıftan diğerine, bahçeye girip çıkmakla geçen, yine sağlıklı sosyalleşme içermeyen başka bir zaman dilimi olarak tecrübe ediliyor. Thom Hartmann, çocuklar arasında en sağlıklı sosyalleşmenin okul dışında yaşandığını söylüyor. Okulun çok fazla vakit aldığını söyleyerek 13 yaşında kendi bulduğu bir websitesinden uzaktan eğitim görmeye başlamış kızı, Hartmannların dört çocuğu arasında arkadaşlarıyla en fazla görüşen, onlarla en güzel ve çeşitli biçimlerde vakit geçiren, zamanını en iyi değerlendiren olmuş.[19]

---

18 S. 92, 93

19 Hartmann, a.g.e., s. 189-192

III. BÖLÜM

DOĞUMHANELER, ANNE VE BEBEĞİN DEĞİL, DOKTORLARIN İYİLİĞİ İÇİNDİR

Dünya, vasat insanlar için düzenlenmiş, vasatın yukarısındaki kimseleri de kendi ortalama çizgisine çekmeye zorlayan biçimleri yerleşik hale getirmiş bir yer. Çocuğu dünyaya uyumlu hale getirmeye çalışırken farkında olmadan vasatlaştırdığımızdan, en değerli özelliklerinden -iyi bir şey yapar gibi- arındırdığımızdan bahsetmiştim. Bu, dünyanın normlarını bizim de normalize etmiş olmamızdan geliyor. Halbuki dünya, çocuğun -ve dolayısıyla tabii ki "birey"in- iyiliğini düşünmez.

Çocuğun dünyaya gelmesi bile, çocuğun ve çocuğu dünyaya getirenin iyiliği göz ardı edilerek gerçekleşir. Yatay pozisyonda doğum, yerçekimi ile uyumlu değildir. Hem anne hem bebek için daha kolay olacak olan, doğal olan, aslında annenin çömelmesi, sonra elleri ve dizleri üzerinde çömelmesi ve/ya yan yatması gibi pozisyonlardır. Doğum masalarının icat edilmesi ve geliştirilmesi, böylesinin doğum için, anne ve bebek için daha iyi ve kolay olmasına değil, doktorların bu şekilde çalışmasının doktorların açısından daha kolay olmasına dayanır. Halbuki sözgelimi çömelerek doğum yapan kadınlarda, bu iş doğru şekilde yapıldığı ve annenin içgüdüleri de gözetildiği takdirde, dikiş sayısının daha az olduğu bilinmektedir.

Dahası, yine doktorların rahatlığı hesap edilerek, doğum doğal hızında ve seyrinde gerçekleşen rahat bir süreç olmaktan çıkarılmış, kadınların odalarda bekletildiği, sonra apar topar doğumhaneye alındığı, zamanlamanın dışarıdan zorlandığı, aslında çok daha kaygısız ve doğal gerçekleştirilebilecek sürecin adeta doktorlar yönetiminde bir "ameliyat"a dönüştürüldüğü ve bu yüzden hem anneye hem bebeğe daha fazla stres yüklediği yapay bir eylem haline getirilmiştir.

Bundan elli sene öncesine kadar, bebeklerin acı duymadığı düşünülüyordu. Alice Miller *Hayat Yolları* (1998) kitabında, eskiden yeni doğan bebeklerin nefes alıp vermeleri kolaylaşsın diye ayaklarından tutup havaya kaldırılmasının bebekler için nasıl bir şok olduğunun kimsenin farkında olmadığına,[1] doğumun doğal seyrinde gerçekleştiği ve bebeğin daha yumuşak muamele gördüğü durumlarda çocuğun sonraki süreçte ve kalıcı olarak daha sakin olduğuna değiniyor.[2]

Çocuk Hiç Kimseye Borçlu Doğmaz

Birinden *istediğimiz* bir iyilik karşısında borçlu olabiliriz sadece. Hiç kimseden bir şey istemediysek ve buna rağmen birileri bize sormadan bizim için bir şeyler yapıyorsa, daha sonra "Ben senin için şunları şunları yaptım; bana borçlusun!" demeye hakları yoktur. Buna inanmak, insanı hayatının ve mutluluğunun kendi elinde olmadığı, kolayca başkalarının davra-

---

1 Bkz. s. 34

2 Alice Miller'ın *Hayat Yolları* (Metis Yayınları, Çev. Haluk Barışcan, 2017) kitabı, doğuma ve hastanelere dair, benim burada değindiklerimden farklı çok sayıda eleştiri içeriyor. Kitabın genelinde doğuma dair bilgiler bulunsa da özellikle 24 ve 59. sayfalar arasında özellikle doğuma odaklanan bölümler var. Alice Miller, doğum yapan kadının zihninin o sırada geçmişle değil, içinde bulunduğu durumla meşgul olduğu zannının çok yanlış olduğunu, doğumda aslında, kadının rahminde, doğum yolunda saklı travmatik bilgiler nedeniyle sorun yaşandığını, kadının rahatlayıp açılabilmesi için psikolojik bazı tıkanıklıkların açılması gerektiği, bu tıkanıklıkları açabilecek uzun konuşmaların kadınlarla doğum sırasında yapılabileceğini, kökü geçmişte olan psikolojik sorunlar çözülebildiği takdirde doğumun kolay ve neredeyse ağrısız gerçekleşebileceğini örneklerle anlatıyor. Yazarın *Banished Knowledge* (Yasak Bilgi) kitabında yeniden ele aldığı gibi, yapılması gereken, doğumda annenin hislerini dikkate almak, doğum sonrasında da bebeğe, ölçülüp yıkanacak bir et parçası değil, aşırı derecede hassas ve kırılgan bir varlık muamelesi yapmak.

nışı karşısında çaresiz, edilgen hale düşebilen bir varlık olarak kabul etmek olurdu. Zira herhangi biri biz istemeden bir şey yapabilir; eğer bu, bizim üzerimizde bir güç, kontrol unsuru olarak kullanmak için meşru bir gerekçe olsaydı, herkes herkesi boyunduruğu altına alabilirdi.

"Doğurulmayı sizden çocuğunuz talep etmedi, onu kendi istek ve iradesi dışında siz dünyaya getirdiniz," diye ısrar etmemin nedeni bu. Diyelim ki bulunduğumuz ortamda bir şekilde, terk edilmiş bir bebek peyda oldu. Bu bebeği ölüme terk etmeyiz, öyle değil mi? Ona bakmadığımız takdirde kendine bakamayacağını ve öleceğini bildiğimiz bu bebeğe bakarız. Bu, en temel insanlık görevimizdir. Bu bebeğe sonra büyüyünce "Seni bulduğumda sen terk edilmiştin. Ben sana bakmasaydım sen ölecektin. Ama ben seni besledim, altını temizledim, büyüttüm. Benim sayemde büyüdün, benim sayemde hayattasın; her şeyini bana borçlusun," diyerek yaptıklarımızı yüzüne vurmak, ne kadar yanlış, ne kadar çirkin olurdu. Peki, kimin olduğunu hiç bilmediğimiz bir bebeğe bile bunu söylememiz son derece çirkin, yanlışken, kendi istek ve irademizle, kendi eylemimizin sonucu olarak dünyaya getirdiğimiz çocuklara bunları nasıl söyleyebiliyoruz? Dahası, bu en başından yanlış, saçma, mesnetsiz görüş nasıl oluyor da herkesin çocuğa parmak sallayan ortak bir kanısı halinde birleşip her yerde, her ortamda çocuğun karşısına dikiliveriyor?

Anne bir dükkâna giriyor ve uzun uzun, uzun uzun, uzun uzun ve ağır ağır bir o ipliğe bir bu ipliğe bakıyor, duruyor, düşünüyor, bakıyor, duruyor, düşünüyor. Bu arada yanındaki çocuk çaresizce bekliyor, bekliyor, bekliyor, bekliyor. Etrafında ilgisini çekebilecek hiçbir şey yok; orada durup dikilmekten, beklemekten başka yapabileceği hiçbir şey yok; çaresizce bekliyor. Varlığı, orada durup beklemesi, sıkılıp sıkılmadığı annenin umurunda bile değil. Anne çocuk zaten hiç yokmuş gibi, çocuk yanında gezdirdiği bir eşyaymış gibi, çocuğu umursamadan bir o ipliğe bir bu ipliğe bakmaya devam ediyor. Çocuk sıkılıyor, sıkılıyor, sıkılıyor, sıkılıyor. Artık kim bilir ne kadar zaman sonra dayanamayarak çok yavaş, çekingen bir sesle "Anne, sıkıldım..." diyor. Dükkândaki adam çocuğa dönüyor ve "O seni dokuz ay sıkılmadan bekledi ama!" diyor; "O seni dokuz ay bekledi; sen onu burada birazcık bekleyemiyorsun genç adam!" Çocuk utanarak başını önüne eğiyor. Anne gülümsüyor; bir şey söylemeden ipliklere bakmaya devam ediyor.

Bu tabloda gerçekten fedakârlıkta bulunan kimdir?

Ve, bu tablo gibi milyonlarcası her gün her an her yerde yaşandığı halde biz nasıl oluyor da annelere fedakâr ve cefakâr, çocuklara nankör diyoruz?

*

Kadınlar "saçlarını süpürge ettikleri" erkeklerle ilişkilerini bitirmekte zorlanırlar, çünkü çok fazla *fedakârlıkta* bulunmuşlardır. Geçenlerde bir manken, basketbolcu eşinin onu aldatmasına "Ben on altı yıldır bir öğle yemeği davetine bile gitmedim!" cümlesiyle sinirlenmişti. Eşiniz size "başka bir kadın" ile ihanet ettiği için incinmeniz, sizin öğlenleri evde kalmayı kendi iradenizle seçmenizle nasıl bir ilişki içinde olabilir? Kendinizi öğle yemeği davetlerinden ve/ya istediğiniz başka şeylerden mahrum bırakıyorsanız bu, olsa olsa "Geçmiş olsun," denilebilecek bir şeydir. Sizi böyle bir şeye zorlayan kişi bir başkası bile olsa, bunu kendinize *sizin* yaptığınızı asla unutmayın.

"Kendi hayatının sorumluluğunu alamayan ve bu yüzden hep başkalarını suçlayan, kendi mutsuzluğundan başkalarını sorumlu tutan insanlar"dan bahsederken, bu mankenin tutumunu kastetmiştim. Çocukla ilişkiniz de aynı şekildedir. Anneler çocukları için çocuğun aslında hiç ihtiyaç duymadığı, hatta çoğu zaman istemediği, tercih etmediği türlü fedakârlıkta bulunur, sonra da, çocuk istedikleri gibi davranmadığında, mealen "Ama ben senin için bunları yaptım!" diye isyan ederler. "Ama ben anneyim!", "Ben senin annenim!" gibi ifadeler, çocuk için yaptıklarınızın bir karşılığı olarak onun size boyun eğmesini beklediğinizi, istemediğiniz bir şekilde davranmaya, düşünmeye, hissetmeye çocuğun hakkı olmadığını söylemenizdir. Burada annenin çocuğa yaptığı, farkında olmasa da, aslında duygusal bir yatırımdır; anne şimdi, anne olarak yaptıklarının karşılığını talep etmektedir.

Oğulları kendi istediği gibi davranmadığında onlara doğum acısını hatırlatan, "İkinizin de acısını biliyorum!" diyen bir anne tanıyorum. Annenin bu davranışı eşine de tuhaf gelmiyor olmalı ki, o da oğullarını annelerini dinlemek üzere hizaya getirmek istediğinde aynı şekilde "İkinizin de acısını biliyor o!" diye parmak sallıyormuş. Bir çocuğu doğurmamız, sonra o çocuğun üzerinde bu doğumu kullanarak tahakküm kurmamıza gerekçe olamaz.

Öğretim üyesi Özgür Balmumcu, annesinin kendisi için yaptığı her şeyin bedelini oğlu para kazanmaya başladıktan sonra talep etmesini şöyle anlatıyor:

> Üniversiteden mezun olduktan sonra annemle ilişkilerim bozulmaya başladı. Çünkü annem yıllarca mezun olmamı beklediğini ve o yüzden sabrettiğini, ben mezun olduktan sonra bütün biriktirdiklerini babama kusarak gösterdi. Yakında oğlu iş sahibi olacak ve ona destek olacaktı. Artık yıllardır katlandığı eşine mahkûm değildi. Lakin garip bir biçimde bu süreçte uzlaşmaya da hiç yanaşmadı. Yani boşanmaya. Bunlar olurken anladım ki yıllarca her şeyi bizim için göğüslediğini söyleyen insan meğer bizim büyüyüp iş güç sahibi olmamızı bekliyormuş. Savunması da her daim hazırdı: "Ben sizin annenizim."

Bir insan bir başkası için bu şekilde "fedakârlıkta" bulunuyorsa söyleyebileceğimiz şeyi, anne-babalar için de söyleyebiliriz:

"Yapmasaydınız."

"Fedakâr" Anne Yalanı

Dinî kitaplarda, "Bir çocuk doğduktan sonra annesine hiçbir şekilde sıkıntı vermese ve evlat bütün ömrünü annesini mutlu etmeye adasa bile, annenin sadece ve sadece doğumdaki hakkını dahi ödeyemez," gibi ibareler geçiyor. Bunlar, kişinin dinî duygularını sömürerek anne tabusu üzerinden toplumun bireyi kontrol altına almak için uydurduğu şeylerdir, gerçek değildir. Bu cümleye inanmak tek başına, bir insanın insan olma hakkını, kendisine saygısını elinden alıyorsa, bu cümleye inanmak tek başına bir insanın psikolojisini ömür boyu mahvetmeye yetiyorsa, aslında güzel bir şey söyler gibi görünen bu cümle tek başına, aslında güzel bir şey söyler gibi görünen bu cümle tek başına, aslında güzel bir şey söyler gibi görünen bu cümle tek başına, tek suçu dünyaya gelmek olan savunmasız bir canlıya yapılan her tür eziyeti, işkenceyi, istismarı, sakatlamayı meşru kılabiliyorsa, bu cümle nasıl, nasıl, nasıl doğru olabilir?

Anne tabusu, dünyada var olan en büyük tabudur. Tabuları olmadığını iddia eden insanlar bile, ne kadar liberal, tanrıtanımaz, şu, bu olurlarsa olsunlar konu anne olduğu zaman dururlar, anneyi eleştirebilmekle birlikte belli bir sınırdan sonrasını kolay kolay geçemezler. "Ne de olsa o senin annen/ baban..." hemen hepimizin Demokles'in kılıcı gibi boynumuzu her an altında duyduğumuz kutsal çizgidir. "Anneye karşı gelirsen taş olursun!" tehdidi yüzyıllardır bilerek içimize işletilmiştir çünkü. Çocuğu için canını verecek fedakâr anne imgesiyle beynimiz yıkanmıştır. Annenin fedakârlığının gerçek bir fedakârlık olup olmadığını sorgulamak dahi, en kutsalsızlara bile kutsala el uzatmak gibi görünür.

Dinî kitaplarda "Hz. Amine Hz. Muhammed doğduğu zaman onu süt anneye emanet etmek zorunda kaldı. Çünkü Arabistan sıcaktı, hava koşulları bebekler için elverişli değil di," yazar. Sözde bu ayrılık Amine'nin içini parçalamış, ancak

Amine çocuğunun iyiliği için bağrına taş basarak bu çok zor duruma katlanmıştır. Kaynaklar, küçük Muhammed'in annesinin yanına döndüğünde dört yılını geride bırakmış, beş yaşından gün almış olduğunu söyler. Yani Muhammed bir çocuk için en kritik yıllarını, ona bakmak için parayla tutulmuş bir süt annenin yanında geçirmiştir.

Gerçek şu ki yüzyıllar boyunca hem Batı'da hem Doğu'da, biraz parası olan kadınlar, çocuklarına bakmak onlara zor geldiği için süt anneler tutuyorlardı ve bu süt anneler genellikle kırsal kesimde yaşayan yoksul, dul kadınlar olduklarından, yeni doğmuş bebek doğmasının üzerinden çok geçmeden annesinden uzakta bir yere gönderiliyordu. Anneyi daha anne karnından tanıyan ve doğumdan sonra anneyle fiziksel ve duygusal bağ kurmaya ciddi şekilde ihtiyaç duyan bebek için bu durumun bir travma teşkil etmeyeceğini düşünemeyiz. Yüzyıllar boyunca, hem Batı'da hem Doğu'da çocuk ölümü oranlarının çok yüksek olmasının önemli bir nedeni, çocuğa baksın diye parayla tutulan bu süt annelerin baktıkları çocuklara iyi, özenli bakmamasıdır. Hatta Batı'da, bu süt annelere "melek yapıcı" anlamına gelen "angel-maker" diyorlardı. Yani anneler, çocuklarını "melek yapıcı"ya gönderirken çocuğun hiç de o kadar özenli bakılmayacağını, "melek yapıcı"nın yanında muhtemelen "melek"e dönüşerek Cennet'e uçacağını gayet iyi biliyorlardı, anneler de bu paralı bakıcılardan konuşurlarken onlar için "melek yapıcı" ifadesini kullanıyorlardı. Buna rağmen, evet, buna rağmen çocuğu, daha el kadar, yeni doğmuş bir bebekken bu ücretli bakıcılara kendi rızalarıyla teslim ediyorlardı. Çünkü onlara emzirmek, gece vakti ağlayan bir bebek için uyanmak zor geliyordu. Çünkü evde bakacakları başka birçok çocuk vardı ve her biriyle uğraşamıyorlardı. Onlar da daha çok bakım istediği için bu çocuklardan yeni doğmuş olanları onlar daha az bakım isteyecek hale gelene kadar başlarından savıyor, duygularını hiç önemsemedikleri bu çocuk yanlarına döndüğünde onu duygularını yine önemsemedikleri ama gelişigüzel bir fiziksel annelik yaptıkları diğer çocuklarının arasına katıyorlardı. Evet, "katıyorlardı." Bir sürüye katar gibi hem de. Çocuğun ona yabancı bu aileye birdenbire katılmasının onun için nasıl bir duygusal şok olacağını önemseseler zaten çocuğu en baştan uzaklara göndermezler, çocuğun bağlılık konusunda en hassas olduğu dönemde ona bu çok büyük sarsıntıyı iki kez yaşatmazlardı.

Amine için böyle bir "evde bakılacak başka çocuklar" konusu da bahis dışıydı. Kocasını evliliğinin ilk aylarında kaybetmişti, kayınpederinin maddi durumu iyiydi ve kendi eyleminin sonucu olarak dünyaya getirdiği bebeğe, evet bir tane bebeğe bakmak dışında bir işi de yoktu. Çocukların sıcağa –ve başka birçok şeye– yetişkinler kadar dayanıklı olmadığı, tamamen yalandır. Çocukların sıcağa ve soğuğa adapte olmaları yetişkinlerden daha uzun sürse de yüksek ısıları tolere etme konusunda çocuk bedeni bir yetişkininkine göre çok daha başarılıdır. Çok uzun zamandır bu kadar sıcak iklimde yaşayan bir toplumda bu gerçeğin tecrübeyle fark edilmemiş olmasını bekleyemeyiz.

Diyelim ki Amine bu durumu bilmiyordu, ve bize yıllardır söylendiği gibi, bebeğinin sıcaktan etkilenmesinden, iki yaşından sonra da, sıcak üzerine bir de veba salgınından etkilenmesinden endişe ediyordu. Madem çocuk için çöl havası çok daha faydalıydı, dönemin toplumunun gelenekleri ne olursa olsun, nasıl oldu da Amine tek çocuğu için bu şartları zorlayıp bu "çocuk için çok daha faydalı olan", "çocuğun mutlaka ve mutlaka taşınması gereken" yere kendisi çocuğuyla birlikte taşınmadı? Arkasında kendisini destekleyen bir kayınpederi, genç yaşta ölmüş oğullarının geride bıraktığı biricik "erkek" evlat için her şeyi yapmaya hazır olduğu iddia edilen, çocuğun iyiliğini her şeyin üzerinde tuttuğu iddia edilen bir aile vardı.

Bir anne çocuğunu böyle yabancı ellere teslim etmenin ve sonra canı isteyince geri almanın, yani çocuğa böyle bir ruhsal depremi bir de değil, iki kere yaşatmanın çocuk için ne korkunç bir travma olduğunu annelik içgüdüleriyle nasıl bilmez, anlamaz? Bir çocuk için bu kadar temel bir ihtiyacı bilmeyen, anlamayan anne, çocuğun en temel ihtiyaçlarını bilmek ve anlamak istemeyen anne olabilir ancak. Peki, "çocuğun iyiliğini her şeyin üzerinde tutan", "çocuğu için yapmayacağı fedakârlık olmayan", "gerekirse kendi canını vermeye hazır" bir annenin böyle davranması mümkün mü? Dahası, yüzyıllarca ve yüzyıllarca, Batı'da, Doğu'da, dünyanın her yanında, yeterince parası olan annelerin büyük çoğunluğu bu şekilde davranmışsa, biz nasıl oluyor da hâlâ annelerin fedakâr ve cefakâr olduğuna böyle kuşkusuz inanabiliyoruz?

Hem Batı'da hem Doğu'da yüzyıllarca, "kundak" her zaman bebekle birlikte anılan, çok önemli bir mevzuydu. O dönemdeki kaynakları incelerseniz, kundağın öyle mi böyle mi bağlanması gerektiğine ilişkin çeşitli detayların hayli yer edindiğini göreceksiniz. Kundağın ortaya çıkma ve bu kadar yaygın şekilde kullanılma nedeni, kundağa sardığınız bebeği evde saatlerce "güvenli" şekilde bırakabilmenizdi. İnsanlar kundaktaki bebekleri evde bazen 18 saat boyunca yalnız bırakarak tarlada çalışmaya gidiyorlardı. Bu uzun saatler boyunca, bebek altını kirletiyordu. Yüzyıllarca bebek ölümlerindeki oranın bu kadar yüksek olmasının önemli bir nedeni de, bebeğin böyle saatlerce içinde hapsedildiği kundağın bebek için hiç hijyenik koşullar sunmamasıydı. Kundağın bebeğin hareketlerini ve dolayısıyla ruhunu kısıtlamasına değinmiyorum bile. Amaç yine, anne-babanın rahatlığıydı. Çocuğunun iyiliğini gerçekten önemseyen biri, böyle bir şeyi nasıl yapabilir?

"Melek-yapıcı"lardan ve başka şeylerden kimsenin bahsetmemesine, *Suskunluk Duvarını Yıkın* kitabında Alice Miller da değinmiş:

> Niçin antik çağda ve erken orta çağda çocukların yarısının dadılara verildiğinden; bu çocukların yarısının orada öldüğünden ve bu yüzden dadıların "melek yapıcı" olarak adlandırıldığından bahsedilmez? Niçin firavun araştır-

maları, başlangıçtan beri kültürümüzün bir parçası olan çocuk cinayetlerinden ve bu mirastan uzun süre kurtulmayışımız bilgisinden daha önemlidir? Niçin bu bilgiler sadece birkaç özel araştırmada bulunabiliyor da, medyada yer almıyor? Niçin sorumlu politikacılar, cinsel istismara uğrayan bayanlar için profesyonel danışmanlık projesini "*deli saçması*" olarak görüyorlar?[3]

Biz annelerin fedakâr olduğuna, çocuklarının iyiliği için yapmayacakları şey olmadığına inanıyoruz; çünkü bunun böyle olduğuna inanmamız dünyanın işine geliyor, hatta medeniyet ve işleyiş biçimleri bu inanç üzerine kurulu ve dünya bu kutsal inancı sarsılmaz şekilde taşıyabilmemiz için, olur da bu inancı sarsacak bir söz söyleyecek biri çıkarsa onun ne söylediğine hiç bakmadan bu kişiyi linç etmemiz için uğraşıyor, dört yandan beynimizi yıkıyor. Yüzyıllardır, sahte bir inanç için kanlı canlı çocuğu linç ediyoruz. Bunları dile getirdiğim için linç edileceğimi biliyorum;[4] ama, normalde kırılgan ve kimseyi incitmek istemeyen bir yapım olmasına rağmen, şahsî varlığımın linç edilmesini dünya üzerinde doğan her çocuğu yüzyıllardır sembolik olarak linç ediyor, daha doğmadan öldürüyor olduğumuz gerçeğiyle kıyasladığım için göze aldığımın, iddialarıma hiç düşünmeden öfkelenenler tarafından bir nebze de olsa anlaşılabilmesini diliyorum.

---

3 S. 18

4 Hacer'in, oğlu İsmail'in kurban edilmesine karşı çıktığı, oğlunun hayatını feda etmemek için kendisinin her tür fedakârlığa hazır olduğu bir roman yazıyorum. Toplum, meydanda bir darağacı kurmuş vaziyette bekler her zaman. Darağacında çocuğu kurban etmeyecekse, çocuğun kurban edilmesine karşı çıkan kadını kurban etmek ona en iyi alternatiftir. Böyle bir roman yazarak, Hacer üzerinden aslında kendimi darağacına sunduğumu düşünüyorum; bu düşüncelerimden dolayı linç edilmekten bir kastım da bu. İsmail'i kurtarabildiğimiz sürece, bizi kurban etmelerine tahammül edebiliriz; çünkü İsmail'in ölüme yatırılması bizim ve herkesin ölüme yatırılmasıdır, İsmail'e yaşam hakkının teslim edilmesiyle ise bizim bir parçamız da yaşar.

Kurban Bayramında Çocuğu Kurban Etmek

Kurban bayramını çocuğa ne kadar müşfik biçimlerde anlatırsanız anlatın, kurban bayramının dayandığı geleneksel öğretiyi çocuğa aktarmak, ona "Aslında çocuğu kurban edecektik. Ama Tanrı'mız o kadar o kadar merhametli, o kadar affedici, o kadar iyi bir Tanrı ki son anda çocuk yerine koçun kurban edilmesine izin verdi. Bundan dolayı o Tanrı'ya müteşekkir olmalıyız," demek, kurbanlık hayvan yerine aslında her yıl sembolik olarak çocuğu kurban ettiğimizi söylemek, kurban kesilirken "Tanrı bu lütfu bağışlamasaydı" kurban yerine çocuğun o kılıcın altına yatacağını çocuğa hissettirmektir. Bunu söylediğim insanlar, "İbrahim'den çocuğu istendi, çünkü çocuğu en değerli varlığıydı. Burada amaç, sahip olduğumuz en değerli şeyi feda edebilmek," diyorlar. Ne var ki çocuk, bizim *sahip olduğumuz* bir şey değildir. Çocuk, bizden ayrı, tek başına, özel, özerk bir varlıktır. Bir çocuğu "feda etmek", öldürmek, nasıl bizim tasarrufumuzda olabilir?

Kimsenin dinî hislerini rencide etmek istemiyorum, ama kurbana dair bize söylenenleri çocuk gözüyle yeniden değerlendirmenizi rica ediyorum. Çocuk açısından bakarsak, çocuğu gerçekten kurban etmekle çocuğa eğer istenirse onu kurban etmenin doğru, meşru, yapılması gereken şey olduğunu söylemek arasında keskin bir ayrım söz konusu değildir ve çocuğa kendisinin bizim tarafımızdan "kurban edilebilecek" olduğunu söylemek kadar yıkıcı, çocuğun içine dehşet salan, varlık bilincini kökünden tehdit eden bir ceza yoktur. Doğru olan, çocuğumuza öğretmemiz gereken, kendisini korumasıdır. Anne-baba olarak da çocuğumuzu ne olursa olsun korumakla ve ona bunu hissetirmekle yükümlüyüzdür, çünkü o bizim gibi değildir, ve egosunun henüz gelişmeye ihtiyacı vardır. Hiçbir yanlışı olmayan, günahsız çocuğa, ne kadar fedakâr olduğumuzu ispat edebilmemiz için onu kesmemiz gerektiğini söylemek, henüz çok hassas, egosu zayıf çocukta derin bir suçluluk duygusuna, onarılmaz şekilde yaralanacak bir psikolojiye neden olur. Yetişkinsiniz, güçlüsünüz; eğer istiyorsanız, size ait bir şeyi feda edebilirsiniz. Ama yetişkinin sahip olduğu bir şeyi feda etmesiyle bir yetişkinin bir çocuğu feda etmesi, edebilmesi arasında fark vardır.

Kuran'da, bir insanın dinden çıkması halinde öldürülmesi gerektiğine dair ayetler var. Kuran'a inanan bir müslümansanız, ateist olan kardeşinizin, evladınızın öldürülmesine karşı çıkmanız gerektiğini bilirsiniz, doğru olanın ateist kardeşinizi korumak, ne pahasına olursa olsun ölüm emrine karşı çıkmak, onu bu emirden kurtarmak olduğunu sezgilerinizle duyarsınız. Burada yanlışın ayette, ayetin yorumlanışında olduğuna kanisinizdir. Belki açıklama ararsınız, ama elinizde yeterli delil ve açıklama olmasa da "doğru" olduğuna emin olduğunuz "ölümden kurtarmak gerektiği sezginiz"i can havliyle takip edersiniz. Bu yaptığınızı "emre itaat etmemek" olarak görmezsiniz. *Çünkü, bunun yanlış olduğunu biliyorsunuz, ve yanlış olduğunu en derininizden duyduğunuz bir şey doğru olamaz.* Bir çocuğa sembolik de olsa kurban edilmesinin doğru davranış olduğunu söylemek, yetişkin kardeşinizi Allah'a inanmadığı için öldürmek gerektiğine inanmaktan bile çok daha acı, çok daha korkunçtur. Bir çocuğa "Bu kılıcın altına ineği, koçu değil, seni yatırabilirdik," demenin, yetişkin bir insanla iyi bir Tanrı arasındaki bir konu olabilmesine imkân yoktur. İyi bir Tanrı, sizden saçının teline dokunma hakkınız olmayan bir canlıyı yatırıp kesmenizi istemez, bu vahşeti –talep raddesinde kalsa bile!– imanınızı test vesilesi haline getirmez. Çocuk, nesne değil, öznedir. Anne/babaların "Ona bir şey olsa benim canım on misli yanıyor," demesine aldanmayın. Önemli olan fiziksel realite değildir; çocuğun psikolojisi ihtimal/mesel ile gerçeği ayırt etmez ve size acı, korkutucu gelen her şeyi daha derinden duyar. Çocuk, henüz sizin gibi *kendi kendine yetebilen*, dünyaya sizin bakışınızla yaklaşabilen, olayları yetkin ve bütüncül değerlendirebilen bir varlık değildir. "Çocuktur, rızası yoktur," söylemi, ayrı görünen durumlarda bile aynı bağlamı işaret ediyor.[5]

Çocuklara kurban hikâyesini bu şekilde anlatmak, "Bak, İsmail ne kadar iyi, çünkü itaat iyidir. Sen de boynunu uzatmalı ve 'Babacığım, lütfen kes,' demelisin. Eğer böyle diyebilirsen iyisin. Diyemezsen kötüsün." demektir. Çocuğun bu durumda iki şansı vardır: Ya İsmail gibi davranamayacağını düşünecek ve "Aman Allahım, demek ki ben İsmail gibi iyi, cesur bir çocuk değilim. Ama olmalıyım," diyecek, ya da "Evet, ben de İsmail gibi, istendiğinde beni kurban etmelerine izin vermeli, hatta bu konuda onlara yardımcı olmalıyım," tutumu geliştirecektir ki bu tutum, ileride kendisine değerli olduğu öğretilen şeyler karşısında hiç düşünmeden, sorgulamadan kendisini feda etmeye gönüllü olmasına imkân verecek, yani ailenin, toplumun, dünyanın, çocuk dışındaki herkesin hayli işine yarayacaktır. Bugün kötülüğün meşrulaştırılması, ilk bakışta güzel ve fedakârlıkmış gibi gösterilen bu tutumun bireyde gönüllü geliştirilmesi sonucudur. Ve bu iki yaklaşımın ikisi de, çocuğun ruhsal olarak ölümüdür. Koç üzerinden aslında her sene çocuğun ruhunu kurban ederiz. Baba'nın imanını test ettiğimiz şey, aslında çocuğun ruhudur. Çocuğun, babanın malı

---

5 Kurbanı anlatan *Korku ve Titreme* (1843) kitabında Kierkegaard beni büyük hayal kırıklığına uğratarak, İbrahim'in İsmail'i feda etmesinin nedeninin İsmail'in onun en değerli varlığı olduğu söylemini yineliyor, yani çocuğu nesneleştirmekten öteye gidemiyor. Kurban meselinin çok sayıda versiyonu mevcut ve Kierkegaard kitabında bu farklı versiyonlara da yer vermiş. Bu versiyonların çoğunda, İsmail babası İbrahim'e onu kurban etmemesi için yalvarıyor. Mesellerin birinde, İbrahim kendisine yalvaran İsmail'i öfkeyle yere yatırıyor ve "Seni Tanrı için öldürdüğüme gerçekten inanıyor musun? Ben seni öldürmeyi kendim için istiyorum!" diye bağırıyor. Bu, onca kurban meseli içinde bana en doğru gelen. Anne-babanın gerçek hislerini yansıtanın bu versiyon olduğunu düşünüyorum. Kierkegaard'ı İngilizceye çeviren Alastair Hannay kitap için yazdığı önsözde, Kierkegaard'ın kitabı yazmasının, kendi hayatını ve sevdiği kadınla evlenmeyi babasının isteğine boyun eğmek uğruna "kurban ettiği" döneme denk gelmesinin rastlantısal olmadığını anlatıyor. (bkz. *Fear and Trembling*, Penguin Klasikleri, 1985 baskısı)

olmayan ruhu. Gerçek bir iman testi, kendi boğazına bıçak dayandığında bile çocuğunu kurban etmeyen babayı ödüllendirmeliydi. Ya da, her şey pahasına, hatta gerekirse imanı pahasına korumakla mükellef olduğu çocuğunun boğazına bıçak dayamaya cüret eden babaya, test konusunda kendisine ilk söylenen şeye inanmakla ne kadar yanıldığını göstermeli, ona kendisine söylenen her şeyi önce sorgulaması gerektiği ihtar edilmeliydi. "Ben iyi bir inanan olamadım, Yaratıcı'ya itaat edemedim; cezama razıyım ama masum birine, bir çocuğa kıyamam, onu incitemem, ondan böyle bir şey isteyemem." demeliydi İbrahim.

Pan'ın Labirenti, bu ikilem üzerine kurulu bir film. *Pan'ın Labirenti*'nde küçük kız, ona Cennet'in kapıları ancak bu şekilde açılacağı söylendiği halde "Ne olursa olsun ben bir masuma kıyamam," der, bebeğin kanını akıtamaz, ve Pan "İşte sınav buydu!" diye karşılık verir, "Bunun sana Cennet'e mal olacağını bile bile bebeği öldürmedin ve doğru olanı yaptın; sınavı geçtin!" Pan, hem Doğa hem de Tanrı'dır; doğru olanı doğada, doğamızda, omurgamıza nakşedilmiş gibi duyacağımıza işaret eder. Bizi şunun ya da bunun Cennet'e götüreceğine dair söylemler her zaman yanıltıcı olabilir; ama doğa, doğamız, sezgilerimiz, ta bağırsaklarımızdan duyduğumuz, çok derinden duyduğumuz bir şey bize şunun doğru ya da yanlış olduğunu güçlü şekilde söylüyorsa o yanılmaz. Doğrunun hangisi olduğunu bulabilmek için her zaman içimize dönebiliriz. Doğruyu bulmak için yöneleceğimiz sesin, dışımızdaki Doğa'nın bize söylediğini sandığımız şeyden ziyade içimizdeki doğa, dışarıda ve yukarıda büyük, sert bir Tanrı'nın sözü sandığımız söz yerine içimizdeki tanrı olduğunu geç anlarız. Kainat'ın dışarıdan içimize taşınması; Tanrı'nın yukarıdan içimize, kalbimize inip yerleşmesi; iman budur. İçimizde tanrı olan bebek ve simgelediği ne varsa hepsi bizzat o imandır. Cennet'in ve cennetin bize söylendiği yer olmadığını o zaman anlarız. Filmin vurguladığı gibi, yeryüzü, cehennemdir.

"Ah bu İbrahim kıssası imanın mantıkla ilgisiz olduğunu ne kadar da güzel gösteriyor!" laflarının, sahibi olmadığımız çocuğu kurban etmenin, özünde kabul edilebilir, güzel, doğru bir taraf olmadığını örtbas etmeye yaradığını, çok yanlış, temelden yanlış bir başka şeyi ise gayet makul kıldığını düşünüyorum. Çocuk üzerine hayli kafa yormuş, çocuk üzerinden söylenen şeylerin aslında ne anlama geldiğinin gayet farkında biriyim ve çocuğu kurban etmenin doğru olmadığına inanıyorum, çocuğunuzu sembolik olarak kurban etmenin onu öldürmekten zaten farkı olmadığını söylüyorum. Bu inancım cezaya tabiyse, tüm insanlık adına tek başıma cezalandırılmaya razıyım. Ama bu maalesef mümkün değil, çünkü çekeceğim ceza ne olursa olsun, dünyada yahut bir başka yerde, bir çocuğun bu mesele inanması kadar korkunç bir ikinci ceza düşünemiyorum. Kitabın başında söylediğim gibi, yetişkinin hissetmesiyle çocuğun hissetmesi eşit değildir ve yaşadığımız hiçbir şeyi bir çocuğunkiyle kıyaslayamayız. Çocukluk, cehennemdir.

Kurban edilmesi istenen kişi, anne, baba ve çocuktan oluşan aile üçgeninde çocuktur; çünkü çocuk bu aile halkasının en zayıf ve kurban edilmesi en kolay olanıdır, zayıfın zayıflığını daha da pekiştirir, onu büyüyünce de gerekirse "kurban edilir" ve artık yetişkin olarak "küçük"leri kurban etmeyi meşru görür hale getirir. Lanthimos'un son filmi Kutsal Geyiğin Ölümü'nde, aile reisi olarak aileden birini kurban etmesi beklenen babanın, eşini değil, genç kız olan büyük çocuğunu değil, ailedeki en zayıf, en küçük, en korunmasız kişiyi, çocuklarından da küçük olanını seçmesi rastlantısal değildir. Büyüğün küçüğü ezdiği, nesneleştirdiği bu yaklaşım, mitlerde, efsanelerde ve dünya düzeninde meşrulaştırılarak tekrar tekrar karşımıza çıkar. "Büyük" olan güçlüdür; ailedeki baba gibi, hem çocuğu bıçağın altına yatırtacak kadar "güçlü" hem de sonra başka bir alternatif bağışlayacak kadar "merhametli" Tanrı gibi. Nitekim kurban meseli, "Baba"nın sözünü dinlemekle "Tanrı"nın sözünü dinlemeyi iç içe geçiriyor. Alt zihnimizde anne-babaya karşı gelmenin, sözde, Tanrı'ya karşı gelmekle bir olması bu yüzden.

Neden Çocuk'tan Anne ya da Baba'yı kurban etmesi istenen bir testi kabul edilemez bir küfür olarak yorumlayacağımız halde Baba ya da Anne'nin Çocuk'u kurban etmesi olağan görünüyor? Zaten zayıf olanı, savunmasız olanı kurban nesnesi haline getirmenin, onu daha da zayıf, daha da savunmasız yapmanın ve bunu bir merhametmiş gibi sunmanın neresi kabul edilebilir?

Ekmek bıçaklarını kardeşlerinin boğazına dayayıp tekbir getirmeyi törenselleştiren çocuklar biliyorum. Siz çocuğa böyle bir hikâye anlatarak onun üzerinde -farkında olarak veya olmayarak- hakimiyet kurmaya çalışırsanız, çocuk da eğer anne-babasından istenirse yüce bir güç için kurban edilebilir olmanın endişesini, kendisinden sonra kurban edilebilir diğer çocuklar üzerinden rahatlatmaya çalışır. Bu endişeye rağmen bunu isteyen Tanrı iyi ve merhametli, ama çocuk özünde kötü, asi ve nankör, öyle mi? Söz konusu şey teslimiyetse, bu "sizin" teslimiyetiniz için geçerli olmalı. Çocuk, sizin dindarlığınızın, teslimiyetinizin nesnesi olamaz ve bu hikâyede sizin teslimiyetiniz yok. Bu hikâye daha çok, ne yaparsa yapsın çocuğun iyiliği için yapan anne babayla ona hep itaat etmesi gereken, ama ne kadar itaat ederse etsin yeterince "iyi evlat" olamayacak çocuğun hikâyesini hatırlatıyor.

Çocuğu kurban etmek, kurban edilen iç çocuktur. Ve bütün ruhsal sorunların altında, kurban edilen iç çocuk yatar.

"İyi Evlat Yoktur", Ama "İyi Aile Vardır", Öyle mi?

"İyi evlat yoktur" doğduğumuz günden beri dünyanın bize tekrar edip durduğu bir cümle. Bu cümle yeryüzündeki insan nüfusunun çoğunluğuna gayet iyi, güzel, doğru, normal görünürken, "İyi aile yoktur" cümlesi söylendiği andan itibaren çok kişiye küfür gibi görünüyor. Bir şey, ancak zıddını da içerebiliyorsa, tersine çevrilebiliyorsa doğru olabilir. Anneliğin sadece yüceltilebilen bir kavram olması, annelik etrafında her tür olumlu sıfat normal dururken anneliğe küfredilebilmesinin düşünce olarak dahi kabul edilemez olması, ortada bir sorun olduğunu gösteriyor. Bir şeyi *düşünemediğimiz* yerde bir sorun vardır.

Dinî kitaplarda Muhammed'in süt anneye verildiği söylenir söylenmez Amine'nin buna mecbur olduğu, hava şartlarının başka bir imkân bırakmadığı, Amine'nin çok üzüldüğü gibi bütün açıklamalar sıralanır. Muhammed'in süt anneye verildiğini söyleyen ama bu açıklamalardan en az birini yapmayan dinî kitap bulamazsınız. Bunun neden böyle olduğunu sorgulama kapasitemize, daha biz bunu sorgulamadan önce ket vurulmuştur. Müslümanların "anne"sinin anneliğini sorgulamamızın önüne geçmek için her tür önlem baştan alınmıştır.

Medeniyet dediğimiz şey, çocuğun kurban edilmesi üzerine kurulu. Yerleşik her şey işleyişini, kurumsallaşmasını, çocuğu kurban ederek sağlıyor. Okul örneğinde gördüğümüz de, okul sistemi üzerinden çocuğu, çocuğun kimliğini kurban etmekti. Çocuğu kurban etmek, kendimizi yenileme, değişme, ilerleme, üretme, yaratma kapasitemizi kurban etmektir, bahsettiğimiz şey ister reel çocuk, ister içimizde sembolik çocuk olsun.

1980 doğumlu bir kız arkadaşım var. Zeki, yetenekli, nazik bir insan. Babası ortaokuldan sonra okula gitmesine izin vermemiş.

Arkadaşıma, babasına kırgın olup olmadığını soruyorum. "Hayır, ama kırgın olduğum tek bir şey var," diyor; "Babam 'Endişe etme, seni okula göndermiyorum ama seni cahil bırakmayacağım. Sana bir bilgisayar alacağım, evde kendini istediğin gibi geliştireceksin,' demişti. Bekledim ama babam o bilgisayarı hiç almadı. Halbuki bilgisayara, sayısal konulara yeteneğim vardı, mühendis olan babam gibi."

Evde olduğu o yıllar boyunca, gelmesini beklediği bilgisayarın nerede olduğunu hep düşünmesine rağmen babasına bu sözünü hiç hatırlatmamış. Nedenini sorduğumda, "Bizim neslimizde biz böyle sözleri hatırlatabilen çocuklar değildik," diyor. Bunu şimdi söylerken de, ve eminim her an da, uzun süre canlı kalmış, kendisini gerçekleştirmek istemiş yeteneklerinin yasını, kendisinin bir parçasının yasını tutar gibi tutuyor.

Babasının sözünü tutmamasına karşı incinmesinin iki yönlü bir tarafı var. Bir yandan, babasının *bu konuda ona karşı ne kadar büyük bir hata işlediğinin* farkında. Diğer yandansa, baba olduğu için, çocuğunun iyiliğini istediği için onu *mazur görüyor*, bunu yapmaya *hakkı olduğunu* ona teslim ediyor. Bazen çok kırgın olmakla birlikte bazen "Sonuçta babam bunu beni korumak için yaptı. Onun yerinde olsam ben de öyle davranırdım," dediği oluyor. Böylece, *incinmesinde* kendisini haksız konuma düşürüyor.

Temel iç çatışmamızın bu noktada olduğunu düşünüyorum. Konu anne-baba olduğunda, bizi korkutan, bize "Dur!" diyen, anne-babanın davranışını eleştirebilmemizi önleyen, hatta bu davranışı anne-babalık kavramından bağımsız değerlendirebilmemizin, ona objektif bakabilmemizin önüne geçen bir şey var. Halbuki, çocuğun anne-babaya karşı davranışını değerlendirirken gayet rahatız, böyle bir engellenmeyi hiç yaşamıyoruz. Keşke, çocuğun anne-babaya yaklaşımına karşı o eleştirel bakışımızın çok ama çok cüzi bir kısmını, anne-babanın çocuğa yaklaşımını değerlendirirken de kullanabilseydik. Dünya, çok ama çok farklı bir yer olurdu o zaman. Biz, şu an olduğumuzdan çok ama çok farklı bir insan olurduk. Ama kurban meselleriyle içimize öyle bir dehşet salınmış ki gerçekleri çıplak şekilde görebilmekten bile uzağız. O gerçeği göstermeye çalışan biri olduğunda dahi buna öfkeyle ve düşünmeden reddetmeyle tepki veriyoruz. Anne-baba ne yapmış olursa olsun, onu bir yolunu bulup mazur göstermeye çalışıyoruz. Fakat, çocuğun kendisi olmasını dahi, annesini beklerken sıkılabilmesini, bir şeyi yemek/giymek/sevmek/yapmak istememesini, öfkelenmesini, mutsuz olmasını, en doğal ve temel haklarını, anne-babaya kötülük, saygısızlık addedebiliyoruz.

Bahsettiğim arkadaşımın, en büyüğü on altı yaşında üç kızı var. "Bizim neslimizde biz böyle sözleri hatırlatabilen çocuklar değildik," cümlesi, "bizim neslimiz" ile "yeni nesli" kıyaslayan küçük bir eleştiri içeriyor. Bu eleştiri de çift yönlü. Arkadaşım, bir yandan, babasına kendisinin verdiği bir sözü hatırlatmamanın kendisini *mağdur ettiğinin*, zaten var olan mağduriyetinin bu "söyleyememe" yüzünden daha da pekiştiğinin farkında. Fakat, onu *mağdur ettiğini*, yasını tuttuğu şeylerin yasını tutmasına neden olduğunu bildiği, ta içinde duyduğu bu davranışı, "iyi", "doğru", "olması gereken", "güzel" gördüğü bir tarafı da var. Bu, çocuğu kurban etmeyi iyi, güzel, doğru, olması gereken şey olarak görmekten geliyor aslında. İşte o ince nüans, işte o küçücük nokta, mağdur olduğunuzu söylediğiniz, ve, yine, mağdur olduğunuzu söylediğiniz nokta arasında; işte, bu küçücük fark, sizin kendinize, hayata ve çocuklarınıza; her şeye bakışınızı belirleyen, o daracık mesafeden, her şeyi bir uçurum farkı kadar değiştiren şeydir.

Arkadaşım, belirttiğim gibi, çok nazik, kimseyi incittiğini görmediğim bir insan. Ama ona kızlarını sorduğumda ilk sözü "Çocuklar... çok zor olabiliyor. Bizim neslimiz gibi değiller. Çok asiler, çok isyankârlar. Çok çatışıyoruz. Hele büyük kızımdan çok çekiyorum. İnsanın çocuğundan ağır söz işitmesi, çok başka bir şey," diyor.

İnsanın çocuğundan işittiği sözün başka herhangi birinden işittiği sözden çok daha ağır olduğunu, daha önce annelerden defalarca duydum. Halbuki sözün, bir başkasından değil de "evlat"tan geldiği takdirde anne-baba tarafından "çok ağır" olarak algılanması, anne-babanın çocuğun söz hakkı olduğuna, kendisine karşı çıkma hakkı olduğuna, çocuğun kendisine ait duyguları, düşünceleri olabilmesi hakkına aslında inanmamasından gelir. Gerçekten kırılgan olan, hassas olan, her şeyi misliyle yaşayan, her sözden ve davranıştan onun misliyle etkilenen, yetişkin, yani anne-baba değil, çocuksa, bu durumun tam tersi olması, yani anne-babanın çocuğa söylediği sözün çok ağır, çocuğun anne-babaya söylediği sözünse anne-baba tarafından çok daha kolay tolere edilebilir olması gerekmez mi?

"Ben anneyim; bunu bir anneye nasıl söyler/yapar!" düşüncesi, çocuğun sözünü ve davranışını görmemizi engeller. Anne olduğunuzu unutun, anne/babanızın size çektirdiği her şeye onlar anne/baba diye sesinizi çıkarmadığınız gerçeğini, kendinizi yeterince savunmamış olmanın aslında sizin suçunuz olduğunu kabullenin. Size bunları anne/babanız yaşattı; çocuğunuz değil. "Bir anneye! Bir anneye!" diye başlayıp sizi sinirlendiren ne varsa o öfkenin arkasındaki kalıp fikri alıp olduğu gibi bir kenara atın.

Diyelim ki çocuğun anne-babaya karşı yaptığı/söylediği şey gerçekten yanlış. Siz, yanlışın yanlış olduğunu anlayacak, takdir edecek, bu nedenle yanlıştan artık dramatik şekilde etkilenmeyecek yaştasınız. Biri başka birine bir yanlış yapacaksa, bu yanlış, bırakın çocuğunuzun size yaptığı yanlış olsun; o yanlışa izin verin, müsahama gösterin, biraz anlayışlı, yüce gönüllü olun, yani gerçekten "büyük" gibi davranın, büyüklük gösterin. Çocuğun anne-babaya yanlış yapması anne-babaya zarar vermez. Ama anne-babanın çocuğa yanlış yapması çocuğu ömür boyu sakatlar.

Arkadaşım, on altı yaşındaki kızının ona isyan ettiğini, hep karşı çıktığını, artık çocukların bizim neslimizdeki gibi olmadığını, konuştuğumuz bir gün üst üste vurguladı. Arkadaşıma göre, kızı onu çok uğraştıran bir evlat. Ondan, bana bir örnek vermesini istedim. Çocuğu neden asi olarak nitelediğini, çocuğun neye karşı çıktığını sordum. "Her şeye," diye ısrar etti. Bir örnek vermesi için ben de ısrar ettim. Verdi. "Ona vitamin veriyorum ve almak istemiyor," dedi. "Ben 'Bu vitamini al,' deyince gidip internete bakıyor, 'Bu vitaminin bir sürü zararı varmış,' diyor. 'Al' demem onun için yeterli olmuyor. İnternetin çıkması çocuklar için çok kötü oldu. Öyle çok bilgi bulup sıralıyor ki! Bunları vitamini almamak için kullanıyor."

Arkadaşıma göre kızının önüne konan vitamini, bu vitamini önüne koyan kişi annesi olduğu halde hiç sorgulamadan alıp yutmaması, o vitaminin içeriğini sorgulaması, hatta bulduğu bilgileri annesinin dediğini yapmamak için kullanması, bir evladın anne-babaya isyankârlığı ve saygısızlığı. "Ben bu vitamin faydalı, o yüzden al diyorum. Al, öyle değil mi? O ise böyle dediğim halde gidip üzerine internete bakıyor, vitamini almıyor!" derken buna sinirlenmesi, anne/babasının ona vaktiyle kötü bir şeyi sözde onun iyiliği için zorladığında onun bu şey kötü olmasına rağmen anne-baba tarafından geldiği için içeriğini sorgulamadan yutmuş olmasından kaynaklanıyor. Ama o, sinirlendiği kişinin aslında kızı değil, anne-babası olduğunun farkında değil. Toplumun, niye zararsız, küçük bir çocuk karşısında birlik olup bu çocuğu kurban ettiğini bilmediği gibi. Sorun yaşıyor olmaları, genç kızın benliğinde kendisine karşı hâlâ saygı kırıntıları kaldığını, hatta benliğinin can çekişen, annesininki gibi ölmek istemeyen parçalarının öldürülmeye karşı direndiğini, ama bunu yaparken bir yandan annesi gibi iç çatışma yaşadığını, anne-babanın her zaman haklı olduğu düşüncesinden kendisini alamadığını, suçluluk hissi ve kendi benliğine saygı arasında kaldığını, bu bölünmenin stresini ve travmasını yaşadığını gösteriyor.

Bana bunu anlatmasından birkaç ay sonra, arkadaşım beni telefonla aradı. İlk görüşmemizde, en çok, büyük kızından, biraz da ortanca kızından şikâyetçiydi. Küçük kızından ise memnun olduğunu tahmin ediyorum, çünkü onun büyük kızları gibi asi, isyankâr olduğuna, ona sorun yaşattığına dair bir şey söylememişti. Ama şimdi beni arıyordu, çünkü dokuz yaşındaki küçük kızının aylardır hiçbir şeye dokunamadığını yeni fark etmişti. Çocuk bir yere değeceğim korkusuyla yaz boyu ellerini göğsünde, çenesinin altında kapalı şekilde tutarak gezmişti. Arkadaşım kızını bir köşeye çekip konuşunca çocuk ona açılmış, ellerini sürekli gidip yıkamak istediğini, bir yere dokunmaktan, hastalıktan, mikroptan ne kadar korktuğunu içeriği arkadaşımı bir anne olarak endişelendiren bir şiddetle anlatmıştı. Çocuğun bu sorununu çözmek için ne yapmalıydı?

Davranışlar ve buradaki gibi, hastalık semptomu olarak görünen şeyler, konu ister çocuk olsun ister yetişkin, sadece sonuçtur; hiçbiri tek başına var olmaz. Arkadaşım muhtemelen, büyük sorunun büyük kızlarında olduğunu, küçük kızı ona sessizce itaat ettiği, uyum sağladığı için, iyi, mutlu, sağlıklı olduğunu düşünüyordu. Bu, anne-babaların sık yaptığı bir hata. Sınıfta tek bir öğrencinin eline vurulan cetvelin o sınıfta öğrenci konumunda olan bütün öğrencileri etkilediği ve mağdur ettiği gibi, bir evde çocuklardan biri ile ilişki ve o ilişki üzerinden diyaloglar, o evdeki diğer çocukları da etkileyen bir ağ içinden yaşanır. Çocuğun geliştirdiği bu temizlik takıntısı, iç dünyasında uzun zamandır çatışma yaşadığını gösteriyor.

Evde bir çocuk anne-babasıyla onlara itaat etmesi gerektiği, onlara karşı çıkmaya, istediğini hissetmeye ve düşünmeye hakkı olmadığı gibi konular üzerinden açıktan veya gizliden çatışma yaşıyorsa bu, diğer çocukların da anne-babalarıyla ilişkilerinde sorguladıkları, suçluluk duydukları, çocuk olarak benliklerinden utandıkları bir durum olarak tecrübe edilir. Çünkü evde, okulda, mealen, "Çocuğun yeri bu, büyüklerin de bu," denmektedir. Büyüklerin ve çocukların yeri böyle karşı karşıya konduğunda, bir hiyerarşi dayatması üzerinden belirlendiğinde, orada bulunan bütün çocuklar, bir çocuğun bir yetişkinle yaşadığı her detay üzerinden kendilerine çocuk safında belirlenen konumun ne olduğunu, çocuklar topluluğu olarak bu konumun neye izin verdiğini ve neye müsaade etmediğini, sınırlarının nerede başlayıp nerede bittiğini anlamaya çalışırlar. Nitekim bir hiyerarşinin dayatılmadığı durumlarda bile çocuk, neyi *yapabileceğini* ve neyi *yapamayacağını* kestirebilmek için sürekli anne-babasının ağzının içine bakar. Çocuğun herhangi bir konuda kendine güvenini derin ve kalıcı şekilde baltalamak bu yüzden çok kolaydır. Bir çocuğa "Sen şunu *yapamazsın*," dediğinizde çocuğun ruhuna, söz konusu işe dair derin bir çizik atmış olursunuz.

Arkadaşımın küçük kızı, evde ablalarıyla yaşanan her diyalogda, anne-baba ve çocuk arasında sınır belirlenmesinde, "Demek ki ablalarımın böyle davranması yanlış. Demek ki bir çocuğun şöyle düşünmeye/hissetmeye/yapmaya hakkı var, şöylesine yok. Demek benim böyle böyle yapmamam gerekiyor," diyerek kendisini kasmış, kimsenin fark etmediği şiddetli bir baskı altına almış, evdeki "çocuk topluluğu"nun bir üyesi olarak ablalarının her benlik savunmasında kendisinden ve benliğinden utanmış, suçluluk duymuş, yaş hiyerarşisinin nelere kadir olduğunu fark etmiş ve kendisinin de üç çocuk arasından en küçük olduğunu içinde duymuş, ablalarının öğrendikleri yaş hiyerarşisinden dolayı onu ezmelerine maruz kalmış ve haklı bulmaktan başka çaresinin olmadığı bu durumu sessizce alıp kabul etmesini öğrenmiş olmalı. Mikroplardan ve hastalıktan bu şiddetli korku, iç sesinin kendisine karşı çok sertleştiğini, çok eleştirel hale geldiğini, uzun süredir bu parmak sallayan, eleştirel baskı altında kalmış benliğin, varlığını tehdit altında hissetmekle birlikte yine de sürdürmek istediğini, kendini savunmak ve varlığını korumak için çare olarak böyle bir yol bulduğunu gösteriyor. *Ruhsal (ve aslında fiziksel de) hastalık dediğimiz şey, ruhun kendisini savunmak için bulduğu yöntemdir.* Küçük kızın temizlik takıntısı, tek başına sorunun kendisi değildir; önemli olan, benliğin kendisini korumak için başvurmaya mecbur kaldığı bu yönteme neden olmuş iç baskıyı bulup ortadan kaldırmak, ruha yük bindiren bu iç baskıyı rahatlatmaktır.

Evlatların Anne-Babaya Öfkesi, Aslında İyileşme Sancısıdır

> İnsanın ruhsal sağlığının bozulmasına yol açan, yaşanan hayal kırıklıkları değil, bu hayal kırıklıklarından dolayı duyulan *acının yaşanmasının ve ifadesinin yasak olmasıdır*. Ana babalar tarafından konulan bu yasağın esas amacı, ana-babanın korunmasını sağlamaktır. Aldatıldığında, ihmal edildiğinde, haksız yere cezalandırıldığında, kendinden çok fazla şey beklendiğinde, yalan söylenildiğinde bir yetişkinin Tanrı'yla, kaderle, resmi dairelerle veya toplumla kavga etmesine izin vardır. Fakat bir çocuğun Tanrı'yla, ana-babasıyla, öğretmenleriyle kavga etmesine asla izin verilmez.[6]

"İncinmeye karşı normal olarak gösterilmesi gereken tepki, öfke ve acıdır. Fakat öfke duymanın yasak ve acıyı yaşamanın da insan yalnızken dayanılmaz olmasından ötürü çocuk, bu duyguları bastırmak, yaşadığı travmaya ait anılarını bilinçdışına itmek ve ona saldıranı idealleştirmek zorunda kalır."[7] "Ana baba, çocuğun verdiği tepkilere (bağırma, üzüntü, öfke) dayanamadığı için ya bakışlarıyla ya da başka eğitim önlemleriyle çocuğun *kendine özgü tepkiler vermesini engeller*. Bu durumda da çocuk sessiz kalmasını öğrenir."[8] Çünkü küçük bir çocuk duygularını ancak yakınında onu bu dışa vurduğu duyguları ile kabul eden, anlayan ve ona kendi duygularıyla eşlik eden bir kimse bulunduğu zaman yaşayabilir. Yanında bu özellikte olan, ona böyle yaklaşan biri yoksa ve çocuk annesinin veya onu ikame eden kişinin sevgisini kaybedebileceği endişesini duyuyorsa, en doğal olan duygusal tepkilerini bile kendi ile bir başına ve gizlice içinde yaşayamaz; bunları bilin-

---

6 Alice Miller, *Başlangıçta Eğitim Vardı!*, s. 299, 300

7 A.g.e., s. 18

8 A.g.e., s. 27

cinden itip gömmek zorunda kalır. Ancak bütün bu duygular –itilip gömülmüş olsalar da– çocuğun bedeninde "bilgiler" olarak depolanır.

> Bu duygular insanın tüm sonraki yaşamında –zaman zaman– geçmişte yaşananları diriltmek ve eyleme çağırmak için alevlenecek, fakat insan kendindeki duygusal depreşmelerin geçmişi ile olan bağlantısını anlayamayacaktır.[9]

> Çocuğun gerçek duygularını yaşamakta ve göstermekte zorluklarla karşılaşması ana/babası ile kendi arasında oluşan *bağın* sınırlanması imkânsız olan bir *süreklilik kazanması* ile sonuçlanır. Çünkü ana/baba aradıkları, kendilerinde var olan özgüven eksikliğini ikame edecek olan onay ve kabulü nihayet çocuğun sahte benliğinde bulmuşlardır ve bulunduğu durumda kendi öz güvenini oluşturamamış olan çocuk da başta bilinçli olarak, daha sonra da bilincinde olmadan ana/babasına bağımlı hâle gelmiştir...[10]

İnsanın, çocuğun bütün duygularını anlayabilmesi imkânsızdır. "Bilinçli ana/babalar da çocuklarını her zaman anlayamazlar; ancak çocuklarının duygularını anlamasalar (anlayamasalar) da bu duygulara saygı gösterirler."[11] Erken yaşlarda başımıza gelen kötülüklerde bir suçumuz olmadığı halde, kendimizi bunlardan sorumlu hissederiz.[12] Evet, "Karşı koyabilen çocuklar yıkıcı olmazlar,"[13]; ama o karşı koymaya tam anlamıyla müsaade edemediğimiz sürece, aslında karşı çıkan, anne-babaya tepki veren çocuklar da, bir yandan suçluluk duydukları ve anne-babanın haklı olduğuna inandıkları için, kimi duygu ve düşüncelerini bastırmış, onlarla irtiba-

---

9 *Yetenekli Çocuğun Dramı*, s. 19

10 A.g.e., s. 23

11 A.g.e., s. 127

12 Bkz., a.g.e., s. 21

13 *Suskunluk Duvarını Yıkın*, s. 100

tı koparmış çocuklardır. Evet, karşı çıkan çocuk sağlıklı çocuktur; çocuğun karşı çıkması, tepki vermesi iyi, sağlıklı bir durumdur. Ama bu karşı çıkma, tepki verme durumu bile genellikle, çocuğun bir tarafını bilmeden çoktan sessiz hale getirdiği biçimde yapılır.

Ruhsal acılar, kimsenin görmediği prangalarla yaşamaya benzer. Herkesin prangaları farklıdır. Dışarıdan biri, bizim neden o prangaları çıkarıp hayatımıza engelsiz devam etmediğimizi anlamakta güçlük çeker. Prangaları çıkarabildiğimizde biz de "Aa, meğer iyiymişim; bir şeyim yokmuş aslında," deriz. Prangaları bileğimize bağlayan şey, çocukken ifade etmemeyi öğrendiğimiz, sonra da farkına varmamayı öğrendiğimiz gerçek hislerimizle reel yaşantımız arasındaki kopukluktur. Anne-babalarımızı ve anne-babalığı idealize ettiğimiz sürece, anne-babanın çocuğa yaptığı yanlışı haklı çıkarmaya çalıştığımız sürece o kopukluğu tamamen kapatabilmemiz çok zor.

Ama bu kitaptaki fikirlerin çoğunu kabul eden insanlar olsak bile, iş anne-babaların ve kendi anne-babalarımızın davranışlarını değerlendirmeye gelince eleştirel ve objektif bakamıyor, anne-babaları hep mazur görmeye ve göstermeye çalışıyoruz. Onların bize karşı hatalarından bahsettiğimizde hemen "Yanlış anlamayın, aslında iyi bir insan benim annem...", "Yani, normalde annem/babam böyle davranmazdı ama...", "Şu şu nedenlerden dolayı böyle yaptı aslında...", "O kötü anne-babalar gibi sanmayın onları. Biz şanslıydık; şöyle şöyle çok iyi yönleri de vardı," gibi cümlelerle ilk şikâyetimizi hafifletmeye çalışıyoruz, başkalarına anne-babamızı kötü gösterme düşüncesine dayanamıyoruz. Bunun bir başka tarafı da, "Annem de benden/hayattan çok çekti tabii...", "O kadar uğraşırken, emek verirken şöyle birkaç hata işlemesi de normal. Yaptığı hatalar, yaptığı iyi şeyler yanında önemsiz." Benzeri aklamalarla bu hataları önemsiz göstermeye çabalamamız.

Anne/babanın yaptığı kötü bir şeyden bahsettikten hemen sonra insanlar, anne/babanın aslında iyi şeyler de yaptığını ispatlamak için, anne-babanın, akıllarına gelen iyi taraflarını, iyi davranışlarını sayıp dökmeye meyillidirler. Anne/babalarıyla ilgili beyanlarda bulunurken sık sık şöyle şeyler söylerler: " 'Kemer'le dövdüğü ifadesini çıkaralım. Yani, evet, annem bizi hep döverdi, ama her zaman kemer kullanmazdı. Annemi elinde sürekli kemerle dolaşan bir kadın gibi aksettirmek istemiyorum. Yapılan fedakârlıklar akla gelince bu ağır geldi, anneme haksızlık gibi geldi."

Halbuki o kötü davranışın, sayıp dökülen diğer iyi davranışlarla, yapılan fedakârlıklarla ilgisi yoktur; o tek başına kötüdür, tek başına değerlendirilmesi gerekir. Alice Miller da "Biyografilerin en karakteristik özelliği, kendilerini çocukla özdeşleştirmeleri ve gayet bilinçsiz olarak ana-babanın çocuğa yaptığı kötü muameleleri önemsiz göstermeleridir,"[14] diyor.

Alice Miller'ın, çocuk istismarından bahsetmek isteyen herkese kapıların kapandığını *Suskunluk Duvarını Yıkın*'da anlatırken verdiği örnekler kayda değer:

> Bugüne kadar üzeri açılmamış ve yaşanmış yalanın her türlüsü, öğretim kurumlarına ve sisteme uyarlanmış; öğrenciler gerçeğin tasfiyesini susarak ve eleştirmeksizin hoş gördüğü sürece de, rahatsız olmaksızın üniversitelerde öğretilebilmektedir.
>
> Bitirme tezlerinde çocuk istismarı konusunu çalışmak isteyen öğrencilerin, profesörleriyle görüşmelerinde ağırlıklı olarak cesaret kırıcı deneyimler yaşadıklarını biliyorum. Danışman profesörler hemen konuyu değiştirirler, bu konuyu konuşmaktan kaçınırlar, sıkılırlar veya alaya alırlar; genellikle de bu konuyu seçmekten uzak dururlar.
>
> Öğrenciler bütün bunlara rağmen yine de bundan vazgeçmek istemezlerse, o zaman da danışmanın iyi niyetli olmayan eziyetlerini hesaba katmak zorunda kalırlar. Bu

[14] *Başlangıçta Eğitim Vardı!*, s. 186

gücü nasıl kırabilecekleri onların kişisel gelişimine bağlıdır. Kişisel gelişim, bu konuda önemli bir rol oynar ve entelektüel kisvesi içerisinde tükenmez.

Maalesef, yıllardır bir yayınevinde yayımlanmayı bekleyen bir taslakta, Lloyd de Mause, son iki yüz yılda Amerika'daki çocuklar hakkında yaptığı fedakârca çalışması, fakülte ve basın tarafından alaya alınan ve sonunda da intihar eden pırlanta gibi bir bilim adamının kaderini anlatmaktadır. (Bakınız: Glenn Davis, *Childhood and History in America*, New York, 1976)

O bilim adamı, ortaya koyduğu belgelerdeki baba figürünün otoritelerce yok sayılması karşısında o kadar ümitsizdi ki, hayatına son verdi. Eğer o babasını sorgulayabilseydi, diğerlerinin korkusunun sebebini görebilecek durumda olurdu. Keşke o, hayatına son vermek yerine, onların onaylamasından vazgeçseydi.[15]

Alice Miller diğer kitaplarında da, analiz etmek istediği yazarların aile hayatı hakkında bilgi alabilmek için edebiyat akademisyenlerinin yardımına başvurduğunda bu akademisyenlerin yazarların anne-babası hakkında olumsuz konuşmaktan kaçındığından, Miller'ın soruları karşısında Miller çok ayıp bir şey sormuş gibi mahcup ve sıkılgan bir tavır takındıklarından bahsediyor. Alice Miller yine *Suskunluk Duvarını Yıkın*'da, hem sağ hem sol eğilimli analizcilerin, Miller'ın çocuk istismarı konusundaki çalışmalarına dogmatik dinî grupların davranışlarını anımsatan eleştirilerle, "Biz de dayak yedik," deyip susarak, yani istismarı normalize ederek, koyu bir suskunlukla karşılık verdiğini anlatıyor. Yine Miller'ın anlattığına göre, Freud'un en sevdiği öğrencisi Sandor Ferenczi, otuzlu yıllarda bir kongrede çocuk istismarı konusunda bir sunum yapmaya kalkıştığında, Freud ondan yüzünü çevi-

15 S. 25

rir; arkadaşları Ferenczi'yi terk eder; Ernest Jones ve Psikanaliz Derneği yönetim kurulundakiler, Ferenczi'nin şizofren olduğu söylentisini yayarlar. Psikanalist Michael Balint'in Ferenczi'nin şizofren olmadığına tanıklık etmesine rağmen, bu söylenti Ferenczi'nin ölümünden sonra da bu çevrede aktif şekilde konuşulmaya ve yaygınlaştırılmaya devam ettirilir.[16]

Alice Miller, *Banished Knowledge: Facing Childhood Injuries* (Yasak Bilgi: Çocukluk Yaralarıyla Yüzleşmek) kitabında Freud'un, daha kariyerinin başındayken, kadın ve erkek bütün hastalarının çocukken istismar edildiğini fark ettiğini ve tüm psikolojik sorunların altında anne babanın çocuğu istismarının yattığını yazdığını, ancak bu görüşü kabul edemeyen toplum tarafından dışlanmaya daha fazla dayanamayarak, 1897'de bu iddiayi psikanaliz teorisinden çıkardığını ve fikirlerinin ancak anne-babaları suçlamadığı zaman kabul gördüğünü keşfederek bundan sonra anne-baba yerine hep çocukları suçlamış olduğunu, çocukların anne-babalarını cinsel olarak arzu ettiğine dair o saçma iddiayı[17] bundan sonra ortaya attığını söylüyor.[18] Freud'un, psikanalizi anne-babalara dair gerçeği iyice örtbas ederek inşa ettiğine, bu gerçeği kilitli kapılar ardına saklayıp anahtarını da attığına, psikanaliz okurlarının, çocukların suçlandığı şeylerin aslında anne-babaların onlara yansıttığı kendi hisleri olduğunu görmekte hayli zorlanacağına değiniyor.[19]

---

16 Bkz. *Suskunluk Duvarını Yıkın*, s. 49

17 Bkz. "infantile wishes". Alice Miller, *Thou Shalt Not Be Aware* (Farkına Varmayacaksın) kitabında, Freud'un ortaya attığı bu fikirle düşünce dünyasında büyük bir devrim yaptığı söyleminin çok yanlış olduğunu, Freud'un sadece, yüzyıllardır anne-babayı değil, çocuğu suçlayan yerleşik bakış açısını destekleyen bir fikir ortaya attığını ve toplum zaten çocuğu suçlamaya hazır olduğu için bu fikrin onlara makul göründüğünü söylüyor.

18 Londra: Virago Press, s. 54, 55

19 Alice Miller'ın *Thou Shalt Not Be Aware* (Farkına Varmayacaksın) kitabında "Oedipus: The 'Guilty' Victim" (Oedipus: "Suçlu" Kurban) başlıklı bir bölüm var. Yazar, hikâyede Oedipus'ı suçlu görmemize,

Viviane Clarac, üst düzey bir diplomat olan babası tarafından beş yaşında tecavüze uğramış ve bundan sonraki on yıl da, babasının cinsel istismarlarına katlanarak geçmiş. Clarac yirmi beş yaşına geldiğinde bu sırla tek başına yaşamaya artık dayanamayarak, bir tecavüz mağdurları kliniğine başvurmuş. Klinikteki danışman, Clarac'a çocuğun anne/babasını cinsel olarak arzu etmesinin çok normal, bu tür ensest ilişkilerin çok yaygın olduğunu, babasına duyduğu şehvetten dolayı suçluluk hissetmemesi gerektiğini söylemiş. Clarac'ın, anlaşılmaya dair bütün umutları sönmüş. Alice Miller, ensest mağdurlarına karşı bu yaklaşıma çok sık rastlandığını söylüyor.

Adli tıp uzmanı Dr. Elisabeth Trube-Becker, çocuğa karşı işlenen suçların en yaygın suçlar olduğunu, bildirilen her çocuk istismarı vakasına karşılık, bildirilmemiş elli vaka olduğunu tahmin ettiğini belirtiyor. Bildirilen vakalarda da çocuğun, ergenlik öncesinde bile olsa yalan söylediğine inanıldığını, 1984'te Batı Almanya'da bir hakimin, 7 yaşındaki kız çocuğunu "cinsel yönden vaktinden erken uyanmış" olduğu için cinsel eylemde suçlunun kendisi kadar inisiyatif aldığı gerekçesine dayanarak suçlunun suçunda ceza indirimi uyguladığını, haklılığını ispat edebilen çocukların da dışlandığını söylüyor.[20]

ülkeye kuraklığın onun yüzünden geldiğine inanmamıza, Oedipus'ın da sonunda kendisini cezalandırmasına olağan bakmamıza farklı bir yorum getiriyor, ve hikâyedeki tek suçsuz kişinin Oedipus, yani "evlat" olduğuna değiniyor. Evlat olarak babası Laius'ı tanıması mümkün olmadığı halde, Laius Oedipus'ı daha doğar doğmaz öldürmeye çalışarak bu tanınmayı kendisi imkânsız hale getirdiği halde, yolları kesiştiğinde Lauis kendisi Oedipus'ı öfkelendirdiği halde, Oedipus Jocasta'yı arzuladığı değil, bilmeceyi zekâsıyla çözdüğü ve Thebes'i kurtardığı için onunla evlendiği halde, Jocasta Oedipus'ı ayağından tanıyabileceği halde, neden tüm bunların suçu Oedipus'a yüklenmiştir, ve daha önemlisi neden bu güne dek hiç kimse bu tezata dikkat çekmemiştir? Alice Miller bunun, savunmasız çocukların kendilerine yapılanlardan mesul tutulmasını örneklediğini anlatıyor. Oedipus, sonunda kendisini gözlerini çıkartarak cezalandırıyor; aynı, gerçeği görmemesi gereken ve anne babasının ona yaptıklarından kendisini suçlayan çocuk gibi...

20 A.g.e., s. 64, 72

Ailenin çocuğa yaptığı kötülüklerin, okulun ve toplumun çocuğa yaptığı kötülükler gibi, sessizce geçiştirilmesi, Melanie Klein'ın,[21] Freud'un, düşünce dünyamızı şekillendirmiş çok sayıda psikanalistin çocuğu bir türlü masum göremeyen bakışının, mesnedsizliğine rağmen her yanda bu kadar kolay kök salmış olması, içimize yerleşmiş bir "Baba"nın, "Tanrı"nın çocuğu kurban etmesine izin verdiğimiz ve hâlâ ondan korktuğumuz için.

Gerçek affetme, bir şeyi mazur görmeye çalışarak olmaz. Gerçek hislerimizle yüzleşemedikçe ve acımızı bütün yönleriyle görüp kabul edemedikçe bize o acıyı çektirenleri de gerçekten affedemeyiz. *Evlatların anne-babalarına öfkesi, aslında iyileşme sancısıdır; gerçek bir iyileşme için, sonuna kadar yaşanması ve sonuna kadar yaşanmasının engellenmemesi gerekir.* Mademki tüm ruhsal sorunları, acı ve öfkenin özgürce yaşanması vaktiyle yasaklandığı için yaşıyoruz, o zaman bu ruhsal prangaları kaldırmak, içimize yerleşmiş yasakları kaldırmadan nasıl mümkün olabilir?

Çocuğu Kurban Etmek, İçimizdeki Tanrıyı Kurban Etmektir

Az önce anlattığım arkadaşım, babasının ona karşı hata ettiğini söylediğimde hemen "Kimse çocuğunun kötülüğünü istemez," diyor. Psikoterapist Clarissa Estes'in, *Kurtlarla Koşan Kadınlar*'da şöyle bir ifadesi var:

> Kadınlar (ve erkekler), "Ben (o/onlar) yapabileceğimin (yapabileceğinin/yapabileceklerinin) en iyisini yaptım

[21] Melanie Klein, kitapları boyunca, bebekleri sinsi, kötü niyetli, acımasız, annelerine zarar vermek isteyen ve bilerek kötü davranan hain canlılar olarak tasvir eder. Seneler sonra psikanalitik teoride Klein'a açıktan cephe alan, bu iddiaları sert bir üslupla çürütmeye çalışan kişi, Klein'ın kendisi gibi psikanalist ve yazar kızı, Melitta Schmideberg olur. Psikanalitik teori o döneme kadar böyle şiddetli kavgalar görmemiştir. Çünkü hayatta hiçbir şey, bir annenin kızına duygusal şiddeti kadar yıkıcı değildir.

(yaptı/yaptılar)," diyerek eski olayların üzerine bir son çizgi çekmeye çalışma eğilimindedirler. Ama, "yapabileceklerinin en iyisini yaptılar," demek bağışlayıcılık değildir. Hem bu doğru olsa bile, bu türden buyurgan ifadeler iyileşme olasılığını engeller. Derin bir yaranın üstüne turnike uygulamaya benzer.[22]

"Anne-babalar yapabileceklerinin en iyisini yaptılar. Kötü şeylere neden olsalar da niyetleri iyiydi," söylemi fayda, iyilik ve bağışlama taşıyor olsaydı o kötülüğü tekrarlayan bir mekanizma olarak işlemeye devam etmezdi. Clarissa Estes "onun iyiliği için" kalıbının, ruhun kendi başına bir varlık olarak kabul edilmediği toplumlarda görüldüğünü söylüyor. Estes'in çok doğru bir ifadesine göre, "Kültür, ailenin ailesidir. Eğer ailenin ailesinin çeşitli hastalıkları varsa, o zaman o kültürdeki bütün ailelerin aynı rahatsızlıkla mücadele etmeleri gerekecektir."[23]

Kurtlarla Koşan Kadınlar, çocuk arketipine, kendimizi gerçekleştirme ve yaratma sürecine, reel ve sembolik annenin bu süreçte aynı anda hem nasıl doğurucu hem de engelleyici olabileceğine dair çok önemli bilgiler içeren bir kitap. Jung psikolojisinde her şeyin zıt kutuplu olduğundan söz etmiştim. Estes, ölmüş olandan yeniden bir şey yaratanın da her zaman için iki taraflı bir arketip olduğunu, Yaratıcı Anne'nin her zaman Ölüm Anne, Ölüm Anne'nin de her zaman Yaratıcı Anne olduğunu söylüyor. Nyx, yani Gece Ana, Slav kabilelerinin Hayat/Ölüm/Hayat tanrıçalarından biridir; hayatı veren, ölümü de verir, ve "Eğer psişelerimizin içindeki koruyucu anneyle fazla uzun süre kalırsak, kendimizi, bize yönelik bütün meydan okumalara sekte vururken, bu yüzden de daha ileri bir gelişmenin önünü tıkarken buluruz."[24] Ne de olsa "Bir hayat çok fazla kontrollü olduğu zaman, kontrol edilemeyecek kadar az hayat kalır."[25]

---

22 S. 301

23 S. 83

24 S. 98

25 A.g.e., s. 173

Çocuğun, bu dünyadaki en değerli şeyin simgesi olduğunu anlatmıştım. Estes'in ifadesine göre de "Bebek, simgesel homunkulus, yani küçük hayattır. İnsanlarda gömülü yatan tanrısal şeylerin simgesidir. Özgür Benliğin küçük ve parlak tıpkıbasımıdır."[26] "Bebekler, içgüdüsel doğanın simgesel hazinelerinden biridir. ... hem sert hem kalıcı *a vidacita*'yı [küçük içgüdüsel hayat gücünü] temsil eder. Hangi karışıklıklarla boğuşuyor olursak olalım, o, içimizde gizli bir hayat sürer."[27] Bununla birlikte, Estes psişede doğaya karşı "contra naturam" bir kuvvet bulunduğunu, bu kuvvetin olumlu olanın karşısında yer aldığı, gelişmeye ve uyuma karşı olduğunu söylüyor. "Hepimiz *anlagen*, bir hücrenin ortasındaki potansiyel gibi doğarız. Biyolojide *anlage*, hücrenin 'oluşacak olan' diye nitelenen bir parçasıdır. Zamanla gelişip bizi tamamlanmış biri haline getiren ilksel madde, işte bu *anlage*'nin içindedir."[28]

Bebeğin, çocuğun, doğan'ın, hayatın, yaşama gücünün, hem reel hem sembolik olarak bu tanımdaki "anlage" gibi olduğunu söyleyebiliriz. Çocuğu kurban etmeyi kabul etmek, kendi içimizdeki anlage'yi, çocuğun içindeki anlage'yi, içinde olduğumuz anlage'yi, olabileceğimiz şeyin özünü kurban etmektir. Aynı zamanda insanın içindeki tanrısal şeylerin simgesi olan bu öz, içimizdeki tanrıyı öldürmektir. Tanrı'nın bizden çocuğumuzu kurban etmemizi isteyebileceğini bu yüzden düşünemeyiz. Tanrı, kendi kendisini yok etmek değil, yaratmak isteyen, varlığını korumak ve geliştirmek isteyen, ölümü hayatı yeniden var etmek için kullanan türde bir güçtür. Feda etmemizi isteyeceği son şey bu anlage, bebek, çocuk, hayat, doğma ve yeniden doğurma kapasitesi, her ne isim verirsek verelim kendisinin içimizdeki özü olabilir.

Kurban meseli ve genel olarak çocuğa yaklaşım, bana Clarissa Estes'in şu çok sevdiğim sözünü hatırlatıyor: "Ce-

---

26 S. 105

27 S. 104

28 S. 61, 62

halet hiçbir şey bilmemek ve iyinin cazibesine kapılmaktır. Masumiyetse her şeyi bilmek, ve yine de iyinin cazibesine kapılmaktır."[29]

Bir Salın Ortasında Doğmak

Otuz yaşında bir arkadaşım var. Bu arkadaşım (son derece doğal bir hakla) çocuk sahibi olmayı istemiyor. Fakat bu arkadaşımın çocuk sahibi olmayı istemeyişinde, dünyaya getirilen bütün çocuklar adına duyulan bir acı etkili. Arkadaşım dünyaya getirilmiş ama yersiz yurtsuz bırakılmış olmanın acısını, doğan her bebekte yaşıyor. "Keşke hiç doğmasaydım. Kimse çocuk doğurmamalı. Kimse bunu bir çocuğa yapmamalı," diye düşünüyor. O kadar özel, zeki, yetenekli, güzel bir genç kadın ki hiç doğmamış olmayı bu kadar güçlü şekilde isteyebilmesi içimi acıtıyor. Bir kitap yazdığımı, doğmuş olmanın acısını anlatabileceği bir şey yazıp yazamayacağını soruyorum. "Bunu yapamam, ama başka bir şey yazabilirim," diyor; bana şu parçayı gönderiyor:

> Ağbim bugün sal yaptı. Evimizin önündeki yıkılan kâğıt havlu fabrikasının alt geçit yapılmak üzere kazılmış kocaman çukurunu dolduran bulanık yağmur suları bizi içine çekiyor. Yağmurlu bir kış günü. Ağbimin her gün bulduğu yeni fikirlere uyum sağlıyorum. Ağbimi seviyorum. O gün ağbimin yaptığı, ikimizin anca sığdığı, bizim kadar küçük sala biraz tereddütle ve ürkerek oturuyorum. Ağbim küreklere asılıyor ve bu derin, dibi görünmeyen kocaman çukurda kimsenin haberi olmadan oyunumuza başlıyoruz, mecbur bırakıldığımız bu oyunu seviyoruz. Yağmurlu ve soğuk bir günde genelde kimse dışarıda olmayı tercih etmez. Fakat bu çocuklar için geçerli olmayabilir. Annem büyük ihtimalle evde alkolik babamla uğraşıyor; belki de ev işlerini yapmaya çalışıyor, uğradığı haksızlıkları düşü-

29 A.g.e., s. 170

nerek. Bizi görse, sonuçları hiç iyi olmayacak. Salda suyun, bize göre suların üzerinde ilerlerken içimde bu suya karşı ölümün kokusunun sindiği bir korku hissediyorum. Ama ağbim yanımda ve ben onu bu sulara karşı yalnız bırakamam. Ona güveniyorum. Dibini göremediğimiz (yüzeyi bile çamurdan ibaret olan) ama derinliğini hissettiğimiz devasa suda ortalara kadar geldik. Ne konuşuyoruz ya da konuşuyor muyuz hatırlamıyorum, ama sanırım korkudan pek konuşmadığımızı hatırlıyorum. Ağbimin maceralarına ortak oluyorum sadece, kalbimiz her daim kırık oyunlarımızda yolumuzu ve yönümüzü bulduğumuzu sanırken. O suyla dolmuş çukurdaki tehlikeyi ve orada tamamen korunmasız olduğumuzu bilerek o suda ve çamur rengi bir günde ilerliyoruz. Buna mecburuz. Burda olmayı biz seçmedik ve seçemezdik. Ama burda olabilmek ve kalabilmek için boyumuzdan büyük tehlikelerin içine girmeden bu su çekilmiyor olsa gerek, burdayız. Derinliği ve bizim ona karşı savunmasızlığımız umurumuzda değil artık. Biz tam olarak burada doğduk. Ama ana kucağı bize evimizmiş gibi gösteriliyor. Baba ocağı bize evimizmiş gibi gösteriliyor. Bizse tam olarak dibi görünmeyen devasa ve derin bir suda doğduk. Burada korkuyoruz ama o suya girmekten başka seçeneğimiz hiç olmayacak. Hatta bundan daha güzel bir anımız olmayacak. Bu yüzden yaşamayı güzel sanacağız. Tehlikeye olan algımızı orada değiştirdik çünkü. Bize kendimizi kandırmamız öğretildi. Orada ne kadar tehlikeli olsa da güvenin çağrısını duyduğumuzu sandık, o suyu sevdik. Yaşamak için ve burada kalmak için buna mecburduk.

Anneler, çocukları için "Ne çekiyorum şunlardan bilemezsiniz; çok yaramazlar!" gibi cümleler kurup dururlar, ve herkes de onlara inanır; halbuki bir çocuğun kendisini tehlikeye atması ve yetişkinler tarafından yaramazlık olarak değerlendirilen birçok şey, çocuğun hayatta kalabilmek için icat etmeye mecbur olduğu oyunlardır. Çocuğumuzda büyümek, çoğalmak, kendisini gerçekleştirmek isteyen, kendisine özgü *anlage*'yi desteklemezsek, onu öldürmek istersek, çocuk da kendi kendisine karşı yıkıcı ve engelleyici bir kuvvet oluşturur, büyümek, çoğalmak istemez, kendisinin ne kadar güzel olduğunu idrak etmek, bu güzelliği gerçekleştirmek istemez.

IV. BÖLÜM

SEVGİ, KENDİNİ SEVDİRME PROJESİ MİDİR?

Çoğu kadının, çocuk sahibi olmanın aslında ne anlama geldiği üzerine çok etraflıca düşünmeden çocuk sahibi olduğuna inanıyorum. Annelikle birlikte kendi çocukluklarıyla da yüzleşeceklerini tahmin edemiyor, onları derinden sarsmış çocukluk travmasının sonuçlarını kendi çocuklarından kaynaklı zannetmeyi "Anne olunca anlarsın," gibi kurtarıcı ve birleştirici kalıplarla rasyonalize etmeye çalışıyorlar, kendileri kendilerinin bazı taraflarıyla ilk kez anne olunca yüzleştikleri için.

Annelik, toplumlarda hakikaten dayatılan bir şey ve anneliğin yüceltilmesi de bu dayatma için kullanılıyor. İnsan doğduğu zaman, nasıl bir hayat yaşayacağı zaten çoktan belirlenmiş durumda. Kişiler farkında olmadan, kendileri için belirlenmiş hayata uymaya çalışıyor, kendilerini bu belirlenmiş hayata uyabildikleri ölçüde mutlu ya da başarılı zannediyorlar. "Evlenince ve çocuk sahibi olunca mutlu olursun." dendiği için insanların bu konu üstünde gerçek anlamda kafa yormadan, evlenince ve çocuk sahibi olunca mutlu olacaklarını zannettiklerini, çok kadının evlenmek için evlendiğini ve çocuk sahibi olmak için çocuk sahibi olduğunu düşünüyorum.

Toplum, insanları evlenmeye, evlendikten sonra da çocuk sahibi olmaya zorlar. "Ne zaman evleneceksin?" diye baskı yapan insanlar, evlenince "Ne zaman çocuk yapacaksınız?" diye soran, çocuk sahibi olursanız "İkinci çocuk ne zaman?" baskısına başlayanlardır. Bu baskının iki çocukta kesilmesinin nedeni, toplumda bir çocuğun az, üç çocuğun çok görülmesidir. İnsanların genellikle iki çocuk istemesinin nedeni, insanların gerçekten de iki çocuk istemesi değildir; onlara iki çocuk istediklerinin öğretilmesidir. Modern dünya iki değil de başka bir rakam üzerinde mutabık kalsaydı, çoğunluk o sayıda çocuk hedefleyecekti. Belli bir yaşa geldikten sonra evlenmemenin sizin için mutsuzluk, evlenmenin mutluluk getireceğine (sadece sizin adınıza değil, herkes adına) kâni olan kimseler, yani aslında sizi neyin mutlu, neyin mutsuz edeceğini sizden iyi bildiklerine inanan kimseler, şaşmaz şekilde çocuk sahibi olma konusuna büyük önem verirler.

Ama ilginç bir tezat vardır ki "Çocuksuz olmaz!" diye ısrar eden bu insanlar çocuğun ruhundan en az anlayanlardır, bir çocuk doğduğu zaman ona en çok zarar verenlerdir. Başka kadınlara "Çocuk bu dünyadaki en önemli şey! Çocuk sahibi olmak en önemli şey! Annelik dünyanın en muhteşem duygusu! Bak bir doğur, nasıl seve seve bakacaksın ona!" diyerek çocuk doğurma konusunda baskı yapan kadınlar, kadını da dahil etmeyi istedikleri, kendilerini bir parçası gördükleri "anneler" grubunda aslında annelikleri en bilinçsiz, en kötü olanlar, anne-babanın çocuklarına ne kadar zarar verdiğinin farkına varabilme kapasiteleri en zayıf olanlardır. Çocuğu gökte yüce bir Tanrı'ya ve/ya herhangi bir otoriteye feda etmek gerektiği inancı arttıkça, bu sözde çocuk sevgisi ve insanları çocuk yapmaya zorlama durumu da artar. *Çocuğu doğurmak, sonra da kurban etmek*; dünya toplumları aslında bu düzen üzerine kuruludur.

İnsan halihazırdaki düzeni, dünyayı, yaşayış biçimlerini, gelenekleri ne kadar az sorguluyorsa, doğrularından ne kadar eminse, herkesin çocuk sahibi olması gerektiğine, çocuk sahibi olmanın karşısındaki insanı mutlu edeceğine de o kadar derinden inanır. Halbuki çocuk, *yeni* olan, *ayrı* olan, *benzersiz* olan, bilinen her şeyden *ayrı* olarak dünyaya gelen ve bu bilinçle yaklaşılması elzem, bildiğiniz her şeyi sorgulatabilecek bir varlıktır. Toplum ise, "Çocuk çok güzel şey," der, ama çocuğun ne olduğunu, ne anlama geldiğini bilmez, görmez, kabul etmek istemez; kendisi olmak üzere doğan çocuğu kendisi olmamaya, kitleye ve kitlesel biçimlere uymaya zorlar. Anne-babalığı, çocuğu olmadığı bir şey yapmak, hepsi birbirinin aynı bir güruhun o güruhtan ayrılmaz parçası haline getirmek sanır.

Bir kadın annelik gibi ciddi bir karar almadan önce çocuğun ve anneliğin aslında ne olduğunu, her kadını zorlayacak bu ağır sorumluluğa gerçekten hazır olup olmadığını iyice ölçüp tartsaydı, bugün dünya çok başka bir yer olabilirdi. Her kadının çocuğunu doğar doğmaz sevdiği doğru değildir. Zaman içinde anneler çocuklarını bir şekilde, *kendilerince*, severler tabii; fakat bu, anneliğin olumsuz hisler getiren zorluklarıyla da her zaman karışabilecek, daha önce söz ettiğim gibi, saf ve katışıksız olması hayli zor, saf ve katışıksız olamayacağı zaten en baştan kabul edilmesi gereken türde bir sevgidir. Fakat kitle, kadının bu durumda başvuracağı savunma mekanizmalarının hepsini zaten çoktan üretmiştir. Kadın hazır halde bulunan bu kalıplardan birini alıp kullandığı takdirde, tüm kitle de arkasında olur. Evet, kendisini nasıl olduysa anneliğin içinde, hiç beklemediği içsel sorunlarla karşı karşıya bulmuştur; ama kendisini değil, çocuğu suçlayan, kendisi çocuğu suçlayan ve cezalandıran ne yaparsa yaparsa yapsın ona "Yap! Annesin! Harikasın! İyi ettin! Annelik işte! Anne yüreği budur! Sen bunu sevgiden yapıyorsun! Devam et!" diye alkış tutan bir kültürün içindedir.

"Anneler çeker yükü.", "Anneler cefakârdır.", "Anneler fedakârdır.", "Anne çocuğu için canını bile feda eder." gibi kasıtlı ve kitlesel söylemler, anneliği yüceltir görünürken aslında, sadece bir insan olan anneye taşıyamayacağı kadar ağır yük yüklemekte, çocuk büyütmenin bütün yükünü anneye dayatmayı meşrulaştırmaktadır. Savaş ve kıtlık zamanlarında, anne-babaların yiyecek bulduklarında bunu çocuklarından gizli yediğini biliyoruz. Varlığını idame ettirme içgüdüsü, annelik içgüdüsüne baskındır. Kitlesel şekilde anneye dayatılan, salt fiziksel anneliktir.

Sartre, sevmenin, kendini sevdirme projesi olduğunu söyler. Sevgi, karşımızdaki kişi bizi sevmediğinde de bundan etkilenmeden kalıyorsa, değişmiyor, azalmıyorsa, o zaman gerçek sevgidir. Fakat anne-babalar, çocuklarından sevgi beklerler. Çocuğun, kendileriyle ilgili yahut genel olarak olumsuz hisleri varsa, bu olumsuz hisleri tolere edemezler, bu olumsuz hislere derin şekilde içerlerler; kendilerinin çocuk için yaptığı onca şeyin karşılığında çocuğun böyle hissetmesinin nankörlük olduğunu düşünürler. Karşılıksız sevgiden bahsedildiğinde hemen herkes anne-baba sevgisini örnek verir; ama anne-babanın karşılığını alamadığında içerlediği sevgi nasıl karşılıksız, bilinçli olsun ya da olmasın karşılık bekleyerek yapılmış şeyler ise nasıl "fedakârlık" olabilir?

Kafka, en büyük anne-baba sevgisinin bile çok bencil bir sevgi olduğunu, bunun aksinin imkânsız olduğunu iddia ediyordu. Anne-babaların çocuklarına nesnel bakamayışının, çocuklarına duygusal yatırım yapıyor oluşlarının, onları gerçek anlamda ayrı bireyler olarak kabul edebilmelerini ne kadar zorlaştırdığını anlatıyordu. Jonathan Swift, "Çocukların eğitimi konusunda güvenilebilecek son kişiler, çocuğun anne-babasıdır." demişti. Kafka da Swift'i alıntılıyor, anne-babalığın, zorbalığı ve köleliği en ince tonundan en koyusuna kadar barındırdığını söylüyordu. Bu zorbalık, en sevecen biçimlerde ifade edilebilirdi. Mesela bir annenin "Bana inanmalısın, çünkü ben annenim," demesini, sevecen görünümlü bir zorbalık olarak örnek veriyordu Kafka. Ebeveyn-evlat ilişkisindeki kölelik ise, mesela anne-babanın çocuktan gurur duyuyor gibi göründüğü biçimlerde var olabilirdi. "Oğlumsun; bu yüzden de seni benim kurtarıcım yapacağım.", gurur görünümlü kölelikti. Kafka, yapıtlarından da bilindiği gibi, aileyi anne-babanın gücünü çocuğa ve çocuğa karşı olarak uyguladığı kaçınılmaz bir eşitsizlik olarak görüyordu.[1]

---

[1] Bkz. Max Brod, *Franz Kafka: A Biography*, Londra: Secker & Warburg, 1948, s. 168-170

Kitlesel anne-babalar, çocuklarının hangi konuda ne hissetmesi, ne düşünmesi gerektiğini bildiklerine inanırlar. Bir olay yaşandığında ve çocuk kendisini kırgın hissetttiğinde, "Bir de bana anlat bakalım olanları. Kırgın hissetmeye hakkın var mıymış, ben söyleyeyim," gibi cümleler kurarlar. "Evet, bu konuda kırılmaya hakkın var," deyip kırgınlığın hissedilebileceğini onaylamak, "Yoo, bunda kırılacak bir şey yok,", "Bana/ona kırılmaya hakkın yok," deyip kırgınlık hissetme hakkını yasaklamak, o hak üzerinde baskı kurmak, ve bunu "çocuk kaç yaşına gelirse gelsin" tekrarlamak, maalesef çok anne babanın yaptığı, korkunç bir zulümdür. Bir insan kendisini kırgın/üzgün/mutsuz/heyecanlı, her nasıl hissediyorsa hissetsin, realite budur, saygı duyulması gereken budur; bunun ötesi yoktur. Alice Miller da *Hayat Yolları* (1998) kitabında, bir çocuğa algıladığı şeylerin gerçek olmadığını söylemenin onun güvenini ne kadar sarsıcı bir hareket olduğuna, algıladığı şeylere, gözlemlerine bu şekilde güvenmemeyi öğrenen çocuğun ileride çok daha kolay suiistimal edileceğine, cahil kimseler tarafından üzüntü yaşatılmaya açık hale geleceğine değiniyor.[2]

Ailede hislerimizin yasaklanması o kadar içimize işlemiştir ki sonra da bunu başka ilişkilerde birbirimizin hislerini yasaklayarak sürdürdüğümüzü fark etmeyiz. Buna bir örnek, sevgilimiz/eşimiz bir başkasından hoşlanınca ona kızmak. Dünya üzerinde herhangi bir insan dünya üzerindeki başka herhangi bir insana, duruma karşı herhangi bir his besleyebilir. Eşim bir başkasından hoşlanmaya başlamışsa, bu olsa olsa insanlık halidir; ona nasıl kızabilirim? Olur da başına böyle bir şey gelirse bunu bana söylemesini tercih ederim eşimin; ama böyle bir durumun gerçekleşmesi halinde yapacağım şey, eşimi anlamaya, ona yardımcı olmaya, yanında olmaya çalışmak, durumun bizim ilişkimizdeki bir eksiklikten kay-

---

2 Bkz. Metis Yayınları, 2002, 2017, s. 79. Alice Miller'ın *Banished Knowledge* (Yasak Bilgi) kitabında söylediği bazı şeyleri de bu yoruma karıştırdım.

naklanıp kaynaklanmadığı üzerine düşünmek olur. Eğer bu, güçlü ve süreğen bir hisse, ona göre davranılması, ona göre rota belirlenmesi gerekir. Bir hissin yasaklanması, eleştirilmesi gerektiğini düşünmek, düşünmek olarak dahi barbarlıktır. Hislerin özgürce yaşanması üzerinde baskı kurmak, o hislerin doğmasına engel olmaz; sadece, onları hissedenlerin psikolojik tıkanma yaşamalarına, yalana, ikiyüzlülüğe neden olur. Çocuğun günlük realitesinde maalesef hep vuku bulduğu, ve çözülmediği sürece ciddi, kalıcı bir sorun haline geldiği gibi. Dünyamızın en önemli sorunu budur.

Psikolog Aslı Eyi, bir uçak yolculuğunda şahit olduğu sahneyi unutamadığını söylüyor:

> Ön sıralarda bir bebek uçuş boyunca ağladı. Uçuşun sonlarına doğru uçak türbülansa girdi ve sallantıyla herkes biraz tedirgin oldu. Türbülans sona erdikten sonra iki ön sıramda oturan 5-6 yaşlarında bir çocuk annesine dönüp "Bebek ağlıyor diye şimdi uçak çakılacak, değil mi anne?" dedi. Bir çocuğa huzursuz oldu, ağladı, sıkıldı diye uçağın düşeceğini öğreten bir anneydi çocuğun karşısındaki. Uçaktaki herkesin, en önemlisi çocuğun yaşamının ağlamamasına bağlı olduğunu öğretmişti.

Yazar Irmak Zileli de, gülümsememe hakkı ondan esirgenen bir kız çocuğunu anlatıyor:

> Bir aile tatil sabahı kahvaltı yapmakta. Garsondan fotoğraf çekmesini istiyorlar. Anne 2-3 yaşlarındaki kızına "Hadi, gülümse." diyor. Çocuk poz vermek istemiyor ve yüzünü tersi yöne çeviriyor. Anne önce kibarca ısrar ediyor. Çocuk kararlı. Anne de öyle. Çocuk gülümsemese de fotoğraf çekiliyor. Anne kızına ders vermeyi ihmal etmiyor: "Bugün sana dondurma yok!" Çocuk haliyle isyan ediyor, gülümseyip poz vermedi diye dondurmadan mahrum olmak istemiyor. Annesiyle konuşmaya çalışıyor. Destek babadan geliyor; ama çocuğa değil, anneye:

"Hiç cevap verme!" Bu anekdotu paylaştıktan biraz sonra... Kızım Çağla karpuz çekirdeklerinden kurduğu bir aile ile oynarken çekirdeklerden biri yere düştü. Ailenin kayıp vermemesi için ivedilikle indi ve çekirdeği düştüğü uçurumdan çıkardı. O sırada bir feryat duyduk, az önce annesi ve babası tarafından ceza ve çemkirme yoluyla dışlanan küçük kız Çağla'ya bağırıyordu: "Ayyy, pis kız! Yerlere dokunuyor!"

Çocuğu Kitleye Kurban Etmek

Çocuğu hiç tanımayan, ama herkesin çocuk yapması gerektiğinde ısrar eden kitle, çocuğun sınırları konusunda da son derece net çizgileri olan ve çocuk sahibi olanları çok emin oldukları bu çizgiler dahilinde davranmaya zorlayan, bu sınırların ihlal edildiğine kanaat getirdikleri bir durum gördüklerinde çocuğa da anne-babaya da müdahale etmekten çekinmeyen bir kitledir. İki buçuk yaşında kızı olan mali müşavir Ayşe Gül Şara, başından geçen bir olayı şöyle anlatıyor:

> Geçenlerde temizlik için yardıma gelen hanım salona girince şöyle bir etrafa baktı ve "Evin en büyük odasını niye çocuk odası yaptınız ki?" diye sordu.
>
> "Yok, burası salon," dedim, "sadece 2,5 yaşında bir çocuğa göre düzenlendi." "Ama olur mu?" diye cevap verdi; "Çocuğun sınırlarını bilmesi lazım. Bunları onun odasına taşıyın, bitsin!"

Çocuğun *sınırlarını* bilmesi gerektiğini öğretirken kendisi kendi sınırlarını bilmeyen bu hanım temizlik için geldiği evde Ayşe Gül Hanım'ı çocuksuz bir anne olarak bulsaydı, bu sefer "Aaa, çocuksuz olur mu! Çocuk dünyanın en güzel, en önemli şeyi. Muhakkak yapın." diyecekti. Fakat çocuk "dünyanın en güzel, en önemli şeyi" olmasına rağmen, mutlaka dünyaya gelmesi gerekmesine rağmen, "yetişkinlere ait" bir evin salonunda eşyalarıyla yer kaplamayı, dahası kendisi gibi "küçük" olmayan bir odayı hak etmiyor nedense.

Biri bana, kayınvalidesinin onu ziyarete geldiğini, oynayan iki torununu sessizce izledikten sonra evden ayrılırken çocukları kastederek "Siz onları ıslah edememişsiniz; onlar sizi ıslah etmiş." dediğini anlatmıştı. Kitleye göre, çocuk, doğması, ama sonra da "ıslah edilmesi" gereken bir varlıktır. Anne-baba ya kitlenin kendilerinden beklentisi uyarınca çocuğu gerçekten de ıslah edilecek bir şey olarak görecek, bir yetişkin tarafından böyle azarlandığında bundan çocuklarını sorumlu tutarak onları suçlayacak, onları gerçekten de "ıslah"a çalışacak, ya da çocukların bu eleştirel müdahalelerden korunması gerektiğini anlayacaktır. Bunları duymak da çocuklara zarar verir. Bu eleştirilere hak vermek, çocuğu kitleye kurban etmektir.

Edebiyat öğretmeni Nigar Şahin'in şimdi üniversitede okuyan oğluyla eski bir anısı, bu müdahalelerden birine örnek:

> 3 yaşındaki oğlumla deniz kenarında yürümüş, hafiften yağmur çiselemeye başlayınca otobüse binmek için durağa gelmiştik. Durakta beklerken yağmur da hızlanmaya başlamıştı. Biz ıslanmaktan mutluyduk. Çünkü, ne zaman yağmur yağsa bahçeye koşar, yağmurla yüzümüzü yıkama oyunu oynardık. Oğlumun üzerinde bir tişört, benim üzerimde de atlet üzerine ince bir hırka vardı. Durakta bekleyen sanırım beş altı kişiydik. Birden arkamızda bir hareket oldu. Döndüğümde orta yaşlı bir kadının hırkasıyla oğlumun başından başlayarak üstünü örtmeye çalıştığını gördüm. Sert bir sesle "Hayır, lütfen, hırkanızı alınız," deyip, oğlumu kendime doğru çektiğimi hatırlıyorum. Bir şeyi daha hatırlıyorum, dönüp kendi hırkama baktığımı da.

Buradaki orta yaşlı hanımın hareketi çocuğa yönelik gibi görünürken, aslında, çocuğu yağmurdan ve soğuktan koruması gerektiğine inandığı anneye karşı. Kitlesel anneler, fiziksel anneliği önemseyen annelerdir; çocuğun ruhuna karşı hiç nazik olmazlarken, hatta bu ruha dair tek bildikleri onun disipline sokulması, büyüklerin ruhu karşısındaki yerini ve sınırlarını öğrenmesi gerektiğiyken, çocuğa kendilerince sevgi gösterdiklerinde çocuğun sevildiğini hissedeceğini sanırken, bir çocuğun soğukta kaşkolunu bağlamamış, yağmurda üzeri örtülmemiş olması onları pek müteessir eder.

Arkadaşım Burcu, 13 aylık oğlunun son günlerde arabasının güneşliğinden rahatsız olduğunu anlatıyor. Burcu bu nedenle arabayı güneşliği açık halde kullanıyormuş. Oğlunun uykusunun geldiği bir gün Burcu çocuğu sakinleştirmeye çalışırken yanlarından geçen bir kadın Burcu'yu "Yakıyorsun çocuğu, güneş var!" diye azarlayarak arabanın güneşliğini kapatmış. Güneşliğin kapanmasıyla birlikte, az önce susmuş oğlunun yeniden çığlık atmaya başlaması bir olmuş. Çocuk büyüten kadınların benzer müdahalelerle karşılaştıklarını sıklıkla işitiyorum.

Çocukluğundan beri evde her tür eziyet gören, bu eziyeti alıp kabul etmediği takdirde anne-babası tarafından fena halde tepki gören, kendisine intihar etmesi açıkça ve gerçek anlamda kast edilerek söylenen bir arkadaşım var. Bu genç kadın, anne-babasına mektup bırakarak evden ayrıldı. Altı ay boyunca onlara başka bir iş yerinde çalıştığını söylemiş, bu süre zarfında gizlice bir ev tutarak döşemiş ve evden ayrılmasına müsaade edilmediği için, bu şekilde mektup bırakarak ortadan kaybolmuş. Nitekim kendisiyle tanışmamız da o dönemde olmuştu. Cesaretini çok takdir etmiştim; çünkü anne-babaları onlara başka yol, imkân bırakmadığı halde bunu yapamayan, kendilerini yıkan acıya, öfkeye, incinmişliklere rağmen anne-babanın incinmemesini kendi iyiliğinin üzerinde tutan ve bu yüzden bütün hayatını çıkmaz bir işkenceye dönüştüren çok insan var.

Bu arkadaşımın çok sayıda kötü anısından biri bana çok acı geliyor. Bir gün annesinin onun çok üstüne geldiği bir tartışma sonrası artık onu dinlemek zorunda olmadığını söyleyip evden çıkmaya kalkmış. Buna fiziken engel olan çok kilolu ve çok güçlü annesi onu o kadar sıkı tutmuş ve hareket edemeyeceği şekilde ve canını öyle çok yakarak, nefessiz bırakarak kavramış ki, arkadaşım o an kendisini kurtarmak için yapabileceği tek şeyi yapmış, annesinin kolunu ısırmış. Bu olaydan sonra annesi her sinirlendiğinde kızının onun kolunu ısırdığını herkese söyleyerek bunu ona karşı kullanıyor, arkadaşımın ifadesiyle, onu "annesinin kolunu ısıran kötü evlat olarak göstermeye bayılıyor"muş. Maalesef böyle bir durumda insanların tepkisi, çocuğu ayıplamak, "şartlar ne olursa olsun *bir anneye* bunun asla yapılamayacağını" söylemek oluyor ki bu bir insana anne-babasından gelen her tür eziyeti alıp kabul etmesini, sonuna kadar yaşamasını söylemekle aynı şey.

Anne-babalar, çocuğa karşı, kitlenin her zaman arkalarında olacağını bildikleri için bu kadar rahat, fütursuz, öz-eleştiriden yoksun davranırlar. Çocuk eziyeti kabul etmediğinde çocuğu şikâyet ve başkalarını çocuğu ezmek için yardıma çağrı, maalesef sık rastlanan bir durum.

Bu arkadaşım, "Birkaç gerçek söylesem 'Çok ağır konuşuyorsun bak. Sen de anne olunca anlarsın inşallah. Bu çektirdikleriniz ...' diye uzayan bir ağıt geliyor. Anne olup onların yaptıklarını bizzat yapmamı, onların çektiklerini ve çektirdiklerini aynen çekmemi ve çektirmemi bekliyorlar." diyor. Kitlesel anne/babalık, başka bir yolun mümkün olduğunu düşünmeyen, ama düşünmek de istemeyen, zaten başka türlü anne-babalıkları hemen kınayan türde bir anne/babalık.

Nigar Hanım'ı çocuğunu yağmur suyuna maruz bırakmakla kınayan orta yaşlı hanım, çocuğun yanında bir kadın değil de erkek olsa böyle davranmayacak, erkeğin çocuğu örtmeyi akıl edemediğini düşünerek onu mazur görecektir. Yani mesele aslında çocuğun iyiliğinden ziyade, bir annenin görevi olduğu inanılan şeylerden anneyi, ona müdahale hakkını kendinde görecek kadar sorumlu tutmaktır. Bu tip müdahaleler, hemen her zaman, kadınlardan, başka kadınlara karşı yapılan müdahalelerdir. Kitlesel bakış, babayı ailesini geçindirdiği ve akşamları eve geldiği sürece, babalık görevini hakkıyla yerini getiriyor addeder; başka bir şeyden sorumlu tutmaz. Kadınlar görev addettikleri fiziksel anneliğin yükünü (aslında istemeden, "görev" bilinciyle) sırtlandıklarını hissettikleri ölçüde bu yükün acısını çocuklarından ve başka annelerden çıkarırlar. Bunun bir başka versiyonunun da ev işleri üzerinden yaşandığını ikinci bölümde anlatacağım.

Bodrum'da yaşayan yayıncı Metin Solmaz, çocuklarının rahatça oynamaları, oynarken üstlerini başlarını dilediğince kirletmeleri konusunda eşiyle aynı kriterlere sahip olduklarını, fakat kendisi çocuklarını parka götürdüğünde oradaki kadınlardan ne kadar iyi bir baba olduğuna dair hep övgü alırken, eşinin parkta çocuklarına yaklaşımı onunkiyle tıpatıp aynı olmasına rağmen "Şuna bak, çocuğa doğru dürüst bakmıyor!" gibi kınayıcı sözlerle, bakışlarla, müdahalelerle karşılaştığını söylüyor.

Yazar Irmak Zileli'nin çocuklu ailelerle ilgili tatil gözlemi şöyle:

> Adamlar çocuklarına bağırmayı iş edinmiş. Ardından kopan fırtına ile kadın baş edecek, o başka. Adam bağırdıktan sonra arkasını dönüp gidiyor. Çoğu kadın bunu kabullenmiş. Sessizce devralıyor azarlanan çocuğu. Akşam yemeklerinde kimse konuşmuyor. Kadın çocuğun yemeğini yedirirken, adam arada bir telefondan başını kaldırıp "Ye bakayım! Sessiz dur! Yerine otur" gibi talimatlarla varlık gösteriyor. Yemekten sonra tatlı mı meyve mi yeneceğine de kendi başına karar veriyor zaten. Belki yemeği ilk bitiren olduğundandır.

Evden ayrıldığını anlattığım arkadaşım, annesinin onun için aynı zamanda çok fedakârlıklar yapmış bir anne olduğunu, ama arkadaşım -başka bir eve çıkmak gibi- kendi kararları doğrultusunda ısrar ettiğinde ondan intihar etmesini isteyerek kendisini çocuğunu büyütürken "katlandığı" bütün fedakârlıkları da çöpe atmaya hazır görmesindeki çelişkiye değiniyor. Aslında bu arkadaşımın annesinin ona mealen "Ya benim istediğim gibi ol, ya da öl." deyişi, küçük çocuğun kendisi olmasına, mesela bize öfkelenmesine müsaade etmediğimizde onu öldürdüğümüz gerçeğinin basit bir tekrarı.

Çocuğumuza "Böyle yapamazsın." deme hakkını kendimizde görmemiz, yapılmış şeylerin fedakârlık değil, karşılığını çocuktan beklediğiniz şeyler olduğunu gösterir. Bahsettiğim türde bir karşılık beklemenin boyutu, aileden aileye değişiyor tabii. Ama biz de mesela ailesiyle görüşmek istemeyen birine "O senin annen/baban. Onunla ilişkini kesemezsin." diyorsak veya böyle düşünüyor, böyle düşündüğümüzü bir şekilde hissettiriyorsak, bu kişinin ailesiyle görüşmek istememe nedeni bize ne kadar zayıf görünürse görünsün, ailenin yaptıklarının karşılığını evladından dilediği gibi isteme ve onun hayatı üzerinde baskı kurma hakkı olduğu inancındaki kitlesel güce farkında olmadan katkı sağlıyoruzdur. Evde kendisinden küçük üç erkek kardeşi olan bir kız arkadaşım, anne-babasıyla kavga ettiğinde kardeşlerinin de ona soğuk davrandığını, anne-babasının hatalı olduğunu bilseler de ona karşı tavır koyduklarını, kavga anne-babasıyla kendisi arasında gerçekleşmesine rağmen onu yalnız bırakarak cezalandırdıklarını söylüyor.

Sadece ailede değil, mesela bir sınıfta da öğrenciler öğretmenin bakış açısını içselleştirmeyi öğrenir, öğretmen bir öğrenciye kızdığı takdirde, öğrenciye değil öğretmene hak vermeye, öğretmenle birlikte, öğrenciyi suçlu görmeye meyilli olurlar. Otoritenin beyanını ve perspektifini doğru bulma temayülü, çocukken bağımsız ve eleştirel düşünebilme yeteneğimizin yeterince geliştirilememiş olmasından kaynaklanır.

Çocuğa Müdahaleye Müdahale Etmek

Biri bir çocuğa yanlış bir şey yaptığında herkes sessiz ve kayıtsız kalıyorsa, çocuk kendisine yapılan şeyi normalize eder. Çocukluk atölyesindeki bir katılımcımız, "Annem oğluma yanlış davrandığında annemi sonradan kenara çekiyorum ve ikaz ediyorum. Annem uyarıma alınıyor, hatasını birkaç kez daha tekrarlıyor; ama onu her seferinde uyardığımda sonunda gönülsüzce de olsa o yanlış davranışı yapmayı bırakıyor." demişti.

Annesini baş başayken uyaran bu anneyi anlıyorum, ama bu gibi durumlarda çocuğa müdahalede bulunan kişiyi çocuğun yanında değil de sonradan, yalnızken uyarmak, çocukta, müdahaleyi onayladığınız, onu korumadığınız düşüncesini yerleştirir.

Emre K. şöyle diyor:

> Yaşça benden hayli büyük bir ablam vardı. Annemle babam bana yanlış bir şey yaptıklarında eğer oradaysa hemen araya giriyor ve "Böyle davranmaya hakkınız yok!" diyordu. Annemle babamın yaptıklarının doğru mu yanlış mı olduğunu o zaman düşünmeye başlıyordum. Bu deneyim hayatımda çok şeyi değiştirdi. Yaşıtlarımdan farklı, sorgulayan bir çocuk olmamda ablamın bu yaptığının etkili olduğunu düşünüyorum. Bu davranış olmasaydı şu an olduğum kişi olamazdım. Diğer yandan, ilkokul öğretmenim dört yıl boyunca başıma vurdu ve dört yıl boyunca bunun yanlış olduğunu düşünmedim. Çünkü o ortamda hiç kimse bunun yanlış olduğunu söylemiyordu. Bence markette kötü davranılan bir çocuk görsek ve yabancı olarak "Bak, sana böyle yapmaları yanlış," deyip oradan ayrılsak bu çocuğun hayatında bir şeyleri değiştirmiş oluruz.

Gaye Elmas Ünver, Çocukluk atölyesinde çocuğun sınırlarına saygıyı konuşurken başından geçen bir olayı örnek vermişti. Metroda yanında oğluyla gidiyormuş; ve bir adam, çocuğa bakıyor, onunla konuşmaya çalışıyor, çocuğu kendisiyle iletişime girer hale getirmeye çalışıyormuş. Gaye Hanım'ın oğlu ise adamın bu çabası karşısında hiç oralı olmuyor, elindeki telefonla oynamaya devam ediyormuş. Adam bu sefer Gaye Hanım'a bakmış, çocuğu uyarsın, "Bak oğlum, amca seninle konuşuyor," desin diye. Gaye Hanım adama gülümsemiş ve başını çevirmiş.

Evet, çocuk iletişime girmek istemiyorsa onu iletişime zorlamak, çocuğun sınırlarına müdahaledir, çocuğun kendisine saygısını örseler. Eğer Gaye Hanım adamın istediği gibi oğlunu onunla konuşmaya teşvik etseydi, çocuk sınırlarını daha az koruyabilen bir insan haline gelecekti. "Ya başkaları. Ya da... Çocuğunuz." sözümü burada ısrarla, her kelimeyi vurgulayarak yineliyorum. "Aman başkaları incinmesin," diyerek çocuğumuzu incittiğimiz her durum, başkaları için gelip geçici olsa da çocuk için kalıcıdır. Burada çoğunluğun yapılması gerekenin tersini yapıyor olması yanlışı doğru hale getirmiyor. Bizim *sırf bir başkası istedi diye* öyle veya böyle davranmaya meyletmemiz, bizden istenildiği gibi davranmadığımızda kendimizi suçlu, rahatsız hissetmemiz, başkalarının ne düşündüğünü çok önemsememiz, kökenini çocukken bize "başkaları"nın, her büyüğün her söylediği ve yaptığının üzerimizde etkisi olmasına izin verilmesinden alır ve sağlıksızdır.

İnsanlar bana çocukluklarıyla ilgili çok acı şeyler anlatırlar. Bunlar, her yerde herkese, hele açıktan anlatmayı hiç istemedikleri şeylerdir. Sonra, "Aslında bunları yazmayı, anlatmayı çok istiyorum," derler, "Ama annem-babam incinir diye yapamıyorum." Onlara "Aslında anlatmalısınız." derim; "Çünkü onlar zaten yetişkin. Önemli olan yetişkinlerin değil, çocukların incinmesini önlemektir. Ve siz bunları çocukların incinmesini önleyecek diye anlatmalısınız." "Evet," der, yine de, anne-babalarını eleştirir görünecekleri herhangi bir şey söylemeye kolay kolay cesaret edemezler. Çocuk olarak vaktiyle incitilmiş olan, anne-babaları değil, kendileridir; şimdi böyle davranarak, anne-babanın çocuğu incitmesini hoşgören ve tam da bu nedenle çocukların incinmesine neden olan tutumu korumuş ve desteklemiş olurlar.

Bunun, "başkaları" düşüncesini çocuğa yerleştirmemizle de ilgisi vardır. İsterim ki çocuğum kimseden korkmasın, eğer bunun bir faydası olacağını düşünüyorsa, bir masumun kanını akıtmaya engel olacağını düşünüyorsa, beni yahut bir başkasını korkusuzca açıktan eleştirebilsin; doğru olan her ne ise onu yapmaya engel olabilecek bir hissi olmasın. Çocuğum, bir "başkası"dır, çocuğum benden "başka"dır. Ve bu yüzden değerlidir.

İyileşmenin Toplum Tarafından Önlenmesi

Çocukluk, neredeyse hepimiz için bir benlik travmasıdır. Çünkü çocuk bir yetişkin tarafından mağdur edildiğinde diğer tüm yetişkinler de mağdur eden yetişkinin arkasında durur ve çocuğu acısıyla yapayalnız, bu acıyı yaşama ve ifade etme imkânından da mahrum bırakırlar. Haksızlığa uğradığımızda bunu birine gösterme/anlatma ihtiyacımız, karşımızdakinden "Evet, sen haklısın. Haksızlığa uğramışsın. Burada sana yapılan şey yanlış," cümlelerini duymaya bu kadar derinden ihtiyacımız, kökünü çocukluktaki bu "haksızlığa uğrama ve haksızlık karşısında tamamen yapayalnız bırakılma" durumumuzdan alır. Eğer çocukken babamız bize haksızlık ettiğinde annemiz bizi korusaydı ve babamıza engel olsaydı, öğretmenimiz bize haksızlık ettiğinde biri gelip ona sınırlarını hatırlatsaydı, anne-babamız bize haksızlık ettiğinde "Haklısın." diyen bir teyzemiz olsaydı, teyzemiz bize haksızlık ettiğinde "Çocuğuma böyle davranamazsın!" diye karşısına dikilen bir anne-babamız olsaydı, bugün bize haksızlık yapıldığında bu kadar derinden içerlemeyecek, bize haksızlık edildiğinin tanıklığını yapan bir "başkası"na böyle ihtiyaç duymayacaktık. Bize yapılan haksızlığa tahammül derecemiz, tanık ihtiyacımız, çocukluğumuzda böyle durumları ne derece yaşadığımıza ve ne derece derinden hissettiğimize bağlı olarak artar ya da azalır.

Kişiler, travmatize olmuş benlik saygılarını yeniden kazanmaya çalışırken onları travmatize etmiş bireylere ve topluma, kendilerine ne yapıldığını göstermeye ve kabul ettirmeye çalışırlar. Kaybedilen parçalarının yasını tutuyorlardır; ve başkalarının da, kaybedilen parçanın hak ettiği değeri, onuru onlarla birlikte teslim etmesini, yas tutmasını arzu ederler. *Travma ve İyileşme* kitabında Amerikalı psikiyatrist Judith Lewis Herman şöyle diyor:

> Travmatik olaylar birey ve toplum arasındaki destekleyici bağları tahrip eder. Hayatta kalanlar kendilik, değer ve insanlık duygularının, başkalarıyla bir bağ kurma hissine dayandığını öğrenirler. Grup dayanışması terör ve umutsuzluğa karşı kuvvetli bir koruma ve travmatik deneyime en kuvvetli panzehiri sağlar. Travma tecrit eder; grup, ait olma duygusunu yeniden yaratır. Travma utandırır ve damgalar; grup tanık olur ve onaylar. Travma, kurbanı alçaltır; grup yükseltir. Travma, kurbanı insanlığından uzaklaştırır; grup onun insanlığını onarır.[3]

Çocuğun yahut artık büyümüş çocuğun uğradığı haksızlığı geç de olsa fark ettiğinde çoğunluğun yine büyük ölçüde anne-babanın tarafında olduğunu kavraması, anne babanın da artık çok geç gelen bu tepkiyi anlamaması, büyük bir yıkımdır. Çocuğun acıyla tamamen yalnız bırakılmasından gelen travma böylece tekrarlanmış olur.

Çocuk, hukuken tam bir birey değildir. Dava açamaz, haklarını temsil edemez, başında yetişkin olmadan, çocuklarla ilgili önemsiz bir konuda bile olsa yasal bir dernek/grup faaliyeti gösteremez. İster evde ister dışarıda olsun yetişkinler olarak hep birlikte yetkin bir duruş sergileriz ve çocuk öteki'dir. Ona

[3] *Travma ve İyileşme*, s. 281

"öteki" gibi davranırız, o da "öteki" olduğunu bilir, hisseder, kabul eder. Çocuğun, hakları konusunda benim bu kitapta yaptığım gibi görüş bildirmek, bunların ne olduğunu ve olmadığını düşünmek, hissetmek, karar vermek için bir yetişkinin vasıtalığına ihtiyacı vardır. Çocuk, "öteki", yani kişinin benliğindeki olumsuz tarafları "yansıttığı" (projection) kişidir.

Anne-babaya sırf anne-baba olduğu için verilen haksız değer, doğal halde bile bu kadar çaresiz olan çocuğun durumunu çok daha kötü hale getirir. Judith Lewis Herman'ın kitabının son bölümü, toplumun çocukların ve kadınların mağduriyetine çok daha güç inandığına dair ilginç veriler barındırıyor. Herman, kadına ve çocuğa yapılan şiddet biçimlerinin büyük bölümünün, ancak son yıllarda şiddet olarak kabul edilebildiğini anlatıyor ve ekliyor:

> Çünkü kadın ve çocukların boyun eğmesi bizim kültürümüzde o kadar derine işlemiştir ki, kadın ve çocuklara karşı şiddet kullanmak daha yeni yeni bir temel insan hakları ihlali kabul edildi. Dayak atma, tehditkar tavırlarla yürüme, cinsel taciz ve bildik tecavüz gibi baskıcı kontrolün yaygın kalıplarına, tek başına suç olarak kabul edilip, bir ad bile konmadı, ta ki feminist hareket tarafından tanımlanana kadar. Geçmişte çocukların cinsel istismarı gibi nominal olarak suç kabul edilen şiddet biçimleri bile öyle nadir rapor edildi ya da haklarında o kadar az kovuşturma açıldı ki, faillere dokunulmazlık garanti edilmiş gibiydi. ...
>
> Kamunun önünde hesap verme olasılığıyla yüz yüze kalıp suçlanan failler, kurbanın inandırıcılığına karşı yeni bir taciz düzenledi. Çocuk avukatları, psikoterapistler, tanık olan başkaları ve kurbana destek olanlar organize saldırılara hedef oldular.[4] Çatışma çocukların cinsel istisma-

---

[4] Bkz. D. Finkelhor, "The 'Backlash' and the Future of Child Protection Advocacy: Insights from the Study of Social Issues", J.E. B. Myers (yay.), *The Backlash: Child Protection Under Fire* (and Oaks, CA, Sage, 1994), s. 1-16

rıyla ilişkili olduğunda özellikle acıydı. Çünkü çocuklar en güçsüz kurbanlardır, çoğu kez istismarcısına bağımlıdır, adalet şansları en az olanlardır. Ek olarak uzun süren, tekrarlayan istismara konu olan çocuklar, hikâyelerini anlatma yeteneklerini daha da tehlikeye atan hafıza karışıklıkları geliştirmeye özellikle meyyallerdir.[5] ...

... suçlanan faillerin avukatları, gecikmiş anımsamalara dayanan şikâyetlerin bertaraf edilmesi gerektiğini savundu, çünkü yeniden ele geçirilmiş hatıralar doğru olamazdı. Dahası psikoterapistler tarafından icat edilen ve baskıcı inandırma araçlarıyla saf zihinlere sokulan bu hatıraların toptan uydurma olması gerektiğini iddia ettiler. ...

... Kadın hareketi, kadın ve çocukların yalan söylemeye, fanteziye ya da cinsel şiddet hikâyeleri uydurmaya meyyal olduğu varsayımını yıkmak için tam yirmi yıl harcadı. ... Hâlâ kurbanların kendi zihinlerini anlamak için çok zayıf ve zavallı olduğunu ilan eden mümtaz otoriteler var. Bütün bunlara katlanmadık mı? Gerçekten bunlara tekrar katlanmak zorunda mıyız?

Görünüşe göre evet. Yalancı şikâyetlerin bulaşıcı olduğu fikri, kamusal medyada ve bazı akademi çevrelerinde bir heyecan uyandırdı. ... Çocukluk istismarı mağdurlarının "iyileşme hareketi" ve terapistlerinin ittifakının özellikle yoğun düşmanlık ve küçümseme uyandırdığı görüldü.[6] Basın, kurbanlar ve haksız olarak suçlandıklarında

---

5 Amerikan Psikiyatri Birliği, "Statement on Memories of Sexual Abuse", Washington, D.C., 1993. L.M. Williams, "Recall of Childhood Trauma: A Prospective Study of Women's Memories of Child Sexual Abuse", *Journal of Consulting and Clinical Psychology* 62 (1994), s. 1167-1176. L.M. Williams, "Recovered Memories of Abuse in Women with Documented Child Sexual Victimization Histories", *Journal of Traumatic Stress* 8 (1995), s. 649-674. J.J. Freyd, *Betrayal Trauma: The Logic of Forgetting Childhood Abuse* (Cambridge, MA, Harvard University Press, 1996), s. 43-45.

6 K.S. Pope ve L.S. Brown, *Recovered Memories of Abuse: Assessment,*

ısrar edenlerin tarafında olmaya hevesli olanlar hakkında bir şey dinlemekten yorgun gibi görünüyor.[7]

Alice Miller, "Bir mahkeme salonuna, o toplumun norm ve tabularının yansıdığı şüphesizdir." derken çok haklı. Bunu, "Toplumun görmemesi gereken şeyleri, o toplumun hâkimleri ve avukatları da görmez." diye açıklıyor ve ekliyor: "Ama burada sadece 'toplumdan' bahsetmek kolaya kaçmak olurdu; çünkü bilirkişiler ve hâkimler de her şeyden önce insandır."[8]

Alice Miller ayrıca, istatistiklerin çocuğun kötü muameleye ne kadar maruz kaldığını yansıtamamasını şöyle açıklıyor:

1. Çocukların gördüğü kötü muameleler genellikle gizli kalır ve kanıtlanamaz. Her şeyden önce çocuğun kendisi yaşadığı kötü tecrübeleri gizler ve bastırır.
2. Çok sayıda görgü tanığının ifadesi bulunsa da, olanların aksini kanıtlayan birileri daima çıkar. Her ne kadar Jetzinger'de olduğu gibi bu kanıtlar tutarsız olsa bile, insanlar çocuğa inanmaktansa, idealleştirilmiş ana-babayı koruma taraftarı olduklarından, bu kanıtlara inanmayı tercih eder.[9]

Judith Lewis Herman, yakından izleme şansı bulduğu bir davayı örnek veriyor. Genç bir kadın, çocukken onu taciz ettiği gerekçesiyle babasına dava açmış. Jüri, suçlamanın haklı olup olmadığı konusunda karar verememiş, Buna rağmen, kızı tarafından suçlanan baba kızına şerefini lekelediği gerekçesiyle dava açmış ve *kazanmış*. Fakat suçlu bulunan, babası-

---

Therapy, Forensics (Washington, DC, American Psychological Association, 1996).

7 J.L. Herman ve M.R. Harvey, "The False Memory Debate: Social Science or Social Backlash?" *Harvard Mental Health Letter* 9 (1993).

8 *Başlangıçta Eğitim Vardı!*, s. 244

9 A.g.e., s. 237

nı suçlayan kadın olmamış. Jüri, genç kadın yerine, istismar edildiği fikrini cesaretlendirdiği ve hatıralarını yeniden kazanmasına yardım ettiği için, *terapistini* suçlu bulmuş. Genç kadın mahkemede, hatırladığı şeylerden kendisinin sorumlu olduğunu söylemiş. "Babam, onu suçlayan kişinin *ben* olduğumu anlamıyor," diye isyan etmiş. Fakat jüri, bu ifadeyi kale almamış. "İşte yine, kurban görünmez hale getirilmişti," diyor Judith Lewis Herman.[10]

Bu dünyadaki en görünmez acılar, bir çocuğun çektiği acılardır.

Ya Çocuk Gerçekten Yalan Beyanda Bulunuyorsa?

Thomas Vinterberg'in *The Hunt* (Jagten, 2012) filmini çok sevmiş, bir arkadaşıma önermiştim. Filmde, küçük bir kız olan Klara, yetişkin bir erkek olan Lucas'ın ona tacizde bulunduğunu zannettirecek yalan açıklamalarda bulunuyor, bu birkaç cümlelik beyan sonrası Lucas ismini bir türlü temizleyemiyordu. Filmi önerdiğim arkadaşım, yirmilerinin başlarında, dindar, İslam fıkhına inanan bir erkek arkadaşımdı. Filmi izledikten sonra "Çocuğun beyanına inandıkları için böyle oluyor. İslamiyet'te olsa çocuk beyanının hükmü olmadığı için adam böyle boşuna suçlanmayacaktı," demiş, İslam hukukunun ne kadar güzel, ne kadar doğru yaptığına bu filmin bir kanıt olduğunu düşünmüştü. "Peki ya çocuk gerçekten haklı olsaydı?" diye sormuştum. Ne de olsa çocuk tacizlerinin çoğunda çocuk, tacizcisiyle yalnızdır ve çocuğun beyanı çok kez, sunulabilecek tek kanıttır. Bir çocukla bir şekilde yalnız kalıp onu taciz etmek kadar kolayı yoktur. Arkadaşım bu soruya cevap verememişti.

Fıkıh dediğimiz şey, insanlar –daha doğrusu erkekler– tarafından yazılmış, yapay bir kurallar bütünüdür. İnsanların

10 *Trauma and Recovery*, s. 246

olaylara bakışını aksettirdikleri gibi bizim olaylara bakışımızda da etkili olurlar; ve doğru'yu görmemize engel olmaları her zaman mümkündür. İnsanın dinî görevi, doğal dinini, zorlama dinî biçimlerden ayırıp bulmasıdır. Din ile teoloji arasındaki mesafenin kapanması gerektiğine, sanatın temelde dine çok benzediğine dair görüşlerimi *Yazma Cesareti*'nde anlatmıştım. Alman şair ve filozof Friedrich Schlegel, "Kendisine has bir din, sonsuzluğa dair orijinal bir bakış geliştiremeyen kişi sanatçı olamaz," demişti. Sanatın, o doğal doğru'yu din kaynaklı olduğu ileri sürülen yapay biçimlerden daha açık ve direkt gösterebilmesi de biraz bununla ilgili.

Aynı filmden benim anladığım, arkadaşımınkinden çok başka bir şeydi. Bana göre film, gerçekten de çocuk tacizi, Klara'nın ailesi tarafından yaşadığı taciz üzerine kuruluydu. Anne-babasının kavga ettiği, yarattıkları huzursuz ortamda kendisine bir çocuğun ihtiyaç duyduğu şekilde ilgi ve sevgi göstermediği Klara duygusal anlamda o kadar yalnız bırakılan bir çocuktur ki, babasının en yakın arkadaşı olan Lucas'tan gördüğü "doğru" ilgiden hoşlanır ve Lucas'ı dudaklarından öpmek ister. Lucas'ın bu öpücüğü reddetmesi Klara'yı yaralar. Klara'yı aralarına almayan ağbisi ve arkadaşı önceki gün eğlence olsun diye küçük kıza pornografik bir fotoğraf gösterme acımasızlığında bulunmuşlardır. Klara'nın ağbisi ve arkadaşının bu davranışı, kendilerinin de duygusal ihtiyaçlarının yetişkinler tarafından karşılanmamamasından kaynaklıdır. Klara'ya gösterilen fotoğraf, çocuğu rahatsız, cinsel açıdan taciz eder. Yani cinsel taciz, film içinde gerçekten de vardır ve ailenin kendi içindedir. Lucas'ın onu reddetmesinden müteessir olan Klara, kreş müdiresine önceki gece gördüğü fotoğrafta onu rahatsız etmiş şeyi Lucas üzerinden, net olmayan, yoruma açık ifadelerle anlatır. Olayların dış görünüşüne odaklanan müdire bunu Lucas'ın çocuğu tacizi olarak yorumlar ve müdirenin bakışı çocuğun ailesinin ve sonra tüm kasabanın da bakışı olur.

Aslında çocuk, kendi psikolojik realitesi açısından bakıldığında doğruyu söylemektedir; bence film, çocuğun yalan söylediği değil, tam tersine, çocuğun psikolojik realitesi açısından doğru olan bir şeyi anlamakta yetişkin toplumun ne kadar yetersiz kaldığı üzerine. Çocuklar, aslında, bu açıdan bakıldığında, her zaman doğruyu söylerler. Klara'nın ailesi Klara'ya ve oğullarına olması gereken şekillerde davransalardı, onları anlasalardı, böyle bir olay zinciri zaten hiç yaşanmayacaktı. Ancak Klara'nın ailesi ve tüm kasaba Lucas'ı tacizci olarak suçlar, yaftalar ve dışlarlar. Klara'nın babası Theo, sorumlu bir aile babası gibi davranarak Lucas'la arkadaşlığına son verir, aile çocuğu tacizden (Lucas'tan) koruyan bir görünüme bürünür. Çocuğu, onu en baştan rahatsız eden, taciz eden şeyin içine hapsederler ve var olan bir taciz çocuk tarafından ifade edildiğinde ifadenin içinde bulunan tacizin suçunu, aile dışından birine, Lucas'a yükleyerek kendilerini bu suçtan rahatlatmış olurlar. Bir kez daha, aile çocuğun korunduğu bir ortam zannedilerek aile kurumu korunmakta, anne-baba çocuğa hatalarından muaf tutulmakta, anne-babaların hatasını konuşmak yerine çocuğun olası hatası ve/ya "dışarı"dan birinin olası hatası üzerine konuşulmakta, işin özü, olayların perde arkası, çocuğun gerçeği, yine es geçilmektedir. Toplum ne kadar suçluysa, günah keçisi yaratmakta o kadar ustadır.

Çocuklar, gerçekleri sizin doğru'nuza uymayan biçimlerde ifade edebilirler; ancak bu, doğruyu söylemedikleri anlamına gelmez. Çocuğun açık şekilde yalan söylediğini düşündüğümüz durumlarda bile, önemli olan çocuğun neden bu şekilde konuştuğu, bunu yapmaya neden ihtiyaç duyduğu, bu "yalan"ın çocuğun psikolojik realitesinde ne anlama geldiğidir. Aileden biri gibi davrandığınız, dışlamadığınız, bulunduğunuz yerden "karşı" tarafa almadığınız, üzerinde baskı kurmadığınız, hiyerarşi dayatmadığınız, hislerini anladığınız, onu kendi dili içinde anladığınız çocuk, neden yalan söylesin?

"Terapi, insanın acısını hafifletmek için değildir; terapi, kişinin realite ile ilişkisini onarmak içindir." diye anonim bir söz var.[11] Realite ile ilişkimizin sakatlanması, anne-baba mitinden başlıyor. Realite ile ilişkimiz onarıldıkça acımız zaten kendiliğinden hafifliyor. Fakat bizim onarmak istediğimiz anne-baba mitinin onarılmak istenmesine dünya dört yandan, öfkeyle karşı çıkıyor.

Anne-babanın bakışı genel bakışımıza o kadar etkili şekilde yerleşmiş ki, çocuğun realitesini anlamakta yetersiz kalışımız, o çocuklar büyüdüğünde de aynı şekilde devam ediyor. "Anne-baba çocuğuna cinsel tacizde bulunmadığı sürece haklıdır." diyenlere şöyle cevap veriyorum: Anne-babanın çocuğunu istemediği bir evliliğe zorlaması, tecavüz değil midir? Bir kadının, istemediği, mutsuz olduğu bir evliliği bitirmemeye zorlanması, kadın bunun farkında olsun ya da olmasın, kocasıyla kendi rızasıyla ilişkiye girdiğini zannetse de, taciz ve tecavüz değil midir? Böyle bir durumda kadının, kendisini rahatsız eden, istemediği bir cinsel eylem içinde kendi rızasıyla bulunduğunu zannetmesi, psikolojisinde ciddi tahribatlar bırakır; cinsel eyleme açık şekilde zorlanmasından daha kafa karıştırıcı olur.

Bir arkadaşım, annesinin, boşanmasına nasıl şiddetle karşı çıktığını, "Bak, filanca da dayak yedi ama dayandı, boşanmadı. Hem çocukları da oldu ne güzel. Sen de dayan. Çocuk yap." dediğini, "anne-baba hakkı" denen sözde hakkı boşanmaması için ona karşı kullandığını söylüyor. Burada kadına dayak atan, eziyet eden kişi, dolaylı olarak da olsa anne-babası değil midir? Arkadaşıma "Dayak yedi ama boşanmadı." diyen annesinin, kendisinin de kocasından dayak yiyen, ama "çocuklarının iyiliği için" kocasından boşanmayarak onlara hayatı hep birlikte zindan eden, istemediği bir adama katlanmanın bedelini bunu kendileri için yaptığını iddia ettiği çocuklarına çocuklukları boyunca ödetmiş, hâlâ da ödeten bir anne olması

---

11 Sözün orijinali: "Therapy is not about relieving suffering, it's about repairing one's relationship to reality."

tesadüf değil. Çocuklarına, her harfi hissederek "Allah'ın cezası/cezaları!" diye bağıran anneler duyuyorum. Bu söylediklerine gerçekten de inanıyorlar. Hayatının direksiyonunu eline alma cesareti olmayanlar, hayatlarından dolayı başkalarını suçlarlar ve çocukları en kolay kurbandır.

Müslümanların hep yaptığı gibi, "Hristiyanlarda çocuk günahkar doğar, ama bizde tamamen günahsız olarak dünyaya geliyor." diyebilirsiniz; ama bu sözünüzü eylemlerinizle ve onu kendiliğinden olumsuzlayan başka düşüncelerinizle sürekli geçersiz duruma düşürdüğünüz sürece, ona gerçekten inanmıyorsunuzdur.

Alice Miller *Suskunluk Duvarını Yıkın*'da şöyle diyor:

> Toplumun saygın temsilcileri olan, öğretmenler, hukukçular, doktorlar, sosyal hizmetlerde çalışanlar ve Papazlar, aileleri, istismara uğrayan çocukların ithamlarından korumaktadırlar ve çocuk istismarı hakkındaki gerçekleri gizli tutmaktadırlar. Hatta çocuk esirgeme kurumu, bu suçu ve sadece bunun cezasız kalması gerektiğini açıklamıştır. (Bakınız: *Das verbannte Wissen*, s. 163)[12]

Burada söz edilen şey her ne kadar fiziki, cinsel istismar olsa da bunun her tür istismar için geçerli olduğu muhakkak. Bunlar hep, ailenin iyi olduğu, ailenin çocuğu koruduğu inancından kaynaklanmaktadır.

Çocukların durumunu asla dış şartlarla değerlendirmemeliyiz. Nitekim anne-babalığımız da, çocuğun iç şartlarını görüp değerlendirebilme kapasitemizle orantılıdır.

Alice Miller, *Hayat Yolları* (2002) kitabında şöyle diyor:

> Haksızlığa tanık olan başka insanlar aramaya kalkmak bir çocuğun yapabileceği bir şey değildir. Eğer talihsizse sorunu ile yalnız kalır. Olsa olsa ailenin diğer üyelerine

12 S. 92

açılabilir ama onlar da genellikle ebeveyne karşı cephe almaya yanaşmazlar. Buna karşılık yetişkin bir insan doğru dinleyicilere ulaşmak için pek çok fırsata sahiptir. Yaşanan bir şokun üstesinden gelmenin en iyi yolunun, eskiden tavsiye edildiği gibi unutmaya çalışmak değil, bunun ne anlama geldiğini hissetmek ve anlamını yitirene kadar o şok hakkında konuşmak olduğu kanıtlanmıştır. Susmak, yaralanmış insanların en büyük düşmanıdır.

Freud'un ilk histeri hastalarında gözlediği felç belirtilerini, susmaya zorlanmış olmanın dışavurumu şeklinde yorumlaması tesadüf değildir. Kadınlar durumlarını genellikle, felç ya da konuşma bozukluğu şeklinde bedensel belirtilerle ifade eder. Bu belirtiler sorunlarını gayet hassas olarak dolaylı bir yoldan dile getirir, örneğin "susmalı, öfkemi göstermemeli, kime yönelik olduğunu bile bilmemeliyim; bana söylenenlere inanmalı, kimseyi şikâyet etmemeli ve öfkem beni öldürene dek hareketsiz kalmalıyım" şeklinde. Terapi sırasında yaşadıkları cinsel sömürü nedeniyle dava açmaya cesaret edemedikleri için bedensel hastalıklara yakalanan kadınlar tanıyorum. Dava açmak için çok geç kalmış olduklarını fark edince hastalanmaktan başka çıkar yol kalmamıştı.

Konuşma korkusu, kökleri çocuklukta olduğu için bu denli inatçıdır. ... Pek çok çocuk için sessizliği kırmak gerçekten de hayatını tehlikeye atmak demektir. Yetişkinler içinse bu durum, aralarına kimi sektleri de katabileceğimiz, totaliter rejimlerde söz konusudur sadece. Bu totaliter sektler, kurbanlarının, çocukluklarından gayet iyi tanıdıkları eski yetiştirme sistemini temel alır. Buna dayanan bazı terapi sistemleri de vardır. Terapist, hastalarının eleştirilerini aktarım olarak yorumlar ve böylece bunlara daha işin başından kapılarını kapar. Hastaların algıları öylesine yöneltilir ki, artık kendileri de onlara güvenmeye cesaret edemez ve hatta onlardan korku duymaya başlar.[13]

Alice Miller, *Banished Knowledge* (Yasak Bilgi) kitabında, "Bir çocuğun gerçek sesini susturmaktan kolay bir şey yoktur, özellikle de bir mahkemede. Hakimlerin çoğu, bundan bihaber görünüyor ve çocuğu yetişkin şahitleri sorguladıkları gibi sorguluyor."[14] diyor.

Alice Miller, aynı kitapta, anne-babaların direkt olarak suçlandığı bütün edebiyat eserlerinde, sonunda çocuğun sesinin susturulduğunu gördüğümüze, anne-babalığı eleştiren Kafka'nın bile bu eleştirisinin sadece entelektüel düzeyde kalabildiğine, Kafka'nın erken yaşta ölmesinin suçluluk duygusuyla ilişkili olduğuna değiniyor. Miller, Eugene O'Neill'in anne-babaya eleştirel bir şekilde yaklaşan *Long Day's Journey Into Night* (Uzun Günün Geceye Yolculuğu) piyesini analiz ederken, anne Mary'ye sempati duymamızın tek nedeninin, Mary'nin artık çocuk değil, anne olmasından kaynaklandığına dikkat çekiyor.[15] Çocuğa karşı anne-babanın yanında yer alıyor, haksız olan, tutarsız konuşan kişi anne-baba olsa bile, biz evlatların değil, onların argümanlarına hak vermeye meyilli oluyoruz. Anne-babanın bakış açısından bakmak ve iddialarını sorgulamamak, içimize işlemiştir.

Affetmenin Şifa Verici Hiçbir Etkisi Yoktur

Çocuğu değil, anne-babayı koruyan yaklaşım, anne-baba hatasını örtbas etme politikasının bir parçası olarak, affetmenin iyileşme için gerekli olduğu yalanını uydurmuştur. Bu yaklaşım, (yetişkin olmuş ya da olmamış) çocuk üzerinde baskı uygulamaktan, durumunu daha da çıkmaza sokmaktan başka

---

13 Metis Yayınları, Çev. Haluk Barışcan, 2017, s. 91, 92

14 A.g.e., s. 94

15 S. 124

işe yaramaz. Alice Miller bütün kitapları boyunca, "Affetmenin şifa verici hiçbir etkisi yoktur." diyor, ve bunu verileriyle sunduğu açık bir gerçek olmasına rağmen klasik psikoterapinin hâlâ göz ardı etmesinin, çocuğu ezen yaklaşımı sürdürme geleneği ve içimize yerleşmiş anne-baba korkusu dışında bir açıklaması olamayacağını, bu iddianın psikolojiyle ilgisi bulunmadığını söylüyor.

Yıllardır travma mağdurlarıyla çalışan,[16] en sevdiğim psikologlardan Jungçu analist Ursula Wirtz, *Trauma and Beyond* kitabında, mağdurun, olana boyun eğmeye ve onu mağdur edenleri affetmeye zorlanmaması gerektiğini vurguluyor:

> Travma mağdurları tarafından böyle bir boyun eğme, sadece bir özgür irade eylemi üzerinden gerçekleşebilir. Terapi, din ya da politika gibi hiçbir nedenle dışarıdan zorlanamaz. Şiddet mağdurlarını affetmeye zorlamamanın aşırı derecede önemli olduğunu düşünüyorum; neden, ister onları mağdur edenleri sorumluluktan kurtarmak, ister mağdurun kendi içindeki huzuru temin etmek olsun. İyileşme için sanki bunlar gerekliymiş gibi hastadan uzlaşmasını ve affetmesini beklemeyi, terapide yapılan bir ahmaklık kabul ediyorum. Bunlar kendiliğinden, hastanın kendi süreci içinde gerçekleşmelidir.[17]

Evet, affetmek bir süreçtir. Ve dışarıdan, yukarıdan bir baskıyla değil, ancak kişinin içerisinden geldiği zaman gerçekleşebilir. Ursula Wirtz'in de aynı kitapta belirttiği gibi, "Her in-

---

16 Ursula Wirtz'in bu kitapta travmayla ilgili söylediği her şeyin hemen her çocuk ve yetişkin için de geçerli olduğunu düşünüyorum; çünkü, daha önce de belirttiğim gibi, hemen hepimizin benliğinin çocuklukta az veya çok travmatize edildiği kanaatindeyim. Donald Kalsched, birazdan bahsedeceğim kitabının ilk sayfasında "Çocukta katlanılmaz psişik acıya ve kaygıya neden olan her tecrübe için 'travma' sözcüğünü kullanacağım." diyor. İyi bulduğum bu tanım, bu kitap ile de uyumlu.

17 A.g.e., s. 107

sanın, travmayla ve acı çekmeyle baş etme biçimi farklıdır."[18], "Bir insanın ilk çocukluğundaki tecrübelerinin yeniden acı şekilde tekrarı, aynı kişinin yetişkin psikolojisini anlamak için anahtar görevi görür."[19], çünkü "*travmatize olmuş psişe, kendi kendini travmatize eder hale gelir.*"[20] Yeni travmalarımız, çocukluktaki travmalarımızın tekrarıdır, ve Alice Miller'ın *Hayat Yolları*'nda ifade ettiği gibi, çocukluktaki travmanın sonuçları, şimdiki travmanın üstesinden gelinerek giderilebilir ancak.[21] Nitekim "Pek çok sorun, çocuklukla bağ kurularak açıklandığında yeni bir boyut kazanır."[22]

Alice Miller *Banished Knowledge* (Yasak Bilgi) kitabında da, çocukların travma icat ettiği fikrinin ne kadar saçma olduğuna değiniyor. "Mazoşizm bile, kişinin önceki acısını bastırmak için kendisine yeni acı yükleme itkisidir."[23] diyor.

Ursula Wirtz'e göre de, "Acı çekme, yas tutma, insanı iyileştirmeye yarayan, yaratıcı duygusal süreçlerdir ve bu yüzden acı çekme ve yas tutmanın, travma terapisinde büyük önemi vardır."[24] Bu nedenle (de) bir insanın üzülme, acı çekme, yas tutma, affetmeme hakkına saygı duymak, kişinin bu duygusal süreci istediği gibi yaşamasına izin vermek önemlidir. Bu hakka gereğince saygı duymamak, kişiyi (çocuğu) birey olarak görmemekle eşdeğerdir.

Affetmek gerektiğine inanıldığı için affetme, gerçek, kalıcı, sağlıklı bir affetme olmaz. Suçluluk duygusundan, anne-babanın her şeyi bizim iyiliğimiz için yaptığı inancından –ki bu

---

18 A.g.e., s. 241

19 A.g.e.,s. 243

20 A.g.e., s. 266, orijinali: "*The traumatized psyche is self-traumatizing.*" Bu, Donald Kalsched'in az önce andığım, travmayla ilgili meşhur kitabında da geçen, psikoloji dünyasında sık tekrarlanan anonim bir cümle.

21 Bkz. a.g.e., s. 91

22 A.g.e., s. 139

23 A.g.e., s. 73

24 A.g.e., s. 220

da suçluluk duygusuyla aynıdır– dolayı affetme de sağlıklı ve gerçek değildir.

Alice Miller, psikoterapistlerin hastalarını anne-babalarını affetmeye zorlamasının altında, kendi yetiştiriliş biçimlerini aşamamalarının yattığını söylüyor:

> Pek çok terapist, hâlen daha ebeveynlerine sayısız ip ile bağlıdır, buna sevgi denen içinden çıkılmaz bir gönül bağı derler ve bir çözüm olarak başkalarına bu tür bir sevgi gösterirler. İyileşmenin bir yolu olarak affetme hakkında vaaz verirler ve görünüşe göre bu yolun, kendilerinin düştüğü bir tuzak olduğunu bilmezler. Affetmenin asla şifa verici bir etkisi olmamıştır.[25]

Alice Miller *Beden Asla Yalan Söylemez*'de de anne-babanın asla eleştirilmemesi gerektiğine dair toplum baskısına değiniyor:

> Bu toplum baskısının ne kadar güçlü olabileceğini her birimiz kendi başımıza tecrübe edebiliriz. Çocukken annelerinin kendilerine zalimce davrandığını fark edip bu gerçek hakkında açıkça ve dürüstçe konuşan yetişkinler, terapistlerden de herkesten de hep aynı tepkiyi göreceklerdir: "Evet, ama o da zor günler geçirdi ve senin için çok şey yaptı. Onu suçlamamalısın; her şeyi siyah-beyaz diye ayırmamalı ve tek taraflı bakmamalısın. İdeal anne bana diye bir şey yoktur" vs. Böyle konuşanlar, aslında kendi annelerini savunuyorlardır.[26]

Alice Miller *Suskunluk Duvarı'nı Yıkın*'da, "Bir yetişkin hatalarını fark eder ve bunları kabul ederse, çocuk bu yetişkini bağışlayabilir."[27] diyor. Ama vaktiyle böyle bir şey olmadıysa,

---

25 Alice Miller'ın *Sessizlik Duvarının Yıkılışı* kitabından. Ama ben bu bölümü *Beden Asla Yalan Söylemez*'in 20. sayfasından aldım.

26 S. 76

27 S. 143

anne-baba onu affedemeyen evladı karşısında şimdi bacak bacak üstüne atmış, kendisine hürmet gösterilmesini *beklerken*, kendisi evladının halini, çektiği acıyı, ne yapmış olabileceğini anlamak için kılını kıpırdatmazken ama evladından ona yaptığı her şeyi bağışlamasını ahlaki bir zorunluluk olarak *beklerken*, yani kendisi aslında hep "bekleyen" pozisyondayken, evladının şimdi onu affedememesini dahi affetmezken *evladın onu niye affetmesi gerektiğini* neden sorgulamıyoruz? Anne/babanın dünyada hiç kimseden beklemese de evladından beklediği bu hürmet, zaten ona karşı işlediği bütün cürümlerin de müsebbibi değil mi? Zarar gören, gördüğü zarardan sonra dahi fedakârlık beklenen taraf, sadece ve sadece evlat.

Alice Miller kitaplarından birinde, herkesin nefretini kazanan bir seri katilin oğlunu anlatıyordu. Oğulun, çok eziyet gördüğü babasını hapishanede ziyaret etmek istememesi, babasının ona yaptıklarını kötü anması, halkta büyük öfkeye neden olmuş. Öyle ki bu nefret, seri katilin kendisine olan nefretten daha yoğun hale gelmiş. Söz konusu kişi herkesin öfke beslediği bir seri katil bile olsa, bu kişinin çocuğuna yaptıkları ne kadar kötü şeyler olursa olun, evlattan onu bağışlaması bekleniyor; ya da, cani olarak dışlanan bir kimseyi dahi yeryüzünde affetmeme hakkı olmayan tek insan, çocuğu.

Louise Wisechild *The Obsidian Mirror* (1988) kitabında, bedeninin verdiği sinyalleri ve iletileri çözmeyi öğrenerek, çocukluğuna dair bilinçaltına bastırdığı anılarını ayrıntılarıyla nasıl yüzeye çıkardığını anlatıyor. Dört yaşındayken dedesi, daha sonra amcası tarafından cinsel tacize uğramış ve üvey babasından da şiddet görmüş. Gittiği psikoterapist ona "Eğer siz annenizi bağışlamazsanız, siz de bağışlanamayabilirsiniz." demiş.

Alice Miller bu durum üzerine şu yorumu yapıyor:

> Bir tedavi uzmanının görevi olan, hastaya, üzerine yüklenen suçluluk duygusundan kurtarmak için, nedenlerini ortaya koyarak ona yardım etmek yerine, bu suçluluk

duygusunu pekiştirecek ilave bir taleple üzerine bir yük daha yüklenmiştir. Tabii ki dini temelli bağışlama söylemiyle özyıkıcı örneklerin arkasında yatan nedenler ortaya çıkarılamaz.

Annesi kızına nasıl bir kötülük yaptığını anlamaya çalışmak için parmağını bile kıpırdatmazken, neden bu kadının 30 yıl boyunca bu suçu bağışlatmak için uğraşması gerekiyordu?[28]

Alice Miller, bağışlama talebinin, psikoterapistin rahatlaması dışında bir amaca hizmet etmediğini söylüyor.

"İntikamın kaynağı, yetişkinin, çocuğa saldırmakta tamamen serbest olması, öte yandan çocuğun yetişkininkilerden çok daha yoğun olan duygusal tepkilerinin zorla, en güçlü yaptırımlarla bastırılmasıdır."[29] Biz *sorunun kaynağı olan şeyin kendisini* kişi sorunun kaynağını fark ettiğinde de duygusal baskı olarak kullanarak, kişiyi bir çıkmaza hapsediyoruz. Alice Miller, *Banished Knowledge* (Yasak Bilgi) kitabında, terapiler sonunda sadist babasının ona yaptığı her şeyi nihayet affeden, iki sene sonra ise tamamen suçsuz bir insanı öldüren bir adamdan bahsediyor.[30]

İster anne-baba olsun ister bir başkası, sizden bu şekilde "hürmet" bekleyen biri, o hürmeti zaten hak etmiyordur da. Sevgi, sevdiğimiz insanın *iyiliğini* değil, *mutluluğunu* istemektir. Kimsenin kimseye iyilik tayin etmeye, o ya da bu şekilde davranırsa onun bu kişinin iyiliği için olacağına dair kendi fikrini dayatmaya hakkı yoktur. Her insanın gerçekliği başkadır. Bu gerçekliğe hiçbir zaman saygı gösterememiş, çocuğunun mutluluğuna vaktiyle engel olmuş ve hâlâ da bu şekilde davranarak engel olmaya devam eden bir anne-babanın çocuğuna sevgisi nasıl bir sevgidir? O zaman neden, neden herkes

---

28 *Suskunluk Duvarını Yıkın*, s. 139

29 *Başlangıçta Eğitim Vardı!*, s. 246

30 S. 153

anne-babasını affedemeyen kişinin affetmeme hakkına, hatta bırakın affetmeyi, kişinin anne-babadan incinme hakkına bu denli saygısız?

Nereye baksak bunu görebiliriz. Biri "Anne babamı sevmiyorum çünkü sürekli beni aşağıladılar" dese, anında herkesten aynı nasihati duyacaktır: Gerçek bir yetişkin olmak istiyorsa tutumunu değiştirmelidir ve sağlıklı olmak istiyorsa içindeki nefretle yaşamaya devam etmemelidir; yalnızca anne babasını affederse, bu nefretten kurtulabilir; mükemmel anne baba diye bir şey yoktur; bütün anne babalar bazen hata yapar ve buna katlanmak zorundayız ve gerçek bir yetişkin olduğumuz, büyüdüğümüz zaman bunu yapmayı öğrenebiliriz.

Böylesi nasihatlerin kulağa çok makul gelmesinin sebebi, hayatımız boyunca bunu duymuş olmamız ve sağlıklı olduğuna inanmamızdır. Ancak öyle değildir. Safsataya dayalıdır. *Affetmenin, bizi nefretten kurtaracağı doğru değildir.* Affetmek, yalnızca onun üstünü örtmeye ve böylece (bilinçli olmayan zihinlerimizde) onu pekiştirmeye yarar. Hoşgörünün yaşla arttığı doğru değildir. Tam tersi olur. Çocuklar ebeveynlerinin saçmalıklarını hoşgöreceklerdir çünkü bunun normal olduğunu düşünürler ve kendilerini savunamazlar. Yetişkin olana kadar bu esaretten ve bu kısıtlamalardan aktif olarak muzdarip olmayız. Ancak başkalarıyla, eşlerimizle ve çocuklarımızla olan ilişkilerimizde bunun sıkıntısını yaşarız. Çocukken anne-babamızdan duyduğumuz korku, gerçeği görmemizi engeller. *Nefretin bizi hasta ettiği doğru değildir. Bastırılan, bağlarından koparılan duygular bizi hasta edebilir ancak ifade edebildiğimiz bilinçli duygular bizi hasta etmez* (Miller 1998, son bölüm.)[31] Yetişkinler olarak yalnızca duygularımızı

[31] Alice Miller parantez içinde belirttiği kısımların, *Du sollst nicht merken* (Fark Etmeyeceksin) kitabından olduğunu söylemek istiyor. Bu konuyu daha derin şekilde işleyen bu kitaptan *Thou Shalt Not Be Awa-*

özgürce ifade edemediğimiz bir durumun içinde saplanır kalırsak nefret ederiz. İşte bu bağımlılıktır nefret etmeye başlamamıza sebep olan. Bu bağımlılığı kırar kırmaz (ki bir totaliter rejime mahkûm değilsek, normalde yetişkinler olarak bunu yapabiliriz), *bu esaretten kendimizi kurtarır kurtarmaz, artık nefret etmeyiz* (2.3 bölüm). Ne var ki, nefret varsa, onu yasaklamak iyi bir şey değildir, ki bütün dinler bunu yapar. İnsanları nefret doğuran bağımlılıktan kurtaracak bir davranış türünü tercih edeceksek, önce nefretin sebeplerini anlamamız gerekir.[32]

Alice Miller "Kesinlikle çocuğun tarafında olan bir yazarla nadiren karşılaşırız,"[33] diyor ve insanın kendisini geçmişten kurtarmasının ve anne-babasıyla iyi bir ilişki sürdürmesinin tek yolunun onları affetmek olduğunu söyleyen görüşün son derece tehlikeli çelişkiler içerdiğine değiniyor.

Yetişkinlik, hakikati artık inkâr etmemektir; bastırılmış acıları hissetmek, bedenin duygu seviyesinde hatırladığı hikâyeyi birleştirmek demektir. Ebeveynlerle temasın gerçekten sürdürülüp sürdürülemeyeceği, her bir vakanın koşullarına bağlı olacaktır. Kesinlikle şart olan, çocukluktaki içselleştirilmiş ebeveynlere karşı duyulan zararlı bağlılığın sona erdirilmesidir. Bu bağlılığa sevgi desek de, aslında bu adı kesinlikle hak etmez. Minnet, merhamet, beklenti, inkâr, yanılsama, itaat, korku ve ceza beklentisi gibi farklı öğelerden yapılmıştır.[34]

Alice Miller *Suskunluk Duvarını Yıkın*'da, "Alıştırıldığımız edep ve terbiye, zorunluluklarımız bizim bu insanların [anne-babalarımızın] gerçek yüzünü açığa vurmamızı

---

re isimli İngilizce çevirisinden alıntıladığım notlarla bahsedeceğim.

32 *Beden Asla Yalan Söylemez*, s. 112, 113. İtalikler bana ait.

33 S. 91

34 S. 91

engellemektedir."[35] diyor. Yazarın *Banished Knowledge* kitabında söylediği gibi, "[Kişinin kendisine yahut bir başkasına] *zarar verici her tür davranışın köklerinin, çocukluk travmalarının bastırılmasında yattığı çoktan kanıtlanmıştır.*"[36] Bizim "Kol kırılır, yen içinde kalır." gibi sözlerimiz kişiyi baştan sindirerek, iyileşmek isteyen insanın o iyileşme için gerekli yüzleşmeyi kendi kendisiyle bile yaşamasını olanaksız kılıyor.

Kırıldığı zaman yen içinde kalan kollar, yanlış kaynar ve ilelebet acıya, hareket kısıtlılığına sebep olurlar. İnsana her daim azap veren bu sorunu çözebilmek için, kolların yenden çıkarılması, bir süre için daha çok acı verecek olsa da tedavi edilmesi gerekir. Yen içinde kalan kırık kollar, asla iyileşmemeye mahkûmdur.

Clarissa Pinkola Estes de benim bu örneğime benzer şekilde, "Çocukken bir bacağımız kırılsaydı ve aradan otuz yıl geçmesine rağmen hâlâ uygun bir şekilde yerine oturtulmamış olsaydı, halimiz nice olurdu?"[37] diyor; "Şimdi artık, deyim yerindeyse, savaştan eve dönülmüştür, ama bedensel ve zihinsel açılardan hâlâ sanki savaştaymış gibi hissedilmektedir."[38]

Travmatize olmuş benlik, dışarıdaki insanlara "fazla", "abartılı" gelen tepkiler veren, travmaya bir şekilde dokunan konularda hassasiyeti ve duyarlığı artmış benliktir. Davranışlarımız ve tepkilerimiz sadece sonuç olduğu için kimsenin anlamadığı bu durumu, Estes çok güzel bir benzetmeyle anlatmış:

> Eski yaralardan kalan öfke, şarapnel yarasının sebep olduğu travmaya benzer. Merminin darmadağın olmuş metalinden kalan tüm parçalar toplanabilir, ama en küçük parçalar içeride kalır. Çoğu çıkarıldığına göre, sorun olmayacağı düşünülür. Ama öyle olmaz. Bazı durumlarda,

---

35 S. 60

36 A.g.e., s. 140

37 A.g.e., s. 387

38 A.g.e.

bu en ufak parçalar içeride dönüp durur ve öfkeyi doğuran yaranın ilk anda hissettirdiğine benzer bir sızıya neden olur.

Ancak, bu kabarmanın nedeni ilk halindeki büyücek öfke değil, hiçbir zaman bütünüyle çıkarılamayan, psişede kalmaya devam ederek onu tahriş eden küçük parçacıklarıdır. Ayrıca, bu parçacıklar neredeyse ilk yara kadar şiddetli bir ağrıya neden olur.

...

Hiçbirimiz tarihimizden kaçamayız. Elbette onu geride bırakabiliriz, ama o her koşulda orada durur.

...

Bir kadın aynı zamanda hem öfkeli, hem de yücegönüllü olabileceğini unutmaz. Öfke, böbrek taşına benzemez -yeterince uzun bir süre beklerseniz düşmez. Hayır, hayır. Doğru hareketi yapmalısınz. O zaman geçip gider ve hayatınızda daha fazla yaratıcılık olur.[39]

Estes, "Duyguların dengeli bir şekilde değerlendirilmesi kesinlikle bir kendine-saygı duyma işidir."[40] diyor; "Kaba ve kirli duygular bile, enerjiyle çakıp parlayan bir ışık formu olarak anlaşılabilir. Öfkenin ışığını olumlu bir tarzda, normalde göremeyeceğimiz yerleri görmek için kullanabiliriz."[41] Estes'e göre öfke dahil tüm duygular, bilgiyi, içgörüyü, aydınlanmayı taşır.

Öfkenin döngüsü diğer herhangi bir döngü gibidir; yükselir, iner, ölür ve yeni bir enerji olarak serbest kalır

Kişinin öfkeden ders almak, böylece onu dönüştürmek için kendisine izin vermesi, öfkeyi dağıtır. İnsanın enerjisi başka alanlarda, özellikle de yaratıcılık alanında kullanıl-

---

39 A.g.e., s. 395

40 A.g.e., s. 386

41 A.g.e.

> mak üzere geri döner. Kimileri, süreğen öfkeleri sayesinde yaratabildiklerini iddia ederlerse de, sorun öfkenin bilinçdışına -o sınırsız hayali imgeler ve düşünceler dağarına- girişi sınırlamasıdır. Bu durumda, öfke sayesinde yaratan bir kişi, yeni hiçbir şey ortaya koymaksızın, tekrar tekrar aynı şeyleri yaratma eğiliminde olacaktır. Dönüşmemiş öfke, ne kadar baskı görmüş, incinmiş ve eziyet çekmiş olduğumuza dair değişmez bir mantra haline gelebilir.[42]

Estes, terbiyeli davranmak, öfkemizi hissetmemek, ya da öfkeyle etrafımızı yakıp yıkmamak yerine, bu öfkenin nedenini anlayabilmek için onunla iletişim kurmamız gerektiğini söylüyor. Eğer kişi çocukluk yıllarında saygısızlık, ihmal, çocukluk yıllarına özgü şekilde belirsizlikle karşılaşmışsa, daha fazla incinmeye karşı fazlasıyla duyarlı olacağını, öfkesinin de şiddetleneceğini, çünkü, bakılmaya, saygı gösterilmeye, ilgilenilmeye değer olduğumuza dair kesinliğin, bir başka deyişle büyük bir gücün yitirilmesinin aşırı üzüntüye neden olacağını, psikolojik eziyetlerin hatırlanmasıyla birlikte ciddi bir öfkenin de harekete geçeceğini teyit ediyor. Kız çocuklara muamelede daha sık rastlandığı şekilde, bir kişi ailesi tarafından, başkalarından daha az olumlu beklentilere sahip olacak şekilde ve özgürlüğüne, davranışlarına, diline kısıtlamalar getirilerek büyütülmüşse, ona özgün olayları hatırlatan konular, duyusal tetikleyiciler karşısında öfkesinin de şiddetli olacağına değiniyor.[43]

Estes, bu öfkeyi yaratıcı bir kuvvet olarak kullanmayı isteyeceğimizi, ancak özellikle kadınların, öfkelerini hissetmek, yaşamak ve göstermek konusunda engellerle karşılaştığını anlatıyor. Halbuki "Saygısızlığa, tehdide, incinmelere karşı derin tepkiler göstermek, sağlıklı içgüdüsel psişenin görevidir."[44]

---

[42] A.g.e.

[43] Bkz., a.g.e., s. 388

[44] A.g.e., s. 403

Eğer bir kadının içgüdüleri zarar görmüşse, tipik olarak öfkesini dışavurmasıyla ilişkili olarak pek çok sorunla karşılaşır. Öncelikle işgali tanımakla ilgili bir sorunu vardır; arazi ihlallerini fark etmekte gecikir ve mütecaviz üstüne çullanana kadar öfkesini belli etmez. ...

Bu gecikmiş tepkilerin nedeni; anlaşmazlıkları görmezden gelmesi, ne pahasına olursa olsun uzlaştırıcı olmaya çalışması, her şey sakinleşene ya da geçici olarak uzaklaşana kadar acıya karışmaması ya da katlanması yönünde küçük kızlara verilen tembihler yüzünden zedelenen içgüdülerdir. Bu durumdaki kadınlar, tipik olarak, hissettikleri öfkeye göre davranmazlar, hatalı çıkışlar yaparlar ya da ne söylemeleri ya da yapmaları gerektiğini, ne yapabileceklerini kavrayana kadar aradan haftalar, aylar, hatta yıllar geçer ve neticede gecikmiş tepkiler verirler.

Bu genellikle utangaçlıktan ya da içedönüklükten *değil*, daha çok "beşinci ve altıncı olasılığı tahmin etme"ye çok fazla vakit ayırmaktan, kendi aleyhine olmak üzere nazik olmaya çalışmaktan ve yeterince gönülden davranmamaktan kaynaklanır. Vahşi ruh, eğer kadın dinlerse, ne zaman ve nasıl davranacağını bilir. Doğru tepki, karşıdakine içgörü kazandırmakla kalmaz, onu doğru miktarlarda karıştırılmışbir şefkat ve dayanma gücü bileşimi de aktarır. Zedelenmiş içgüdü, pratik yaparak, sınırları güçlendirerek, kararlı davranarak ve olabildiğince cömert, ama aynı zamanda da sağlam tepkiler vermeye alışarak düzeltilmelidir.

Bir kadın, hayatını sekreye uğrattığında, üstünden yıllar geçen eski olayları sanki dün yaşanmışlar gibi saplantılı bir şekilde hatırlamasına yol açtığında bile, öfkesini boşaltmakta güçlük çekebilir. Travma üzerinde durmak ve bir süre bunun üzerinde yoğunlaşmak, iyileşmek için çok önemlidir. Fakat sonunda tüm zedelenmelerin dikilmesi ve geride bir yara izi bırakarak iyileşmesine izin verilmesi gereklidir.[45]

Estes bağışlamanın bir yaratma eylemi olduğunu, unutmanın da edilgen değil, etkin bir edim olduğunu ifade ediyor. Birçok insanın bağışlamayla sorunu vardır, çünkü onlara bunun bir celsede tamamlanacak tek bir eylem olduğu öğretilmiştir. Oysa böyle değildir. Bağışlamanın birçok katmanı, birçok mevsimi vardır. Kültürümüzde bağışlamanın bir yüzde 100 önermesi olduğu anlayışı vardır. Hep ya da hiç. Bağışlamanın göz ardı etmek, bir şey sanki hiç olmamış gibi davranmak anlamına geldiği de öğretilir. Bu da doğru değildir.[46]

Bağışlama, kişi gerçekle yüzleşebildiğinde ve kendisini sır saklama mecburiyetinde hissetmediğinde mümkün olabilir ancak. Estes de, "Bir şeyi mahrem tutmakta ısrar etmek bir zehirdir. Gerçekte bunun anlamı, bir kadının çevresinde kendisine acı veren sorunlarla başa çıkarken ona destek olacak birinin bulunmamasıdır."[47] diyor. "Jung'un da dediği gibi, sır saklamak bizi bilinçdışından da koparır. Kadının psişesindeki utanç verici bir sırrın bulunduğu yerde, her zaman bir ölü bölge de vardır."[48] "Bir sır taşıyan kadın, tükenmiş bir kadındır."[49] ve "Bir sırrı gizlemeyi sürdürmek, psişeyi derinden rahatsız eder.",[50] tehlikeden kaçılamayan düşlerde, kişinin yükses sesle bağırmaya çalıştığı, ama hiç sesinin çıkmadığı düşlerde ifade bulur.[51]

---

45 A.g.e., s. 402
46 A.g.e., s. 404
47 A.g.e., s. 420
48 A.g.e., s. 413
49 A.g.e., s. 414
50 A.g.e., s. 417
51 Bir çocuğun kötü rüyalar görmesi, özellikle de sistematik şekilde tek-

Etrafı utanç, korku, kızgınlık, suçluluk ya da aşağılanmayla çevrilen sır malzemesini bastırmak, bilinçdışının sır bölgesine yakın olan diğer tüm kısımlarının çalışmasını da fiilen engeller. Bu, sözgelimi, cerrahi bir işlem uygulamak için insanın ayak bileğine anestezik bir madde zerk etmeye benzer. Bacağın, bileğin altında ve üstünde kalan büyük bir bölümü de anesteziden etkilenir ve hissizleşir. Sır saklamak da psişeyi işte bu şekilde etkiler. Eğer damardan sürekli anestezik madde damlatılırsa, sorunlu bölgelerin çok uzağındaki bölgeler de hissizleşir.[52]

Kişinin öfkesi, haksızlığa uğradığında ona haksızlık edenlere karşı tepki vermek istemesi, bu haksızlığa dair konuşmak istemesi, sağlıklıdır; engellerle karşılaşmaması, baskı altında tutulmaması gerekir.

Kadınların hiçbir zaman akıtmadıkları okyanuslar dolusu gözyaşı vardır, çünkü annelerinin sırlarını, babalarının sırlarını, erkeklerin sırlarını, toplumun sırlarını ve kendi sırlarını mezara götürmek üzere eğitilmişlerdir. Bir kadının ağlaması tamamen tehlikeli olarak değerlendirilmiştir, çünkü ağlamak, taşıdıkları sırların sürgülerini ve kilitlerini gevşetir.[53]

Estes, ağlamanın kadın için daha iyi olacağı gibi, utançla kuşatılmış gizli öykülerdeki sorunun da, kadını temelde neşeli ve özgür olan içgüdüsel doğasından koparması olduğunu söylüyor.

Alice Miller, kitaplarında, İncil'de anne ve babayı sevme-

---

rarlanan bir durumsa, ciddiye alınması gereken bir işarettir. Sessiz bir çocuk, acı çektiğine dair çok sayıda sinyal verir. Örneğin mastürbasyona erken yaşta ve saplantılı şekilde ilgi, çocuğun ona ağır gelen bir içsel yükle boğuştuğunun, kendisini bu şekilde rahatlattığının göstergesi olabilir.

52 A.g.e., s. 418

53 A.g.e., s. 410

yi emreden Dördüncü Emir'den sıklıkla bahseder. *Beden Asla Yalan Söylemez*'de, bedenen bütün sıkıntılarımızın çocuklukta bize yasaklanan hislerden kaynaklandığını kendi hastalarından örneklerle anlatıyor. Hastaları, bedenlerinin hiç hata yapmadığını, onların hakikatini kendilerinin bilinçli benliğinden çok daha iyi bildiklerini ve bedenlerinin verdikleri sinyalleri takip ederlerse ruhlarının durumuna vakıf olduklarını Miller'ın yardımıyla idrak ediyor. Çok sayıda fiziksel sorunla uğraşan Judith isimli bir hasta, bir başka terapistin yardımıyla, bedeninin, kendisini annesiyle ona çok acı veren ilişkiye zorlamadığında ona minnettar olduğunu fark ediyor ve hem ruhen hem bedenen ani bir iyileşme yaşıyor.[54] Başka bir danışanın, Laura'nın huzur bulduğu yeni farkındalıkla, doktorların gecikmeden ameliyat edilmesi gerektiğinde ısrarcı olduğu tümör, çok hızlı şekilde yok oluyor.

Bir başka kadın, kendi anne babasına duyduğu yıkıcı bağlılıktan hep kendi çocuğu sayesinde kaçabilmiş. Doğduğundan beri doktor kontrolünde olan kızını hastanelere götürüyor, ona reçete edilen ilaçları veriyor, kendisi terapiste gidiyor ve orada kendi anne-babasını haklı çıkarmak için sebepler arıyor; fakat anne babasından değil, her zaman kızından şikâyet ediyor. Bir gün yaşadığı öfke patlamasıyla otuz yıldır anne babasına birikmiş öfkesini kabul etmeye başlıyor ve işte o zaman, o zaman ilk kez kızını gerçekten olduğu gibi görüyor. Kız da anne de birdenbire iyileşiyorlar. "Samimi iletişim, doğrulara dayanır; insanlara kendi düşüncelerini ve duygularını anlatabilmeyi sağlar." diyor Alice Miller; "Bunun aksine, kafa karıştırıcı iletişim, gerçeklerin çarpıtılmasına ve aslında kişinin kendi çocukluğundaki anne ve babasına yöneltilmiş istenmeyen duygular için başkalarını [ki bu başkası en çok, kişinin kendi çocuğudur] suçlamaya dayalıdır. Böylesi manipülatif bir iletişim, zehirli pedagojinin bildiği tek yöntemdir."[55]

---

[54] Bkz. s. 123

[55] S. 167. Alice Miller, psikolojinin çocuğa klasik bakışına "zehirli pe-

Depresyonda olanlar, kendilerini annelerini affetmeye ne kadar zorlarlarsa depresyonları o kadar derinleşiyor. Miller, affetmek için vaaz vermenin sadece riyakâr ve beyhude değil, aynı zamanda tehlikeli olduğunu, dürtüyü maskeleyerek tekrar etmesine neden olduğunu söylüyor.

Miller, kişinin çocukluğunda kendisine karşı gaddar olan anne-babasına duyduğu sevginin neden oluştuğunu sorarak Dördüncü Emir hakkında bir tartışma başlatmış:

> Yanıtlar pek de düşünmeden çok çabuk geldi. Çeşitli duygulardan söz ediliyordu: Genellikle hasta ya da güçsüz olan yaşlılara karşı duyulan şefkat; hayat verdikleri için ve dayak yenilmeyen o güzel günler için duyulan minnet; kötü bir insan olmaktan duyulan korku; ebeveynlerimizi affetmemiz gerektiği, aksi halde asla gerçek bir yetişkin olamayacağımız inancı. Bu da görüşlere meydan okunan hararetli bir başka tartışmaya yol açtı. Katılımcılardan biri olan Ruth, beklenmedik bir şiddetle şunları söyledi:
>
> "Benim hayatım, Dördüncü Emrin yanlış olduğunun gerçek bir kanıtı. Kendimi anne-babamın taleplerinden kurtardığım ve üstü kapalı ya da açık bir şekilde onların beklentilerine göre yaşamaya son verdiğim an, hiç olmadığım kadar sağlıklı hissetmeye başladım. Bütün belirtiler yok oldu, çocuklarıma karşı fevri davranmamaya başladım ve şimdi şuna inanıyorum; bütün bunlar, bedenime hiçbir iyiliği dokunmayan bir emre uymaya çalıştığım için oluyordu."[56]

Alice Miller, "Başka birini memnun etmeye çalıştığımız sürece asla doğru şeyi yapamayız." diyor; "Yalnızca olduğumuz gibi olabiliriz ve ebeveynlerimizi bizi sevmeye

dagoji" (poisonous pedagogy) adını veriyor. Kimi çevirilerde "kara pedagoji" olarak da geçen bu ifade, Katharina Rutschky'nin *Poisonous Pedagogy* (1977) adlı kitabından.

[56] S. 105

zorlayamayız."[57] Ebeveynin sevdiği yalnızca çocuğun maskesiyse, kişinin gerçekten olanı reddetmek yerine artık maskeyi çıkarmasının ve gerçekle yüzleşmesinin sağlıklı tek çözüm olduğunda ısrar ediyor. Ayrıca, çocuklarının onları anlamasının ve bağışlamasının ebeveynlerin değişmesine neden olmadığını, ama yaraların acısı inkâr edildiği sürece ya kurbanın ya da kurbanın çocuklarının bu inkârın bedelini ruh ve beden sağlığıyla ödeyeceğini açıklıyor, ve ekliyor: "Kötü muamele gören ve bu yüzden hiç büyüyememiş çocuklar, hayatları boyunca kendilerine acı çektiren kişilerin 'iyi taraflarını' görme çabası içinde olacak ve bütün umutları, beklentileri bu çaba doğrultusunda olacaktır."[58] Alice Miller, pek çok terapist, huzuru affederek bulabileceğimize inansa da, gerçeklerin bu görüşü sürekli çürüttüğünü söylüyor.

> Uzun süredir Dördüncü Emre uyulması gerektiğine, çocuklarına karşı yıkıcı şekilde davransalar dahi bütün ebeveynlerin onurlandırılmaya hakları olduğuna kesin gözüyle bakılmıştır ve hâlen daha öyle görülmektedir. Ancak bu değer sisteminin dışına çıkmayı seçtiğimiz zaman, yetişkin bir kadının kendisine gaddarca davranan ya da olan bitene seyirci kalan ve müdahale etmeyen anne babasını onurlandırmasını beklemenin tamamıyla saçma olacağını göreceğiz.
>
> Ne var ki bu saçmalık tamamıyla normal görülür. Meşhur terapistlerin ve yazarların dahi, kişinin anne babasını affetmesinin, başarılı bir terapi dizisinin parlak zaferi olduğu kanısından kendilerini kurtaramadıklarını görmek şaşırtıcıdır. Bugün bu kanıya, beş yıl öncesine göre daha az kesin gözüyle bakılmasına rağmen, buna bağlı beklentiler, açıktır ve şu mesajı içerir: Dördüncü Emre riayet etmezsen vah sana. Bu yazarlar, sık sık acele edilmemesi gerektiğini, affın terapinin başında gerçekleşmesinin ge-

57 S. 109

58 S. 118

rekmediğini, zira öncelikle güçlü duyguların kabul edilmesi gerektiğini söyleseler de, bir gün hastanın affedecek kadar olgun olması gerektiği konusunda da ısrarcı olurlar. Bu noktada genel bir uzlaşma mevcuttur. Bu uzmanlar, terapinin amacının kişinin anne babasını bütün kalbiyle affedebilmesi olduğunu kabul ediyorlar. *Başarılı bir terapinin hedefi, acı verici bağlılıktan kurtulmaktır, uzlaşma, barışma değildir, zira bu fizyolojik değil, yalnızca ahlâkçı bir taleptir.* Beden yalnızca kalpten oluşmaz, beynimiz de din derslerinde saçmalıkların ve çelişkilerin boşaltıldığı bir hazne değildir. Beden, yaşadığı her şeyin hatırasını tamamıyla bünyesinde saklayan bir organizmadır. Bu gerçeğe samimiyetle inanan herkes şöyle der: *Tanrı, benim gözümde çelişkili olan ve bana hayati zarar veren bir şeye inanmamı bekleyemez.*[59]

Alice Miller, bizi küçükken suiistimal eden anne babalarımıza hiçbir minnet ve fedakârlık borcumuzun olmadığını anlayabilmenin iyileşme için önemli bir adım olduğunu vurguluyor, hâlâ, sihirli sözcüğü bulur ya da doğru tavrı takınır, onları doğru anlarsak anne babalarımızın değişebileceğini ummanın, çocukluğumuzdaki gibi sevgi görmek için eğilip bükülmemiz anlamına geldiğini söylüyor. "Bugün yetişkinler olarak çabalarımızın suiistimal edildiğini, bunun gerçek anlamda sevgi olmadığını biliyoruz," diyor; "Peki neden bizi herhangi bir sebep yüzünden küçükken sevememiş insanlardan sevgi bekliyoruz?"[60]

Alice Miller'a göre, bu umudu artık bırakmamız gerekmektedir. Miller, sevilmeye değmediğimiz hissinin, sevilmeye değer olduğumuzu ispat etmemiz gerektiği hissinin de o zaman kendiliğinden kaybolacağını, suçun bizde olmadığını, anne-babalarımızı değiştirmek için yapabileceğimiz hiçbir

[59] S. 124, italikler bana ait.

[60] S. 145

şey olmadığını, yapabileceğimiz tek şeyin kendi hayatlarımızı yaşamak ve tutumlarımızı kendi hayatlarımıza göre değiştirmek olduğunu, yetişkin çocukların tutumları ne kadar olgun olursa anne-babaların da o kadar değişebileceğine ve çocuklarına saygı göstereceğine dair inancın maalesef doğru olmadığını, kendi tecrübelerinin hep bunun aksini ispat ettiğini söylüyor.

> Çocukken kendilerine gaddarca davranmış anne babaların yetişkin çocuklarına karşı hayranlık ve memnuniyet duymak üzere olumlu değişiklikler göstermesi nadirdir. Tam tersi olur. Genel tepki, kıskançlık ve geri çekilme belirtileridir, bunlara kızlarının ya da oğullarının eskisi gibi olma isteklerinin ifade edilmesi eşlik eder, yani, itaatkâr, kayıtsız şartsız sadık, gördükleri zulüm ya da önemsemez tavır karşısında hoşgörülü olmaları ve nihayet depresif ve mutsuz olmaları istenir. Yetişkin çocukların farkındalıklarının artması, pek çok anne babayı korkutur ve vakaların çoğunda ilişkide herhangi bir gelişme olduğuna dair bir belirti yoktur.[61]

"Affetmek, bırakın tamamıyla iyileşmeyi, eski yaraların üstünde bir yara izi oluşmasını dahi *engeller*," diyor, ve affetmenin sağaltıcı bir etkisinin olduğu, dinî bir emrin samimi bir sevgi yaratabileceği ve hissetmediğimiz duyguları hissediyormuş gibi yapmanın dürüstlük talebiyle uyuştuğu gibi yaygın olarak kabul gören görüşlerin bilimsel araştırmalar tarafından da çürütüldüğünü anlatıyor.[62] Yazarın *Başlangıçta Eğitim vardı!* kitabından bir paragraf, safsata olduğu halde hepimizin hayatının bir parçası haline gelmiş görüşlerin nasıl olup da yerleştiğini anlamakta yardımcı olabilir:

> Bugüne kadar toplum hep yetişkini korumuş ve kurbanı suçlamıştır. Bu düşünce, büyük büyük babalarımızdan

61 S. 146

62 S. 197, 198

kalma eğitim yöntemlerine son derece denk düşen, çocuğun, yalan dolan hikâyeler uyduran, suçsuz ana-babaya saldıran, kötü dürtüler tarafından yönlendirilen, kurnaz, düzenbaz bir varlık olarak görüldüğü kuramlar tarafından da desteklenmiştir. *Aslında tüm çocuklar, ana-babalarından gördükleri kötü muamele yüzünden kendilerini suçlar ve her zaman sevdiği ana-babalarından bunun sorumluluğunu alırlar.*[63]

Başlangıçta Eğitim Vardı!, çocuğu yüzyıllardır "ıslah edilmesi gereken" sinsi bir varlık olarak gören bakışı daha iyi anlayabilmemiz için, 18., 19. ve 20. yüzyılın pedagoji kitaplarından örnekler sunuyor. Bebeği doğduğu günden itibaren dövmeye başlamak, o zamanlarda herkese normal gelen ve sık uygulanan bir tavsiyeydi. Bebeğin ne ruhen ne fiziken bir şey hissettiğine inanıldığı için, bunun çocuğa zarar verebileceği kimsenin aklına dahi gelmiyordu. Şimdi kanıksadığımız, her gün rastladığımız, çocuğa zararları ifade edildiğinde "Aman, çocuk işte!" denip geçilen birçok muamelenin, hakikatte ne kadar kan dondurucu olduğunu bir türlü göremediğimiz gibi. Alice Miller'ın, rastgele seçtiği pedagoji kitaplarından, bebekleri dövmekle ilgili birkaç paragraf paylaşacağım:

> Ruhun kendi iradesine sahip olmak istemesi gayet doğaldır. İlk iki yılda, iş doğru bir şekilde halledilemezse daha sonra amaca ulaşmak zorlaşır. İlk yılların en önemli avantajı, şiddet ve zorlamaya rahatlıkla başvurulabiliyor olmasıdır. Çocuklar, zaman geçtikçe, ilk yıllarda başlarına geleni mutlaka unutur. Bir kere iradeleri ellerinden alındı mı, ileriki yıllarda bir iradeye sahip olduklarını hatırlamazlar bile. Bu yüzden, bu dönemde başvurulan şiddetin de daha sonra herhangi bir kötü sonucu olmayacaktır.
>
> [1748]

[63] S. 18, italikler bana ait.

Çünkü, bu tür bir itaatsizlik, şahsınıza açılmış bir savaş demektir. Çocuğunuz, elinizdeki gücü almaya çalışmaktadır; böyle bir durumda sizin şiddeti şiddetle def etme hakkınız vardır. Bu da şiddet olmadan eğitim olamayacağı görüşünüzü sağlamlaştırır. Attığınız dayak basit bir şey olmamalı, onun efendisi olduğunuzu ona anlatmalıdır.

[1752]

Kutsal Kitap şöyle der: Çocuğunu seven bir kimse, eğer daha sonra mutlu olmak istiyorsa onu cezalandırır.

[1902][64]

Artık bebekleri dövmüyoruz, ama ne kadar yumuşatılmış şekillere evrilmiş olursa olsun, çocuğa hiyerarşi dayatmanın, ona efendinin kim olduğunu göstermenin, çocuğun benliğini, iradesini daha doğmadan ortadan kaldırmanın hâlâ olağan görüldüğü bir çağda yaşıyoruz. Halbuki çocuğu böyle "ayrı" görememek, onun felaketini hazırlamaktır. Alice Miller'ın dediği gibi, "Çocuğun ana-baba sevgisine olan bağımlılığı onun ileride, bütün hayatı boyunca ana-babanın idealleştirilmesinin arkasında gizli kalmış travma oluşumunu fark etmesini imkânsız kılar."[65] ve "İnsanlar *bebekliklerinden beri* hiçbir öznel duygu hissetmemek ve *ana-babalarının isteklerini kendi istekleri olarak görmek* üzere yetiştirilmişlerdir."[66]

Alice Miller, insan "*Eğer kendine yapılanı ve bunun neden yapıldığını bilmiyorsa*, bağışlamadan bahsedilebilir mi?"[67] diye soruyor.

Hepimiz çocukken aynı durumdaydık. Bizi neden aşağıladıklarını, düşmemize neden izin verdiklerini, neden bizi tehdit ettiklerini, neden bize güldüklerini, neden sanki taştan yapılmışız gibi davrandıklarını, neden bizimle

---

64 A.g.e., s. 11

65 A.g.e., s. 24

66 A.g.e., s. 107

67 *Başlangıçta Eğitim Vardı!*, s. 292

oyuncak bebekmişiz gibi oynadıklarını ya da ölesiye dövdüklerini (hatta bazen her ikisini de yaptıklarını) bilmiyorduk. Dahası, bütün bunların olduğunu fark etmemiz bile yasaktı. *Çünkü aslında bütün bu kötü muameleler bizim iyiliğimiz içindi.* En zeki çocuk bile böyle bir yalanı, her şeye rağmen ona iyi taraflarını da gösteren, o çok sevgili anne ve babasının ağzından çıktığı için fark edemez. Bu tarz davranışların doğru ve onun için gerekli olduğuna inanmalı, ana-babasına karşı asla kin gütmemelidir.

... Fakat gerçeğin inkârına dayanan ve savunmasız bir çocuğu bir çıkış yolu olarak kullanan bir bağışlama, gerçek bir bağışlama olabilir mi? Hayır. İşte bu yüzden nefret bu şekilde dinle yenilemez, aksine *istemeden de olsa büyütülür.* Ana-babaya karşı duyulan ama şiddetle yasaklanmış olan o yoğun çocukluk öfkesi başka insanlara ya da kendi benliğine kaydırılır, ama asla yok edilmez. Hatta uygun bir aktarma imkânı bulunduğunda kendi çocuklarına da yansıtılarak bulaşıcı bir hastalık gibi bütün dünyaya yayılır. Bu yüzden her ne kadar kendi içinde çelişkili olsa da dini savaşların varlığına şaşırmamak gerekir.

Gerçek bağışlama öfkenin yanından değil, tam ortasından geçer. Ancak bana yapılan haksızlığa kızabildiğim, canımı yakandan nefret edebildiğim zaman, ancak o zaman onu bağışlamam için önümde herhangi bir engel kalmaz. Erken çocuklukta mağdur kalınan istismarların hikâyesi ortaya çıkarıldığında, bastırılmış öfke ve nefretin etkisi artık sonsuza kadar sürmeyecek, artık yaşanabilen öfke ve nefret, olayların böyle olmuş olmasına karşı duyulan üzüntü ve acıya dönüşecektir. ... Bağışlama kurallarla, yasaklarla, zorla elde edilemez. Bastırılmış, yasaklanmış bir nefret ruhu zehirlemediği zaman, kendiliğinden ortaya çıkar. Bulutlar dağıldığında güneşin parıldaması için zorlanmasına gerek yoktur, kendiliğinden parıldar.[68]

---

68 A.g.e., s. 292, 293

Alice Miller, ahlak kavramlarının, gerçeği ortaya çıkarmaktan çok gizlemeye imkân yaratmasına değiniyor ve "Nefret, normal insana özgü bir duygudur, bu *duygu* kimseyi öldürmemiştir."[69] diyor. Nefretin arkasında yatan nedeni açığa çıkarmak elzemdir; çünkü "bağışlama gizli nefreti ve kendinden nefret etmeyi ortaya çıkarmaz, aksine çok tehlike bir şekilde üzerini örter."[70] *Yaşanan nefretin* değil, reddedilen ve biriktirilen nefretin yıkıcı ve sonsuz olduğunu, yaşanan her duygunun zamanla bir başkasına yol açtığını vurguluyor. Alice Miller'a göre, eğer Hitler babasına duyduğu nefreti bilinç düzeyinde hissedebilseydi, başka bir insanı ya da koca ulusu yok etme ihtiyacı duymazdı. Alice Miller gerçek muhatabına yönelmeyen nefretlerin asla tükenmediğini ifade ediyor.

Alice Miller *Hayat Yolları*'nda, (Hitler'de olduğu gibi) suçsuz insanlara yönelecek nefretin, yani gerçekten kaçan nefretin, anne-babaya duyulan sevgiyi korumaya yönelik olmasına dair şunları söylüyor:

> Gerçeği aramaktan kaçınarak sevgiyi kurtarmış olmayız. Bu, anne ve babalarımıza duyduğumuz sevgi için de geçerlidir. Bağışlama eğer geçmişte olanların üzerini örtüyorsa, bir yarar sağlamaz. Çünkü sevgi ve kendine ihanet bir arada var olamaz. Suçsuz insanlara yöneltilen nefret, yalandan, kendi geçmişimizdeki acının inkârından doğar. Nefret, kendine ihanete uzanan bağdır, çıkmaz sokaktır. Gerçek sevgi, gerçeğe katlanabilir.[71]

Alice Miller aynı kitapta, "Benim için açıklık içermeyen bir sevgi olamaz." diyor; "Sevgi, kendini açmak, olduğun gibi göstermek, karşındakini de değiştirmeye çalışmadan, olduğu gibi kabul etmek, anlamak ve sevmek değil de nedir?"[72]

---

69 A.g.e., s. 307

70 *Suskunluk Duvarını Yıkın!*, s. 137

71 A.g.e., s. 177

72 A.g.e., s. 117

İnsan sevdiği birinin değişmesini neden istesin? Biri bana eşimin "olumlu yönleri"ne dair bir laf etse bu beni hakikaten rencide eder; çünkü bu, dolaylı olarak, eşimin sevilecek olumlu tarafları ve katlanılacak olumsuz tarafları olduğunu söylemektir. Halbuki, sevdiğim eşim, benim için bu haliyle mükemmeldir, tam da olması gerektiği gibidir; olumlu ya da olumsuz yönler içermez. İnsan, gerçekten sevdiği birinin tırnağının ucunun bile değişmesini istemez. Peki değiştirmeye çalıştığımız çocuğumuzu, hatta biteviye değiştirmeye çalıştığımız çocuğumuzu, nasıl gerçekten seviyor olabiliriz? Bize anne-babanın çocuğa sevgisinin ne olduğu yüzyıllarca yanlış anlatıldı.

Alice Miller'ın *Suskunluk Duvarını Yıkın* kitabında da, psikolog ve psikiyatristlere açık mektup gibi yazılmış bir bölüm vardır. Miller, önce doktorların şu konuşma biçiminden şikâyet eder:

> Heyecanlanmamalısınız, sinirlenmemelisiniz. Öfke zararlıdır; baş ağrısı yapar. Kendinize hâkim olmalısınız, kendinizi kontrol etmelisiniz. Herkes en az bir kez haksızlığa uğramıştır, bu normaldir. Bunu kabul etmek zorundasın. Anne-baba en iyisini ister. Bunların eksikliği insani bir şeydir. Onları affetmek zorundasın, sadece affederek sağlığına kavuşabilirsin.[73]

Alice Miller'ın bunun karşılığında yazdığı uzun mektuptan bazı parçaları buraya almak istiyorum:

> Bugün bizim, çocukluğumuzda yaşadığımız gaddarlıkları ve zalimlikleri unutursak, önemsizleştirirsek ve bağışlarsak, özgür olamayacağımızı biliyorum. Tam tersi, suçun bağışlanması, çocukluğumdan beri bana reva görülenleri hissetmekten ve fark etmekten alıkoymaktadır.
>
> Ben, kliniklerimizde hafızanın körleştirilmesiyle,

[73] S. 35

unutmayla mücadele etmek istiyorum. Hapsedilen anılarımı kurtarmak istiyorum. Onlar beni bekliyor. Ben, bastırdıklarımı hatırlamak istiyorum; nerden geldiğimi bulmak istediğim için, bunu niye yaptığımı bilmek istiyorum. Hiç kimsenin, ilaçlarla benim zihnimi bulandırmasına, dilsizleştirmesine, teoriler yardımıyla aptallaştırmasına müsaade etmeyeceğim. Hastalığım, uzun süre susmaya mahkûm ettiğim çocuğun sesini duymama yardım etti.

Şimdiye kadar okuduğum kitaplardan öğrendiğimden daha fazlasını onlardan öğrendiğim için, onların sesini takip etmek istiyorum. Bir zamanlar kaybettiğim hayatımı bulmak istiyorum. Ve onu, aslında bana ne yaptığını ve nasıl yaptığını tam ve ayrıntılı bir şekilde söyleyebildiğim zaman bulacağım. Geçmişe götüren kapıları, sizin yaptığınız ve hastalarınızdan da bunu yapmalarını talep ettiğiniz gibi, kilitli tutmak yerine onları açmak istiyorum. ...

Kulak vermenin sizi korkuttuğunu, onlara kulak vermek istemediğinizi çok az kimse idrak ediyor. Bu, sizin derinlere bastırdığınız geçmişinizden korkudur ve bu korku sizi, hastalarınızın içindeki ve sizin içinizdeki çocuğun konuşmaya kalkışmaması için, her defasında hastalarınızın hafızasını elektroşokla öldürmek isteyecek kadar aptalca düşüncelere sevk etmektedir. Ama hastalarınızın, geçmişine karşı nasıl davranmak istediğine karar verme hakkı vardır. Onların geçmişini ve hafızasını ellerinden zorla alamazsınız. Çünkü bu bir tecavüzdür. Kendi savunmanızı desteklemek için, onlar kurban edilemez.[74]

Benim haklı öfkem, beni güçlü ve uyanık yapıyor. Şimdi, bağışlamaktan, dua etmekten, spekülasyon yapmaktan ve bana zulmedenlerin bana yaptıklarında dolayı sürekli kendimi suçlu hissetmekten vazgeçtiğim için, bu yalanların içyüzünü görebiliyorum. Somut durumları gözümde

74 S. 35, 36

canlandırmaya ve onları sorgulamaya başladım. Fantezimde çocukluğumu geçirdiğim evi ve okulumu ziyaret ediyordum. Orada ailemi görüyordum, onların benimle nasıl ilgilendiğini ve ilgilenmediğini, daha sonra onların nasıl olduklarına dair bahaneler ileri sürdüklerini görüyordum.

Bu korkunç bir şeydi, ama gerçekti. Okulda, bizi büyük bir haz duyarak pataklayan, ama sürekli de kötü çocukları eğitmek gerektiği için, bunun görevi olduğundan bahseden, kibirli, kara cahil öğretmenimi buluyordum.[75]

Alice Miller daha sonra, ailelerin, psikologların ve psikiyatristlerin yaptığı şeyin "suç" olduğunu, hatta insanlık suçu olduğunu söylüyor ve onların böyle ortak bir suç işlemesine "Siz suç işliyorsunuz ve ben de karşılığında bunu yapıyorum" diyerek açık şekilde meydan okuyor. "Suç"un bazı yerlerde büyük harfle yazılması, kasıtlı olsa gerek. Ben burada, Alice Miller'ın "suç" tanımı altında bahsettiği şeylerin, bu kitapta verdiğim örneklerdeki görünmez istismar biçimleri gibi, çok daha geniş yelpazede okunabileceğini düşünüyorum:

Bugün ben, çocukları cezalandırmak, onlara ağlamayı, konuşmayı, kendini savunmayı, gaddarlığa karşı çıkmayı yasaklamak ve bunların tamamen üstünü örtmek gibi gördüğüm kötü muamelelerin çocuklara yapılmasının suç olduğu kanaatindeyim. Onları, kör, dilsiz ve cansız olana kadar böyle uzun süre terbiye etmek ve daha sonra da hepsini inkâr etmek suçtur. Bu tür çocukların büyüdüklerinde, bastırılmış sıkıntılarıyla yüzleşmektense, diğer insanlara elektroşok uygulamayı tercih etmeleri, şaşılacak bir durum değildir.

Çocuk istismarları, gelecek kuşaklara karakter olarak zarar vereceği, fark edilmeksizin kalacağı ve birisi onu dile

75 S. 37

getirdiğinde de inkâr edileceği için, insanlığın insanlığa karşı işlediği kirli ve ortak Suçtur. Tabii ki onlar aileleri suçlamak istemeyeceklerdir. Sonra tehdit eden bir tonda soracaklardır. Benim cevabım da "*Eğer siz suç işlerseniz, doğal olarak ben de bunu yaparım*" olacaktır. Aileler neden her şeyin açıkça yazıldığı suç mektubundan hoşlansınlar ki? Hiç kimse onlara öfkelenmeyi, hislenmeyi yasaklamıyor, onları yaşayabiliyorlar, fakat hırs-öfke duygularını çocuklarına yansıtma hakları yoktur. Duygulardan başka, yıkıcı eylemler de kararlaştırılmalı ve alenen yasaklanmalıdır.

Siz, psikologlar ve psikiyatrlar, eğer çocuk istismarı gerçeğine ve onların psikolojik hastalıklardaki sonuçlarına bahane aramaktan vazgeçer, hastalarınıza her gün gösterdiğiniz, kliniklerinizdeki anahtarlara dokunma ve kapılarınızı açma cesareti gösterirseniz, hayata siz de gözlerinizi açacaksınız. Ancak o zaman diğer insanların yaşamasına yardım edebileceksiniz. *Siz bugünkü halinizle tehlikelisiniz.* Çünkü siz, insan organizmasının işlevlerini, kendine yardım edebilme yeteneğini, dizginsiz bir şekilde mahvediyorsunuz ve *bu yıkımınızı fark etmek de neredeyse imkânsız.*

Bu yüzden vicdanınız rahat ve hatta yaptığınız şeyin göreviniz olduğunu söylüyorsunuz. Bağışlamayı ve unutmayı telkin etmenin ne kadar zararlı olduğunu, kendi tecrübelerinden bilen insanları arayacağım. …

Sizin teorileriniz, kendi duygularımla açığa çıkardığım gerçeklerle tezatlık içeriyor. Sizler, hissetmemeyi ve bunu değiştirmek için de bir şeyler yapmamayı öğrendiğiniz için, bu tezatlıkları fark edebilecek durumda değilsiniz.

Sizin teorilerinize kanmayacağım; artık ben, kolayca aptal yerine konabilen bir çocuk değilim. Bir çocuk gibi yoğun hissedebiliyor ve bir yetişkin gibi düşünebiliyorum.[76]

---

[76] S. 38, 39, italikler bana ait

Alice Miller daha sonra, düşünme ve hissetmenin birleşiminin ona kendi gerçeğine katlanmanın, yaşamanın, konuşmanın, başkaldırmanın, yıkıcı psikiyatristlerin kurbanı olmamanın yolunu açtığını, korkunun, onu çözmek için *hissedilmesi* de gerektiğini söylüyor. Psikologların ve psikiyatristlerin zihinlerinde kendi aileleriyle yüzleşmekten, ailelerini zor durumda bırakmaktan, acılarını hissetmekten korktukları için teorilerine sığındıklarını, ancak bu şahsi korunma yöntemini hastalar üzerinde kullanarak suç işlediklerini farklı şekillerde birkaç kez yineliyor. Acı veren gerçeklerle yüzleşebilmek için, önce günah olarak görülen şeyi, yani "anne-babayı eleştirmeyi" bilen insanların desteğine ihtiyacımız olduğunu, bunun sağlıklı olmak için tek şansımız olduğunu söylüyor. Yardım arayanlara da geçici çözüm olarak analize girmeyi asla tavsiye etmediğini, çünkü analiz yüzünden ortaya çıkan zararların geri dönüşü olmadığını belirtiyor.

Kitabın ilerleyen bir yerinde, Hitler'e yardım eden insanların milyonlarca cinayet işledikleri için psikiyatrik yardıma ihtiyaç duymadıklarının bilindiğini, bu insanların para kazandığını, aile kurduğunu, kendi çocuklarına suçluluk duygusuna kapılmadan kötü muamelede bulunduğunu, ama travma yaşamadığını ve görevi yerine getirme duygusu dışında, kötü bir şey yaptıklarını asla kavramadığını da ekliyor. Yani aynı, psikiyatristler ve aileler gibi.

Travmayı yaşayabilenler, ruhsal farkındalık ve iyileşme anlamında her zaman daha ileridedirler.

Travma konusundaki en iyi kitaplardan biri olan *The Inner World of Trauma: Archetypal Defenses of the Personal Spirit* içinde de Donald Kalsched benzer şekilde, acının, çocuğun, ihtiyaçlarının karşılanmaması halinde veremediği yas tutma tepkisinin sonradan verilmesi olduğu, her tür acı ve kaygının kökenini ilk çocukluktaki katlanılmaz acı ve kaygıdan aldığı, bu duyguları artık hissedebilmeye başlamış psişe için faydalı bir iyileşme sürecini imlediği üzerinde duruyor. Terapi sürecinin sonunda, hastadan önce psikoterapistle tam bir birleşme, sonra da tam bir isyan tepkisi geliyor ki buradaki birleşme çocuğun iç dünyasının anne-baba ile birleşememesinden, isyan da, çocuğun duyduğu acı ve kaygıyı o dönemde ifade edememesinden, anne-babanın davranışına isyan edememesinden kaynaklı.

Kalsched, "terapistle birleşme" sürecinde terapinin hamile kalıp yeni bir hayat yaratma sürecine girdiğini söylüyor. Mealen hep söylediğim gibi, içimizdeki dünya ile dışımızdaki birleşemeden, yaratıcı hayat potansiyelimiz de açığa çıkamıyor. Nitekim Kalsched, psikoterapist olmanın sürekli olarak "bilinmez"e, psişenin bilinmezliklerine açık olmak anlamına geldiğini de vurgulayarak, "çocuk" (yani bu durumda kendimizden yarattığımız yeni kendimiz, hayatımızdan yarattığımız yeni hayat, içimizdeki tanrısal öz) büyütmenin bilinmeze açık olma kapasitesini ne kadar derinden gerektirdiğini de göstermiş oluyor.

Donald Kalsched de Clarissa Pinkola Estes'in *Kurtlarla Koşan Kadınları*'nı örnek veriyor. İçimizdeki en derin itkinin yeni bir hayat itkisi olduğunu söylüyor ki Estes'in bu itkiye "çocuk ruh" (spirit child) adını verdiğini ilave ediyor. Çocuk ruh, kişinin kendisine dönmesi zamanının geldiğini söyleyen uzak sesin çağrısını duyma yeteneğindeki mucize bir çocuk. Çocuk ruh bu çağrıyı duyduğu zaman doğamızın bizi ona yapmaya çağıran parçası. Sesini duyduğumuzda "Ya bu çağrıya uyup bu yeni yoldan gideceğim, ya da, *katlanacağım*." diyoruz.[77]

Annesi Edison'u Sevmiyor Muydu?

Terapinin sınırlarının terapistin kişisel kapasitesiyle sınırlı olması gibi, çocuğumuzu büyütme kapasitemiz de kişisel ka-

[77] Donald Kalsched bunu kitabının 111. sayfasında anlatıyor ve Estes'in kitabına verdiği referans Clarissa Pinkola Estes, 1992, *Women who Run with the Wolves*, New York: Ballantine Books, s. 273

pasitemizle sınırlıdır. Her terapistin terapistliği kendine özel olduğu gibi, her anne-babanın anne-babalığı da kendisine özgüdür, son derece kişiseldir. Jung "Her şeyi bilin. Her şeyi öğrenin. Ama hastayla karşı karşıya geldiğinizde, bildiğiniz her şeyi unutun!" demişti. Benim çocuğa dair söylediklerim de bundan çok farklı değil.

Gaye Elmas Ünver, oğlunun öğretmeni kendisini okula çağırıp "Çocuğunuz dersi dinleyemiyor!" dediğinde oğluna hiçbir şey söylemeyip evde ders anlattığını, çocuğun dinlemekte bir problemi olmadığını gördüğünü söylemişti. Öğretmen -ya da bir başkası- size çocuğunuzu "Çocuğunuz dersi dinleyemiyor!" diye -veya bir başka şekilde- şikâyet ettiğinde söylediği şeye hemen inanıp onu çocuğunuza giydirmek yerine sorgulayın, nedenlerini düşünün, "Acaba bu doğru mu? Yoksa öğretmeni dersi oğlumun dinleyeceği şekilde anlatmasını beceremiyor ve dahası çocuğumu anlamayı da beceremiyor da suçu çocuğuma mı atıyor?" diye düşünün.

Thom Hartmann'ın hep örnek verdiğim kitabı *The Edison Gene* (Edison Geni), ismini Edison'un çocukluğundan alıyor. Thom Hartmann kitabında, insanların ya avcı ya çiftçi genine sahip olarak dünyaya geldiğini, ancak dünyanın ve okulların çiftçi genine sahip çocuklar için düzenlendiğini anlatıyor. Dikkat Eksikliği ve Hiperaktivite Bozukluğu ile yaftalanan çocuklar, aslında avcı genine sahip olanlar. Bu çocukların beyinleri sınıfta oturup bir saat boyunca ders dinleyebilecek şekilde çalışmıyor. Derste otururken pencereden bahçede yaprakları süpürdüğünü gördükleri adamı izlemeleri, dersi dinleyememelerinden değil, bir adamın bahçede yaprakları süpürmesinin içeride anlatılan dersten daha ilginç olmasından geliyor. Sanıldığı gibi dikkat *eksikliği* olmayan, dikkatleri sadece, çiftçi genine sahip çocuklardan daha farklı işleyen, kısa dikkatleri bir tarayıcı kadar hızlı ve başarılı çalışan, yeteneklerine uygun yaklaşıldığı takdirde son derece yaratıcı işler ortaya koyan çocuklar avcılar. Avcıların doğada avlanırken her detayı fark ederek odaklanan, bulan, keşfeden, hızlı reflekslere sahip özellikleri, sınıfta oturup ders dinlemeye dayanan eğitim biçimi ile uyuşmuyor.

Avcı genine sahip Thomas Edison'un hikâyesini çoğumuz biliriz. 1855'te ilkokula başladıktan sadece üç ay sonra, Edison'un sorularından ve dersi bölmesinden bunalan öğretmeni çocuğun beyninin "bozulmuş"[78] olduğunu yazdığı bir mektupla çocuğu eve gönderir. Edison'un iyi eğitimli ve çok zeki bir kadın olan annesi Nancy Edison, ertesi gün çocuğunu müdafaa için okula gider. Öğretmeninin ve müdürün Thomas'ı "aptal"[79] gibi olumsuz tanımlarla karakterize etmesine ağır şekilde içerleyen Nancy Edison çocuğunu daha fazla zarar görmesine izin vermeden okuldan alır.[80] Edison, daha ilk aylarında sinyal cihazı icat ettiği demiryollarında çalışmaya başladığı güne kadar annesi onu evde kendisi eğitecektir.

Thomas Edison daha yedi yaşındayken okula gitmek yerine evde kimyasal maddelerle ve elektrikle oynamak istediğinde annesi buna izin vermek bir yana, destek olur. Thomas on yaşına geldiğinde evde inşa ettiği laboratuvar tehlikeli olsa ve sonuçlarından annesi de korksa da, annesi bu korkuya *rağmen* çocuğun laboratuvarı kurmasına ve kullanması-

---

78 Öğretmenin kullandığı orijinal tabir "addled". "Addled", "sersem", "çürük yumurta", "cılkı çıkmış", "çürümüş", "işe yaramaz" gibi anlamlara geliyor. Beyin için, mesela beyin ağır bir hastalıktan dolayı "çalışmadığında", "işlemez" hale geldiğinde "addled" ifadesi kullanılır.

79 Orijinal ifade "slow"

80 Thomas Edison'ın öğretmeni Papaz Engle'ın, o dönemde sık olduğu gibi, çocuklara her yanlışlarında –ve hatta yanlış yapmadıklarında da– sopayla vurmak, hatta kırbaç kullanmak gibi çok sert bir "eğitim metodu" olduğunu biliyoruz. Nancy Edison bunlara da karşı çıkıyordu. Kaynaklarda, Edison'ın Engle'ın eğitim metodlarına bir türlü alışamadığı, okulda o yüzden mutlu olamadığı söylenir; ama Edison'ın bu zalim biçimlere alışamaması, zaten evde kendisine saygı gösterilen, sağlıklı bir ortam olmasından kaynaklanıyor. Zulmü alıp kabul etmek ona evde öğretilmemiş hangi çocuk bunlara uyum sağlar?

na müsaade eder. Sadece, laboratuvarın evin patlamaya karşı nispeten daha güvenli bir bölümüne taşınmasını isteyecektir. Nancy Edison, oğlunu 37 yaşında dünyaya getirmişti ve Thomas tek çocuğuydu. Nancy Edison gibi "saçını çocuğuna süpürge eden" bir kadında, biricik oğlu için "katlandığı" fedakârlıkların "çöpe gitmesine" razı olmayacağı "anne yüreği" yok muydu?

"Ama o Edison'muş; benim çocuğum Edison değil." diye düşünmeyin. Çocuğun yeteneklerini, kapasitesini, çocukta değerli olan ve büyümek, gelişmek isteyen her şeyi, geliştirmek yerine hep birlikte güdükleştiren, baskılayan bizleriz. Çocuğunuzun bir Edison, Madam Curie, Nietzsche, Dostoyevski olmadığını, onun önüne geçen şeyin bizzat sizin "anne-babalığınız" olmadığını nereden biliyorsunuz? Bu saydığım isimler de bir zamanlar "henüz ismini yaratamamış" çocuklardı. Etrafıma bakıyorum ve aslında çok daha zeki, yetenekli, parlak, iyiliksever, güzel özelliklerle dolu olabilecek insanların, anne-babalarının, eğitim sisteminin, toplumun ve dünyanın elinde getirilmiş olduğu hali görünce kendimi üzülmekten alamıyorum.

"Ben bir hazineydim, bilinmek istedim." diyen bir kudsi hadis[81] vardır. Hadisin orijinalinde de buradaki hazine, gizli olan ve açığa çıkmak, kendisini gerçekleştirmek isteyen türde bir hazine. Ben bu hazineyi çocuk ve çocuğun temsil ettiği her şey olarak düşünüyorum. Her hazine, her yetenek, gerçekleşmek ister; her kapasite, eyleme dönüşmek ister. Bizim yapmamız gereken, kendisini gerçekleştirmek isteyen çocuğu ve yeteneği bastırmak değil, ona destek olmak, eyleme dönüşmek isteyen kapasitenin önünü kapatmak değil, açmak olmalı.

Peki bunu nasıl başaracağız?

Alice Miller'ın bu konuda, enfes bulduğum bir önerisi var:

---

[81] Kudsi hadis, Kuran'dan olmayan, ancak Allah'ın peygamber vasıtasıyla söylediğine inanılan sözlerdir.

"Ana-babalar, kendi ana-babalarına gösterdikleri saygının aynısını çocuklarına da göstermeyi başarabilseler, o zaman çocuk, sahip olduğu yeteneklerini en iyi şekilde geliştirebilir."[82]

Thomas Edison başka birinin oğlu olsaydı öğretmeni "Oğlunuz dersi dinlemiyor!" dediğinde annesi onu öğretmeninin istediği şekle sokmaya çalışacak, uzlaşmayı deneyecek, günümüzde olsa Ritalin vererek oturarak öğrenemeyen bir çocuğu oturarak öğrenmeye zorlayacak, çocuğu okulundan ve öğretmeninden korumayı akıl edebilse bile tehlikeli oyunlarını en baştan yasaklayacak, yani, özetle, Edison'u *Edison* yapan şeyi öldürecekti. Çocuğu ve ruhunu, çocuğun kendisini gerçekleştirmek isteyen özünü öldürmekten, çocuğu kurban etmekten bahsederken kastettiğim, tam da bu.

Nancy Edison'ın "zor" bir çocuk olan oğlunu bir kez bile "Allah'ın cezası" olarak görmediğine eminim. Halbuki Nancy'nin babası Baptist bir papazdı ve 1800'lerin "din" ile "suç"u yoğun şekilde iç içe gören ortamında yaşıyorlardı. Emin olduğum bir başka şey, Nancy Edison 1871'de, Thomas Edison henüz 24 yaşındayken öldüğünde, Edison'ın kendisini "rehberden yoksun kalmış, hayatta ne yapacağını bilemeyen", bu ölümden onu kaldıramayacağı kadar acı çeken bir insan gibi hissetmediği. "Annem -yahut bir başkası- olmadan yaşayamam." diyorsanız, bu sözünüzü yeniden düşünün. Dünyada o olmadan yaşayamayacağınız tek kimse, kendinizdir; ve insanın hissetmesi gereken de budur.

Eğer bir bebeğin altını değiştirirken "Öff, ne kadar kötü kokuyor!" derseniz, bebek kabızlık geliştirebilir. Bu şekilde geliştirilmiş bir kabızlık kalıcı olabilir. Bebek ne kadar hassassa, sizin onun bezlerine karşı olumsuz tepkinizi o kadar hızlı ve derinden kavrayacak, kabızlık geliştirme ihtimali o kadar artacaktır. Nitekim genel olarak da, rahat olamayan, eleştiriye

[82] *Başlangıçta Eğitim Vardı!*, s. 323

duyarlı, hassas, çekingen kimselerde kabızlığa yatkınlık olduğunu söyleyebiliriz. Fiziksel hiçbir durum sadece fiziksel değildir. Evet, çocuğumuz doğuştan hassas, kendisini herhangi bir konuda durdurmaya meyilli olabilir; ama çocuğun böyle olduğunu fark etmek ve bunu sonuçları olumsuz değil olumlu bir şeye dönüştürmek bizim elimizdedir. Fakat bu, önce çocuğu tanımaktan, çocuğun sesini duymaya çalışmaktan geçer. Siz kendi anneliğinize ve çocuğun bezini değiştirmeye yahut anne/babalık adı altında başka bir şeye odaklanırsanız çocuğu duyamaz, keşfedemezsiniz.

Thom Hartmann, çocuklarından birinin derslerinin kötü olduğu bir dönemde kaykayda uzmanlaştığını, eşi Louise'in çocuğun kayışını videoya kaydederek ona destek olduğunu örnek veriyor. Eşinin bu davranışına çok şaşırarak "Kaykay gibi tehlikeli bir şeye çocuğu neden teşvik ediyorsun?" diye sormuş. Louise de "Çünkü bunda iyi. Ve şu anda hayatında bir konuda başarılı olmaya, başarısının takdir edilmesine ihtiyacı var." demiş. Gerçekten de bu destekten sonra çocuğun dersleri düzelmiş. Hartmann bunun tesadüf olmadığını, çocuğun bir konudaki başarısını besler, över, takdir edersek, o başarı çizgi-roman biriktirmek gibi basit bir konu bile olsa, bunun çocuğun diğer alanlardaki başarısına da etki edeceğini iddia ediyor.[83]

Bunun tersi de, aynı şekilde, geçerli tabii. Çocuğun bir konuda kendisine güvenini, öz-değerini zedelersek bu çocuğun diğer konulardaki başarısına da kaçınılmaz olarak yansır.

Thom Hartmann, çocuğa karşı "fazla sorumlu" hissetmenin çocuktaki doğal, sağlıklı, gerçek dünyanın içinden olan öğrenme sürecini boğacağını, kendilerine neyi yapabileceklerini ve neyi yapamayacaklarını söyleyen otorite figürlerini dinlemeyi öğrenmenin çocuğu, yetişkinlikte de, iyi niyetli olmayan otorite figürlerine kendini kullandırmaya müsait hale getireceğini söylüyor.

---

83 A.g.e., s. 147, 148

Bir öğretmen, bir anneyi arayarak "Çocuğunuz ödevini yapmıyor." demiş. "Peki bu konuda Jimmy ve siz ne yapacaksınız?" diye sormuş anne. Şaşıran öğretmen, "Bu konuda sizin bir şey yapacağınızı sanıyordum," demiş. "Jimmy'nin öğretmeni değilim, Jimmy'nin kendisi de değilim," demiş kadın; "Mesele ikinizin arasında." "Ama o zaman sınıfta kalabilir!" demiş öğretmen. "Sınıfta kalması dünyanın sonu değil." diye karşılık vermiş anne; "Eğer çocuğu ödevini yapmaya motive edemiyorsanız, bunun nasıl olup da benim sorunum olabileceğini anlamıyorum. Ödevini yapmazsa da kalır ve sorumluluklarının sonucunu böylece yaşar. Öğrenmesi için kalması gerekiyorsa, kalsın. Henry Ford yedi kere iflas etmişti. Edison'un binlerce deneyi başarısız oldu."[84]

Benzer şekilde, çocuğa verdiğimiz şeyi *gerçekten verdiğimizden* emin olmamız da önemli. Bir kere 11, bir kere de 14 yaşındayken, annem beni bir yakınımla iki haftalığına uzak bir yere göndermişti. Annem iki seferde de gitmeden önce bana, yakınıma ben istersem kullanılmak üzere belli bir miktar para verdiğini, bütün içinden istediğim miktarı dilediğimde yakınımdan isteyebileceğimi söyledi. Üzerinden uzun zaman geçmesine rağmen, yakınıma teslim edilen bu paranın miktarı hâlâ net şekilde aklımdadır. Çünkü giderken ve gezi boyunca yanımda, istediğimde gidip büfeden su alabilecek kadar bile, yani hiç param yoktu. Bu iki haftalık periyodları, çok derin bir yoksunluk ve çaresizlik hissiyle birlikte hatırlarım. *Parasızlık geçer; ama parasızlık hissi, asla.* Gezinin bitmesine üç gün kala, mermerleriyle meşhur bir yerde bu mermerlerden eşyalar yapan bir dükkânda küçücük, geometrik bir mermer parçasını içim ezilerek arzu ettiğimi hatırlıyorum. Aradan on dakika geçmeden, yakınım bana "İstediğin bir şey varsa bende paran olduğunu biliyorsun." demişti. Bu, bunu ilk ve son söyleyişiydi. "İstediğim bir şey yok, teşekkür ederim." demiştim.

Çocuğunuzun kendisine saygısı olan, başı dik bir insan ol-

[84] A.g.e., s. 164, 165

masını istiyorsanız, onu *kendiniz dahil* hiç kimse karşısında avuç açmaya mecbur bırakmayın. Çocuğun temel ihtiyaçlarını karşılayabileceği kadar paranın kendi elinde olmaması, onun gururunu hiçe saymaktır; çocuğu dünyaya getirmek ama sonra bu varlığıyla çaresiz bırakmaktır. Elinde su, simit, otobüs bileti parası bile olmayan, acil bir durumda başkalarına muhtaç olacağını içinde duyan bir çocuğa onu sevdiğinizi, ona değer verdiğinizi hissettiremezsiniz. Çocuğun parayı kaybedeceğinden, doğru harcayamayacağından korkuyorsanız, "Bu para bu çocuktan değerli." diye düşündüğünüz hissini çocuğunuza yerleştirdiğinizi bilin. Çocuğa sevildiğini ve değer verildiğini hissettiren, ona onu sevdiğinizi ve değer verdiğinizi söylemeniz, ona fiziksel sevgi göstermeniz değildir. Çocuğumla özel şeyler paylaştığımda çocuğumun gidip bunları başkalarının yanında anlatma ihtimalini göze alabilmem, "Böyle bir risk, çocuğumdan daha değerli değil," demek olduğu ve çocuğa da bunu duyuracağı gibi, dünyaya getirdiğiniz çocuğun insanca yaşamasına yetecek kadar parayı eline vermek, ona bu parayı istediği gibi kullanma ve kaybetme özgürlüğünü vermek de "Bu, kaybetsen de kullansan da *senin. Senin* ve sana kızmayacağım. Kaybetsen de çöpe atsan da bu para senden değerli değil," demektir. Siz çocuğunuzun temel ihtiyaçlarına bu şekilde hami tayin ederseniz, o hamiler çok yakınınızdan, iyi niyetli insanlar olsalar bile çocuğunuza gerçek anlamda saygılı davranamazlar, ve çocuğunuza saygılı davranmadıklarını da fark edemezler. *Siz dahi*, çocuğunuzun ancak bir yere kadar hamisi olabilirsiniz; bir yerden sonrası o, dünyaya getirdiğiniz çocuğa onu dünyaya getirdiğiniz için borçlu olduğunuz şeydir. Bunu takdir edememek, çocuğun benliğinin varlığını takdir edememektir.

Çocuğunuza verdiğinizi düşündüğünüz şeyleri çocuğunuza gerçekten vermiyor olabilirsiniz. Bir yeri, odayı, alanı, eşyayı, parayı verirken onu her şeyiyle, bütün kontrolüyle veremiyorsanız gerçekten veriyor sayılmazsınız. Çocuğa verilenler, maddi taraflarıyla ölçülemez. Tek odalı bir evde duvarları dilediği gibi çizebilen, yaptığı resimleri buzdolabına yapıştırabilen bir çocuk, varlıklı bir evde büyük bir odaya sahip çocuktan daha büyük bir alanda yaşıyor gibi hissedebilir.

Çocuğa verdiğiniz sevgi de bundan farklı değildir. Nasıl ki birine yardımda bulunduğumuzda karşılığını hiç beklemeden, verdiğimiz şeyin geri dönüşü olmayacağını düşünerek veriyorsak ve karşılık beklediğimizde buna "vermek", "iyilik" diyemiyorsak, yani yaptığımız şeyi yapıp "denize atıyorsak", çocuk için yaptığımız şeyler de geri dönüşü olmayacak şekilde, çocukla ilişkimizde bir daha aramıza girmeyecek şekilde yapılıyorsa değerlidir. Fakat sadece anne-babaların değil, genel olarak dünyadaki insanların ebeveyn-çocuk ilişkisini böyle görmesi maalesef pek mümkün olmuyor.

Bize dayatılmış öğretilerin algılarımızı nasıl körelttiğine bir örnek vermek istiyorum. Anne-babanın çocuğa farkında olmadan verdiği zararları anlatırken bazen bu kitapta yaptığım gibi kendimden örnek verir, "Ben karşı çıkabilen bir çocuk değildim." gibi cümleler kurarım. Bu cümleyi çok açık şekilde kurduğum halde, anne-babalara dair argümanlarımdan rahatsız olanlar, söylediğim şeyin tam tersini duyarlar. Bunun başıma birkaç kereden fazla gelmesinin tesadüf olamayacağını düşünüyorum. Söylediklerime *karşı çıkmak* için söz alan biri "Az önce, asi bir çocuk olduğunuzu, anne-babanıza hep *karşı geldiğinizi* söylemiştiniz." derken bu kişinin sözünü keser ve bunun tam tersini söylediğimi söylerim. "Ben öyle duydum. Demek yanlış anlamışım. Neyse, geçelim." diye karşılık verirler; bence çok önemli bu yanlış anlamanın üzerinde durmayı hiç istemezler. Kendi çocukluğuma dair gayet açık sözleri nasıl olup da başka herkesin sorunsuzca anlayıp, bir tek argümanlarıma karşı çıkanların onun tersini duyduğu basittir. Zihinlerinde, "anne-babaya karşı çıkmak" olumsuz bir anlamda yer etmiştir; "anne-babaya itaat" ve "anne-babaya itaat"i savunanlar iyi, bunun tersini yapanlar ve savunanlar kötüdür.

Ben de anne-babaya karşı çıkmanın sağlıklı bir çocuk tepkisi olduğunu söylediğime göre, ben de kötü biriyimdir ve anne-babaya itaat gibi güzel huylarım yoktur. Söylediklerimi durup düşünmek bile, anne-babaya *karşı çıkmanın* kendisidir. Yapılması gereken, anne-babaya düşünmeden itaat gibi, bu gibi kötü şeyler savunan kötü insanlara da düşünmeden, ne dediklerini gerçekten duymadan, dinlemeden karşı çıkmaktır.

Bu "yanlış duyma" hadisesini, benzer şekilde, anne-baba ve evlat arasındaki ilişkiler söz konusu olduğunda başkalarının nasıl tecrübe ettiğine defalarca şahit oldum. Anne-babanın yahut evladın hiç söylemediği şeyleri, her zaman evladı suçlayacak, haksız, nankör yahut şımarık bulacak şekilde "yanlış duyma", "yanlış anlama" mekanizması, bir sefer bile evladın tarafında çalışmıyordu. Alice Miller da *Thou Shalt Not Be Aware* (Farkına Varmayacaksın) kitabında, durum aslında tam tersi olmasına rağmen anne babanın dışarıya sıklıkla, ergenlikteki çocukları tarafından mağdur ediliyor gibi görünmesine, şu anki durumu anlamanın anahtarının geçmişte yattığına, o anlamayı elzem kılacak şartların grup için çoğu kez görünmez olduğuna değiniyor.[85] Bundan ayrı olarak, birini eleştirmek istediğimizde, bunu o kişinin ailesiyle ilişkileri üzerinden yapmaya, onu anne-babasına karşı suç işleyen biri gibi görmeye meyilliyizdir.

Bir gazetede köşe yazıları yazan bir kadın bugünlerde, annemizin "Ona benzemekten en korktuğumuz, sonunda mutlaka benzediğimiz; suçlamakta pek yaratıcı olduğumuz, hatta hiçbir suç bulamasak dahi, bize katlandığı için kabahat yüklediğimiz, belki de tek insan." olduğunu yazdı. Kimsenin tepkisini çekmeyen bu sözler, annenin her zaman günahsız olduğuna, çocuğun "katlanılacak" biri olduğuna, çocuğun durduk yere anneye suç yüklediğine, ortada bir suç varsa onun olsa olsa çocukta olduğuna dair o geleneksel algının 2018'de hâlâ normal görüldüğünün ispatı. Böyle düşündüğümüz sürece,

[85] A.g.e., s. 200

çocuğun ne şekilde zarar görebileceğini anlayabilmemiz dahi imkânsız.

Alice Miller *Thou Shalt Not Be Aware* (Farkına Varmayacaksın) kitabında, "Eğer bir insan, ömrünün ilk yıllarında annesine yük olduğunu hissetmişse, bundan sonra da sevdiği insanlar karşısında onlara yük olmadığını hissetmesi zordur."[86] yazmıştı. Annemizin tek suçunun bize katlanmak olduğunu yazan kadının, annesiyle ilişkisinden kalma derin bir suçluluk duygusundan kıvrandığı, bu suçluluk duygusunu ona verenin bizzat annesi olduğunu fark edemediği aşikar.

Alice Miller şöyle diyor:

> Aile terbiyesi görmüş bir çocuk, analize girdiği zaman travmasının sadece çok küçük bir kısmını, belki yüzde onunu iletebilir ancak. Biz de onun şikâyetlerinin doğru olup olmadığını anlamaya çalışarak hakim rolüne bürünürsek, "Baban *her zaman* bu kadar acımasız değildi herhalde." gibi yorumlarla çocuğun abarttığına işaret edersek, çocuğu bu yüzde onluk kısmı iletebilme becerisinden de mahrum ederiz.[87]

Acı olan, ister terapide ister günlük hayatta olsun, körlüğün, sağırlığın, aslında çocuğun sesine, çocuğun durumuna karşı olması. Ben atölyelerde yetişkin olarak kendimi gayet açık, net ifade ettiğim halde anlaşılmıyorsam, "Anne baba çocuğunun iyiliğini ister ve ona karşı çıkmak kötüdür." düsturu bu kadar içimize işlemişse ve her şeyi görmemizi engelliyorsa, bu düstur karşısında yapayalnız bırakılmış çocuk ne kadar çaresiz. Bu çocuk, kendisini ifade etmeyi tabii ki öğrenemez. Trajik olan şu ki, çocuk doğuştan ne kadar duyarlıysa, yani bu durumdan etkilenmeye, kalıcı yaralar almaya ne kadar müsaitse bu düsturu o kadar kolay kabullenecek ve kendini ifade imkânlarını daha

---

86 A.g.e., s. 270

87 A.g.e., s. 171

doğmadan o kadar bastıracaktır. Hayattaki en acı kısır döngünün bu kısır döngü olduğunu düşünüyorum.

Clarissa Pinkola Estes, çocukların istismarı duyarlık seviyelerine göre algılamalarını şöyle açıklıyor:

> "Duyarlı" bir üyenin olduğu ailelerde, ailenin farklı bir psikolojik donanıma sahip olan diğer çocukları aynı şekilde muamele görseler bile kendilerini eziyet görmüş gibi hissetmeyebilirler.
>
> Çocukların farklı ihtiyaçları, farklı "deri kalınlıkları, acıyı algılamada farklı kapasiteleri" vardır. Deyim yerindeyse, en az "alıcıları" olan çocuk, istismarı bilinçli olarak en az hissedecektir. En çok duyargaları olan çocuksa, her şeyi bilinçli olarak hissedecek, belki başkalarının yaralarını da duyumsayacaktır. Bu gerçek olma ya da gerçek olmama meselesi değil, etraftaki iletileri alma yeteneğine sahip olma meselesidir.[88]

Anne-baba ve çocuk ilişkisi o kadar derin bir deneyimdir ki, çocuğu olanlar için bu iddialarımı kendi anne-babalık deneyimlerinden bağımsızlaştırarak dinlemek/okumak hakikaten zordur. Ne kadar açık görüşlü olduğunu iyi bildiğim anne-babaların bile, bu söylediklerimi sorgulamaya çalışırken hep kendi çocuklarından örneklerle düşündüklerini, ama verdikleri örneklerin söylediğim şeyin özüyle örtüşemediğini fark ederim. Çocuk sahibi olmanın çocukluktan itibaren getirilen psikolojik yüklerle birlikte çocuğa bakışı gölgelediği, bu yüzden, çocuk sahibi olmayanların bu konularda tavsiye vermek için daha uygun olduğu düşüncesi yoksa doğru mu diye sorgularken bulurum kendimi. Anne-babalar, ama özellikle anneler, çocuklarına karşı suçluluk hissetmeye meyilli olurlar. Halbuki sağlıklı olan, suçluluk hissi değil, üzüntüdür. Çocuklarımıza karşı hissettiğimiz suçluluk hissi, çocuklukta bize öğretilen suçluluk hissidir ve anne-baba olmakla birlikte

88 A.g.e., s. 389

bu hissimiz anne-babalarımızdan kendi çocuklarımıza kayar. Anne-baba-çocuk ilişkisinin kısır bir döngü halini almış travmasında, anne-baba olduktan ve hele çocuğunuz büyüdükten sonra, o kısır döngünün doğasını tam anlamıyla kabul edebilmek zorlaşır; çünkü suçluluk hissi gerçeği inkar edebilmekle uyumlu olarak çalışmakta, üzüntü duyabilmek ise, çocuğa verilen zararın artık geri dönülmez olduğu gerçeğini kabul edebilmeye dair, anne için çok zor bir hissi içermekte, inkâra yer ve imkân bırakmamaktadır.

Psikoterapist olmasına rağmen ebeveyn-çocuk döngüsünü bütün boyutlarıyla idrak edebilmesi çok geç gerçekleşmiş, sert bir adam olan kocası oğlunu döverken sesini çıkarmamış Alice Miller'a[89] bu konuda da dönebiliriz:

> Ne kadar iyi niyete sahip olursak olalım, her şeye kadir olmadığımızı, birçok baskı altında bulunduğumuzu, çocuğumuzu istediğimiz gibi sevemediğimizi anlamamız belki bizi üzecektir, *fakat bu durumlar yüzünden asla suçluluk duymamalıyız. Çünkü suçluluk bize, sahip olmadığımız bir güç ve özgürlük hakkı tanır.* Suçluluk duyarsak, çocuğumuzun da suçluluk duymasına ve tüm hayatı boyunca bize bağlanmasına neden oluruz. Fakat üzüntü duyarak onu serbest bırakabiliriz.
>
> Üzüntü ve suçluluk ayrımı belki de, nesiller arasındaki suskunluğun bozulmasına yardımcı olabilir. Bir şeyden dolayı üzüntü duyabilmek, suçluluk duymanın tersidir. Üzüntü, bir şeyin *böyle olmuş olması* ve geçmişin değiştirilemeyecek olmasından duyulan *acıdır*. İnsan utanç hissetmeden bu acıyı *çocuklarıyla paylaşabilir*. Fakat suçluluğu ya bastırmaya ya da çocuklarına atmaya çalışır, veyahut her ikisini de dener.[90]

---

89 Bunu, Alice Miller'ın oğlu Martin Miller bir röportajda söylüyor.

90 *Başlangıçta Eğitim Vardı!*, s. 295

Kişinin ana-babasını suçlaması, bundan sonra onun sitemli bir insan olacağı anlamına gelmez. Aksine ana-babasına duyduğu bu hisleri yaşayabildiği için artık bunları başka insanlara yansıtmasına gerek kalmayacaktır. Adolf Hitler'de de gördüğümüz gibi, *sadece diğer insanlara yansıtılan nefret doyumsuzdur ve sonsuza kadar sürer*. Çünkü hissedilen duygu ve onun yöneldiği insan, bilinçte birbirinden ayrılmıştır.

Bu nedenlerden ötürü insanın ana-babasına karşı suçlamalarda bulunmasının, kendi gerçekliğine ulaşabilmesi, duygularının çözülebilmesi, üzülebilmesi ve en iyi durumda da ailesiyle uzlaşabilmesi için bir şans olduğuna inanıyorum. Her halükârda bunun ruhsal iyileşme sayılacağı kesindir. Yaşlı ana-babalara suçlama getirdiğim düşünülürse yanlış anlaşılmışım demektir.[91]

İntihar etmiş insanların ana-babaları sürekli dışarıdan görülen nedenlere tutunmaya çalışır. Çünkü duydukları suçluluk, gerçeği görmelerini ve bu üzüntüyü yaşamalarını zorlaştırmaktadır.[92]

Birçok ana-babada da durum, Sylvia Plath'in annesindeki gibidir. Ümitsizce doğru olanı yapmak için uğraşır ve iyi bir ana-baba olduklarının çocuğun hareketleri tarafından doğrulanmasını isterler. İyi ana-baba olma ideali yani, çocuğa doğru davranma, onu doğru eğitme, aslında, insanın kendi ana-babasının iyi, cesur, görevine sadık çocuğu olmasından başka bir şey değildir. Fakat bu çaba gösterilirken, kendi çocuğunun ihtiyaçları gözden kaçar; iyi bir anne olmaya çalışmakla meşgulsem, oturup da çocuklarımı dinleyemem.

Genellikle ana-babalar çocuklarının yaşadığı hayal

91 A.g.e., s. 296

92 A.g.e., s. 300

kırıklıklarının farkına varmazlar. Küçüklüklerinden onlara bunları ciddiye almamaları öğretilmiştir. Bazen de bir şeylerin farkına varır, ama *çocuğun bunu fark etmemesinin onun için iyi olacağını* düşünürler. Çocuğu, algıladıklarının aslında öyle olmadığı yönünde ikna etmeye, en erken tecrübelerini ona unutturmaya çalışırlar, bütün bunları yaparken de yaptıklarının hep çocuğun iyiliği için olduğunu düşünürler. Çünkü onlara göre çocuk gerçeği kaldıramaz, gerçek karşısında incinebilir. Aslında tam da tersi olduğunu, yani *çocuğu inciten şeyin gerçeğin inkârı olduğunu* bilmezler.[93]

Duyarlı bir çocuğun şekil verilebilirliğinin neredeyse sınırları yoktur. Bu sayede bütün yasaklar çocuk tarafından içselleştirilebilir. Her ne kadar çocuk mükemmel bir biçimde istenen şekle sokulabiliyorsa da beden hafızası olarak da adlandırabileceğimiz bir şey daima kalır. ...

Daha önce de birçok kere bahsettiğim gibi, insana zarar veren, onu hasta yapan geçirdiği üzücü olaylar değil, *bu olaylar sırasında çektiği acıdan bahsedememesi, onu dile getirememesi*, öfke, hiddet, üzüntü, çaresizlik gibi duyguları göstermesinin ve yaşanmasının yasak olması *karşısında duyduğu ümitsizliktir*. ... Ana-babaları, çocuklarını hasta eden şeyin çektikleri acı değil, acının bastırılması olduğu gerçeğiyle sürekli yüzleştirmeliyiz. Bu bilgi sayesinde ana-babaların bazı şeyleri aniden anladıklarına ve *üzülme imkânı elde edip suçluluk hissinden kurtulduklarına* birçok kere tanık oldum.[94]

Sylvia Plath'in hayatını ve mektuplarını inceleyen Alice Miller, Sylvia Plath'in, annesine kendisini iyi hissettiğini söylediği mektuplar yazmaya mecbur olmasaydı, mesela annesi-

---

93 A.g.e., s. 304

94 A.g.e., s. 305, bold bana ait.

ne mutsuz, saldırgan mektuplar yazabilseydi intihar da etmek zorunda kalmayacağını söylüyor. Zira Plath'in içine düştüğü çaresizliğin nedeni çektiği acılar değil, yanında bu acıları paylaşacak birinin olmamasıydı.

Anne-babalardan hemen her zaman duyduğum şey, Alice Miller'ın da değindiği gibi, "çocukları için her zaman en iyisini yapmaya çalışmış" oldukları. Bu, aslında, kişinin kendisini kendisine ispat etmeye çalıştığını ele veren bir suçluluk duygusu içerir. Keşke çocuklarımız için en iyisini yapmaya canla başla çalışmak yerine, çocuğumuzun aslında ne istediğini duyabilsek ve yaptığımız "anne-babalıkla" bunu kendisinin de duymasına engel olmayı bıraksak. "Anne-babalık" dediğimiz şeyi, çoğumuz çoğu zaman hiç yapmasak daha iyiydi. Yine de tabii ki bu –ve diğer söylediklerim–, suçlama değil; özü ile anlaşılmasını ümit ettiğim bir durum.

Ben bu anlattıklarımla, çocuk olmanın temel dramının ne olduğunun, bunun nedenlerinin ve sonuçlarının, bu mekanizmanın nasıl işlediğinin, yani çocuğun halinin kavranmasını istiyorum sadece. Bunu anlatmak için neden bahsedersem bahsedeyim onun sadece örnek olduğunun, kavranmasını istediğim özün o örneklerin içinde saklı olduğunun bilinmesini isterim. Çocuk sahibi kimselerin "Ama şunu yaparken başka çaremiz yoktu.", "Evet biz de böyle yaptık, ama nedeni şuydu." gibi, kendilerinden, yaşanmış örneklerle sözlerime karşılık vermesi, bana gerçek odağımızdan uzaklaştığımızı düşündürüyor. Her şeyi, her şeyi unutalım; iyi kötü bütün hislerimizi, çocuğumuzla ne yaşandığını, doğru mu yanlış mı yaptığımızı bir kenara koyalım; sadece, sadece, küçük bir çocuğun halini anlamaya çalışalım. Kim nerede çocuklara ve çocukluğa dair ne anlatmaya çalışırsa çalışsın anlattığı şeyi kendi tecrübemizden, kendimiz "en iyisini yapmaya çalışırken" çocuğumuza verdiğimiz olası zarardan, niyetimizin aslında iyi olduğundan bağımsız olarak anlamaya odaklanırsak, belki o zaman içimizdeki "anne-babalık sesini" çocuğumuza uygulamak ve nasıl uyguladığımızı sorgulamak yerine çocuğumuzun sesini duyabilmeye de başlarız. Önemli olan ne benim çocukken ne yaşadığım, ne de sizin çocukken ve sonra çocuklarınızla ne yaşadığınız. "Benim bir odam bile yoktu!" gibi şikâyetleriniz, kurban kesip kesmediğiniz gibi detaylar benim söylemeye çalıştığım şeyle ilgisiz. Bir çığlık olan bu kitap, dilsizleştirilmiş, ağzı bantla kapatılmış çocuğun yardım çığlığı; duyulmak için çırpınan, başka derdi olmayan bir çığlık; anne-babalara bağıran bir çığlık değil, ya da onları hizaya getirme mercii değil. Eğer bir çocuğun neden ve nasıl dilsizleştirildiğini okura bir parça olsun duyurabiliyorsam, çocuğu anlatabilmek konusunda içimdeki şu çocuk dilsizliğini de aşabilmişim demektir. İşte ancak o zaman benden, sizden çıkar, "ayrı" bir varlık olan çocuğa ulaşabiliriz. Önemli olan, bir çocuğun oyuncağını komodinin üzerine koyması ya da koyamaması değildir; hiç kimse çocukken oyuncağını komodinin üzerine koyamadı diye acı çekmez aslında. Kendimize koyduğumuz yasaklar en ağırlarıdır ki onlar fiziksel yasaklar değildir. Kendimizden başka engelimiz olmadığını fark ettiğimiz her yerdeki engeller, çocukken oraya kondular. Bu işin doğasını çözelim ki o engelleri kaldıralım. Kendi engellerimizi kaldırmadan çocuğumuzunkini de kaldıramayız çünkü. Kötü anne babalık, "iyi evlat" olmaya çalışmaktan çıkar. Bakın, Auschwitz kumandanı Rudolf Hess kendisini nasıl anlatıyor:

> Bütün yetişkinlere, özellikle de yaşlı olanlara karşı büyük bir saygı göstermem gerektiği öğretilmişti. Nerede yardıma ihtiyaç varsa yardım benim ilk görevim oluyordu. Anne babanın, öğretmenlerin, rahiplerin [biz bunu "cami hocasının/imamın" gibi düşünelim] yani bütün yetişkinlerin istek ve buyruklarını yerine getirmem, bunlara uymam ve bunun hiçbir şey tarafından engellenmesine izin vermemem özellikle öğretilmişti. Onların söylediği her şey daima doğruydu.

Bu eğitim esasları kanıma işlemişti.[95]

Organize kötülükleri gözünü kırpmadan nasıl işlediğine hayret ettiğimiz kimseler arasında bu tip söylemler çok yaygındır. "Anne-baba saygısı" kavramı bir insan için ne kadar kutsal yahut önemli hale gelmişse, o kişinin Öteki'ne ve genel olarak bireylere, başkalarına o kadar saygısız olma hakkını kendinde görmesi ilginç bir tesadüf değildir. Nitekim bizim böyle bir kötülüğü nasıl yapabildiğine akıl sır erdiremediğimiz hemen herkes, yaptıkları kötülüğün iyilik olduğuna son derece kâni şekilde yapıyor o kötülüğü. "Evet, Yahudilerin ölmesi onlar açısından bakarsak kötü olabilir. Ama Yahudilerin ölmesi dünyayı daha iyi bir yer haline getirecekse bu ölüm iyi bir şey. 'Büyük iyilikler' için böyle küçük kötülükler her zaman elzemdir." diyor Naziler. Birine kasıtlı olarak kötülük yapan biri, kendi iyiliğini "greater good" (daha büyük fayda) gördüğü için yaptığı kötülüğün totalde iyi bir şey olduğunu düşünüyor. Konu ister vatan olsun, ister aile/toplum, ister kişisel konular, iyi bir şeyler için birilerinin ya da bir şeylerin "feda edilmesi" gerektiği düşüncesi, kötülüğün en yaygın kaynağıdır. Anne-babalar da, "Evet, çocuğuma bu yasağı koymak, şuna izin vermemek vs bana da çok ağır geliyor. Ama çocuğumun iyiliği için bunu yapmak zorunday/d/ım." derken aynı kaynaktan besleniyorlar.

Bütün kötülükler, iyi niyetle yapılır. Bir şeylerin "feda/kurban" edilmesi gerektiği düşüncesi, feda etmedeki kötülüğü görebilmemizi engeller. Nazilerin Yahudileri katletmesi ve Yahudi toplumunun da İsrail'i kurup kendilerine yapılanları Filistinlilere yapma hakkını kendinde görmesi, çocukken "iyi evlat" olalım diye kendimizi anne-babamıza kurban etmemizle ve sonra da çocuğumuzu bize, vatana, ailemize, toplumumuza, büyük bir ideale sözde "kendi iyiliği için" kurban etmemizle aynı şekilde işliyor. Yahudiler kurban edilmele-

95 A.g.e., s. 12

rinde kendilerinin aslında hiç suçu bulunmadığına yürekten inanabilselerdi, kimsenin kanını akıtmazlardı. "Kutsal" adını koyduğumuz her yerde "kurban etme" mekanizması da kendiliğinden devreye girer. Büyük "Anne" ve "Baba"ya benzeyen, yukarıda bir yerde durup bize parmak sallayan Tanrı içimizdeki tanrıya dönüştüğünde istediği şeyin aslında çocuğu kurban etmemek olduğunu anlarız.

Bir insanın anne-babasını affedememesi, anne-baba ölü olduğu halde kendisine yapılan yanlışları kabul edememesi, anne-babanın, ona hatalarını kabul etmesini istemesi, anne-babaya çocukluk döneminde geliştirilen bağlılıktan gelir. Bu bağlılık, bize anne-babamızın haklı, bizim haksız olduğumuzun öğretilmesiyle, bize onlardan ayrı, bağımsız bir birey olmadığımızın öğretilmesiyle ilgilidir. Bağımsız çocuklar olabilseydik şimdi de herkesi kolay affedebilir, anne-babamızın bize hatalarını görmesine bu sahte ihtiyacı duymazdık. Anne-babaya bağımlılığımızdan kurtulduğumuzda suçluluk hissimizden de kurtuluruz ve onları gerçekten affedebilmemiz o zaman, kendiliğinden gerçekleşir.

Bu bağlılığın –ki bu türde olan bütün bağlılıklar sağlıksızdır–, anne-baba sevgisi ile karıştırılması ne kadar acı… Tersine, gerçek sevgiyi ve saygıyı, bunların doğru yaşanmasını önleyen şey bu bağlılıktır. Önemli olan anne-babayla görüşmek ya da görüşmemek, onları suçlamak ya da suçlamamak değildir; ama anne-babasıyla görüşmeme ve onları suçlama hakkı olmayan biri nasıl özgür, bağımsız bir birey olabilir? İyi niyetle "Affet. / Katlan." derken muhataplarımızı o sağlıksız bağlılığa zorlayarak işleri daha da kötü hale getirdiğimizin farkında değiliz. "Çok zor durumdayım, ailemi şuna ikna edemiyorum.", "Hayatım mahvoluyor, çünkü şöyle yapıyorlar." gibi nedenler sayan insanlara bu muameleye katlanmak zorunda olmadıklarını söylediğimde bunu ihtimal olarak dahi daha önce hiç düşünmediklerini ifade ediyorlar. Ailesini memnun etmeye çalışmanın bedelini kendi hayatını kurban ederek, depresyonla ödeyen bir genç kadın bunu söylediğimde çok şaşırarak, "Bana daha önce hiç kimse... ailemle ilişkimi kesmeye hakkım olduğunu söylememişti. Böyle bir hakkım olduğunu bilmiyordum." demişti. Bir ilişkiyi o ilişkiyi kesme hakkınız olmadığına inandığınız için sürdürmeniz, ilişkinin devamı değil, köleliktir.

Anne-babanın sıhhatinin bir evlat için endişe kaynağı olmasını çok iyi anlıyorum. Ancak, bir insanı anne-babasıyla ilişkisine dair eleştirirken dışarıdan bakıyor, bir insanın anne-babasıyla ilişkisinin, derinliği o insan dışında hiç kimse tarafından anlaşılamayacak kadar şiddetli bir ilişki olduğunu yeterince takdir edemiyoruz. Sözgelimi, yabancı bir insana bakmak, çoğu kez, insanın kendi anne-babasına bakmaktan çok daha kolaydır; çünkü bir yabancıyla anne-babamızla olduğu gibi derin, şiddetli, yaralanmış bir ilişkimiz yoktur. Hiç kimseyi anne-babasıyla ilişkisi konusunda eleştirmemeli, kimseyi -müşfik şekillerde bile olsa- anne-babasını affetmeye ikna etmeye çalışmamalıyız.

Tabii ki kendimizi de...

*

İstanbul Tıp Fakültesi Psikiyatri Ana Bilim Dalı'ndan Prof. Dr. Doğan Şahin, yaptıkları araştırmanın sonucunu şöyle özetliyor:

> Geçen yıl orgazm olan kadınlarla, orgazm olamayan kadınları karşılaştırdığımız bir araştırma yaptık. Uzm. Psikolog Sibel Dinç'in yüksek lisans tezi olarak gerçekleştirdiği bu araştırmaya göre, anneleriyle bağımlı ilişkileri olan kadınlar orgazm olmakta sorun yaşıyorlardı. Orgazm olamayan kadınlar annelerine daha yakın oturuyorlar ve gün içinde anneleriyle daha fazla konuşuyorlardı. Yani bir kadın annesine ne kadar sık danışıyor veya annesi ona ne kadar çok karışıyorsa o kadar zor orgazm oluyordu.
>
> Orgazm olan kadınlar anneleriyle daha az sıklıkta iletişim

kuruyor, annelerinden daha uzakta oturuyor ama annelerini, orgazm olamayan kadınlara göre daha olumlu tanımlıyorlardı ve anneleriyle daha olumlu ilişkileri vardı. Orgazm olamayan kadınlar annelerini, müdahaleci, sert, otoriter, soğuk vb olarak tanımlarken, orgazm olan kadınlar annelerini daha yumuşak, sevecen, sıcak olarak tanımlıyorlardı.

Babalarıyla ilişkileri bakımından da benzer özellikler gösteriyorlardı, orgazm olamayan kadınlar babalarını daha sert ve uzak olarak tanımlarken, orgazm olabilen kadınlar babalarını sıcak ve yakın olarak tanımlamaktaydı.

Keza kendilerine ilişkin algılarında benzer nitelikler vardı: Orgazm olan kadınların benlik saygısı daha yüksekti.

Orgazm olan kadınların sevişirken aktif olma düzeyi ve sevişmeyi başlatma oranı orgazm olmayanlara göre anlamlı şekilde daha yüksekti.

Orgazm olan kadınlar, olmayanlara göre sevişme sırasında istedikleri veya rahatsız oldukları şeyleri daha fazla ifade ediyorlardı.

Orgazm olan kadınlar arasında mastürbasyon yapma oranı, orgazm olmayan kadınlara göre dört kat daha fazlaydı.

Orgazm olmayan kadınların cinsellikle ilgili korkuları ve sevişme sonrası hissettikleri suçluluk duygusu orgazm olmayanlara göre daha fazlaydı.

Her iki grubun da düzenli ilişkileri vardı, ancak orgazm olmayan kadınlar arasında evlilik, olan kadınlar arasında ise sevgililik ilişkisi daha yüksek orandaydı.

Sonuç olarak orgazm olan kadınlar olmayanlara göre daha güvenli, daha girişken ve daha özgür idiler.[96]

---

[96] Kaynak: https://drdogansahin.blogspot.com/2014/09/ozgurluk-ve-orgazm.html, "Özgürlük ve Orgazm" başlıklı yazıdan, 10 Haziran 2018 tarihinde erişildi.

Cinselliği, insanın aynasıdır. İnsanın hayatla ilişkisini en açık gösteren yer, ruhsal problemlerini en direkt yansıtan yer, cinselliği olur. Cinsellik, evlilik, nikah töreni, suçluluk duygusu ve kurban edilme arasındaki sıkı bağı ikinci bölümde açıklayacağım. Şimdilik, toplum-ebeveyn-çocuk üçgeninin her alan gibi kişinin cinselliğini de kaçınılmaz şekilde belirlediğini söylemekle yetineyim. Anne-baba çocuğa ne kadar hiyerarşiyi hissettirir, çocuğu "ayrı" bir birey olarak takdir edebilmekte ne kadar güçlük çekerse, çocuğun cinselliği o kadar problemli inşa edilir. Evet, cinsellik çocuklukla birlikte inşa edilen, var olduğumuz andan öldüğümüz güne kadar bizimle yaşayan, yaşama gücümüzü (dolayısıyla tabii ki "çocuk"u da) temsil eden bir şeydir. Ailedeki güç dengesi her zaman cinsiyetle de ve tabii toplumsal cinsiyetle de ilişkili olduğu için, ailesinin her şeyi onun iyiliği için yaptığına inanan kız çocuğu, bu benlik yaralanmasından, yazıdaki gibi, daha derin ve görünür cinsel yaralarla çıkacaktır belki. Ancak sözgelimi maçoluğun, cinsel zorbalığın da benliğe dair bir başka cinsel yaralanma biçimi olduğunu unutmayalım.

Anne-Baba Çocuğunu Kıskanmaz (mı?)

Dünya üzerindeki bütün kötülüklerin en yaygın, hatta belki tek nedeni, kıskançlıktır. Henry David Thoreau, kötülüğün binlerce dalı olmasına rağmen tek bir kökü olduğunu söylemişti. İşte o kök, kıskançlık. Nitekim çocuğu ve çocukluğu anlayabilmemizin önüne geçen temel etken de, kendi çocukluğumuzda çektiğimiz acılar.

Bir psikoloğun, herhangi bir acısını aktarmaya çalışan danışanına "O da bir şey mi; ben neler çektim!" diye müdahale ettiğini ve danışanının anlatmaya çalıştığı acıya dudak büktüğünü düşünün. Bu, psikoloğun danışanını anlayabilmesini imkânsız hale getirirdi, değil mi? Psikolog olmasanız bile, herhangi birinin ne söylemeye çalıştığını bu yaklaşımla (yatay düzlemde dahi) anlayabilmeniz imkânsızdır. Çocuklara karşı maalesef sadece anne-babaların değil, çok yetişkinin "Aman, bunlarınki bir şey mi. Bizim zamanımızda bize şöyle şöyle olurdu!" demesi, "Biz çektik. Onlar da çeksin." demektir, kıskançlık içerir. Size çocukluğunuzda çektiğiniz şeyleri çektirenler, yoksunluğunu hissettiğiniz şeylerin yoksunluğunu hissettirenler, kendi çektikleriniz yahut yaşayamadıklarınız yanında dertlerinin hiçbir şey olduğuna inanmak istediğiniz çocuklar değil.

Çocuk olsun olmasın herhangi bir insanı dinlerken "Aman, benim yaşadıklarım yanında bu ne ki!" diye düşünmeniz, kendi acınıza kendinizden bir başkasını anlayamayacak, duyamayacak, göremeyecek kadar gark olduğunuzu ve önce o acının nedenlerini çözümlemeniz gerektiğini gösterir. Benzer şekilde, anne-babalardan sık duyduğunuz "Biz onlar için her şeyi yaptık!", "Bizim çocukken yoksunluğunu çektiğimiz şeyleri onlara fazla fazla verdik!", "Hiç sahip olmadığımız olanaklara sahip olarak büyüdüler!" gibi söylemler, anne-babanın çocuğunu kendi çocukluğuyla kıyasladığına ve kıskandığına, çocuğa *verdiği* tüm bu şanslar ve olanaklar karşısında çocuğunun gerektiği gibi iyi, mutlu, minnettar olmamasına kızdığına, çocuğunu anlamadığına ve anlamayı da istemediğine kanıttır.

Çocukların duyguları hariç, dünya üzerinde hiç kimse bir başkasının duygularından mesul değildir. Bizse çocuklarımızın olumsuz duygularını anlamıyor, onlara sebep olduğumuzu göremiyor, ama kendi olumsuz duygularımızdan onları sorumlu tutuyoruz. Tam tersi olması gerekirken.

Alice Miller *Thou Shalt Not Be Aware* (Farkına Varmayacaksın) kitabında şöyle diyor:

> Kıskanç olduğu düşünülen, neden çocuk da anne-baba değil? Anne-babanın kıskançlık hisleri anne-baba oldu diye yok mu oluyor? Neden bir insanın kıskançlığının kendi çocuklarına hiç yönelmediği varsayılıyor? Anne-babanın, çocuğunun kendisininkinden daha büyük olan özgürlüğünü, içinden geldiği gibi davranabilmesini, kendi-

sinden daha az sorumluluğa sahip olmasını, daha çok boş vakti olmasını, daha az derdi tasası olmasını kıskanması gibi son derece gerçek bir faktör nasıl oldu da psikanalizde hep göz ardı edildi?[97]

Daha önce, F.'nin kendisi okula gönderilmeyen, ama "kızını buna rağmen okula göndermesi"ni bir lütuf gibi sürekli F.'nin yüzüne vuran, karşılığında minnet bekleyen annesinden bahsetmiştim. F. çocukluğuna dair bir konuyu açtığında annesi hâlâ, birden öfkelenerek "Senin bunları değiştirme şansın oldu, çünkü sen okula gittin! Sen okula gittin!" diye bağırmaya başlıyormuş. Kızını ilkokuldan sonra okula gönderme lütfunda bulunması üzerinden otuz yıldan fazla zaman geçmiş bir kadının, hâlâ her meselede okul konusunu açmasını ve "Sen okula gittin! Ben gitmedim! Sen şanslısın! Ben şanssızım! Sana olanak verildi! Bana verilmedi! Madem böyle, sana verilmemiş başka şeyleri de o olanakla aşsaydın; acı duymasaydın. Benim mutsuz olmaya hakkım var ama senin yok." demesini, üstelik kızını okula gönderdiği yıllarda bir yandan F.'ye hayatını zindan etmesini kız "sonuçta okula gittiği için" önemsiz saymasını, kıskançlık dışında bir nedenle açıklayamayız.

Kocasının cimriliğinden çeken bir başka annenin, kızına cimri davranırken hep "Sana kalacak hepsi sonuçta!" diye bağırdığını ve kocasının mal varlığının "zaten kızına kalacak" olmasını bu anneyi nedense öfkelendirdiğini, kızın geçmişte ve şimdi mal varlıklarından faydalanamayışı karşısında bu ihtimali makul bir gerekçe olarak öne sürdüğünü biliyorum. İster çocuğunuz olsun ister bir başkası, olası bir miras için "Sana/ona kalacak sonuçta!" gibi bir cümle kuruyorsanız, aslında "Neden bana değil de ona kalıyor?", "Neden bu varlıktan ben faydalanamıyorum da o faydalanıyor/faydalanacak?", "Orada bir varlık var ve bunun tadını ben çıkaramıyorum, o çıkaracak." diye düşünüyor, kıskanıyorsunuzdur.

97 A.g.e., s. 60

F. yirmilerindeyken, annesine duyduğu ve çok üzüldüğü bir olayı aktarmış. Bir erkekle bir kafede oturdu diye kızının başını mermerlere vurarak döven baba, henüz ortaokul ikinci sınıfa giden kızı okuldan almış ve senelerce evden çıkarmamış. Bu olayı duyan annesi, duygusuzca omuz silkip, "Kız bir erkekle bir kafede oturmuş sonuçta," demiş, babaya hak verir gibi; "Babam beni böyle bir şey yapmayayım diye okula göndermemişti."

Kıskançlık, biri için "Aslında o şansı ben hak ediyorum ama bende değil onda var." diye düşünmektir. F.'nin annesi burada "Ben olsam böyle bir şeyi asla yapmazdım, ama buna rağmen babam beni okula göndermedi. Bu kızı babası göndermiş, ama kız kendisine tanınan şansı suiistimal etmiş." diye düşünmüş olmalı. Başka bir konu olsa, muhtemelen böyle acımasızca, "Oh olsun!" der gibi konuşmayacaktı. Nitekim F.'nin annesi F.'ye ortaokula başladığı yıllarda, gerçekleşmemiş şeylerin potansiyel suçlusu olmaktan sorumlu tuttuğunda, "Babam beni niye okula göndermedi ha, niye göndermedi! İşte bunları yapmayayım diye!" şeklinde bağırıyor, olmamış şeyler için F.'nin üzerine bu kadar gitmesini *bu gerekçe nedeniyle* haklı görüyormuş. F. on yılı aşkın zamandır evli ve hiç orgazm olmadı, annesinin ise böyle bir sorunu yok. Annesinin okul travmasının F.'ye verdiği psikolojik zarar dedesinin annesine verdiğinden daha büyük.

Uğruna feda edildiğimiz, mecburen fedakârlık gösterdiğimiz şeye körü körüne bağlanırız, onu çok önemli bir yere koyarız. Benzer şekilde, çocukluğumuz feda edildiği için kendi çocuklarımızı böyle acımasızca feda edebiliyoruz. Bunu görebilmemizi sağlayacak mekanizma, feda edilmenin ve feda ettiğimiz şeylerin acısı yüzünden gölgelendi. Ama o perdeyi kaldırmak mümkün.

İnsanın kendi çocuğuna cinsel arzu duymasının yaygın bir durum olduğunu, ancak, Viktoryenlerdeki gibi bu arzunun *inkârının* cinsel taciz içeren eylemlere götürdüğünü, bu arzu onu hisseden tarafından diğer hislerden ayrıştırılabildiğinde, açıkça kabul ve ifade edilebildiğinde cinsel tacizle veya alternatif istismarlarla sonuçlanmadığını biliyoruz.[98] Kıskançlık da –ister çocuğa ister başka birine duyulsun– böyle. Anne-babalar çocuklarına o olumsuz hislerini kıskançlık olarak ayrıştırabilseler, çocuklarını kıskandıklarını kabul etseler, bu kıskançlık çocuğa zarar veren bir durum olmazdı. Ama kıskançlık, çeşitli şekillerde rasyonalize edilerek yadsınır. Seneler önce, o zamanlar henüz hiç görmediğim, tanımadığım, bana sadece öykü kitabı yazdığım için büyük öfke duyan bir genç kadın "Ben kişileri değil, durumları kıskanırım. Sizi değil, size verilmiş şansları kıskanıyorum." demiş, daha sonra bunu şöyle açıklamıştı: "Dünyanın en iyi öykücüsü benim. Ama tembellikten dolayı oturup yazmadım hiçbirini. Dünyanın en güzel öyküleri kenarda bekliyor ve siz oturup öykü yazdınız diye, birileri bunu yayımlamaya değer bulup yayımlamış. Öfkem, size verilen şansa."

Bu genç hanımın iddia ettiği gibi, bir insanı ve durumları, o insana "verilen", yahut o insanın bir şekilde sahip olduğu şansları kıskanmak diye bir fark yoktur. Yirmi yıldır metin yayımlayan biri olarak, yazmam dışında hiçbir nedene dayanmayan türlü düşmanlıklara da aşinayım ve kişilerin kıskançlıklarını ne kadar mantıksız biçimlerde rasyonalize edebildiğini biliyorum. Anne-babanın çocuğunu kıskandığını inkar ederken, çocuğa duyduğu öfkeyi rasyonalize etme biçimleri de böyle. Ama söz konusu kişi "anne-baba" olunca, aslında hiç de rasyonel olmayan bu rasyonalizasyonların ne kadar saçma olduğunu fark edemiyoruz. Anne-babalar çocukları hakkında öfkeli konuşurken kullandıkları dile dikkat edin. "*Bana vermediler, ama ben ona verdim*,", "Şuna *sahip*, *yine de* memnuniyetsiz/mutsuz/başarısız/nankör.) vurgusunun, bu öfkenin temelinde olduğunu göreceksiniz. Peki bunun, "Ben kişileri değil, durumları kıskanırım." gibi saçma

[98] Bkz. a.g.e., s. 116

bir argümandan ne farkı var kıskançlık açısından? Gerçek şu ki anne-babalar hakikaten fedakâr olsaydı, "nankör evlat" diye bir kalıp yerleşmezdi.

Çocuğa Size "Lütfen" ve "Teşekkür Ederim" Demesini Öğretmek Neden İstismardır?

Alice Miller *Banished Knowledge* (Yasak Bilgi) kitabında, genç bir Amerikalı annenin kendisine gönderdiği mektubu paylaşıyor. Bu genç anne, mektubundan anlaşıldığı kadarıyla, üç yaşındaki oğlu Daniel'a son derece saygılı davranan bir anne; annesi dahil herkesi de çocuğa böyle davranmaya mecbur tutuyor. Kendisini yetiştirirken katı davranmış annesi kızının torununu fazla şımarttığını düşünse de, torununa kızının uyarılarınca elinden geldiğince saygılı yaklaşıyor. Anne, Daniel'ı –anladığım kadarıyla ilk kez– iki gün kalması için anneannesine bırakıyor. İki gün sonra annesi Daniel'ı aldığında Daniel arabaya biniyor ve "Bir daha anneannemde kalmak istemiyorum." diyor. "Neden?" diye soruyor anne. "Çünkü o benim canımı yaktı." diyor çocuk.

Genç anne, annesini arayıp ne olduğunu sorduğunda, anneanne tek yaptığının, çocuğa sofrada "lütfen" ve "teşekkür ederim" demeden yiyeceklere uzanmasının yanlış olduğunu anlatmaya çalışmak olduğunu söylüyor. Kadın, torununun bu hareketini muhakkak düzeltmesi gerektiğine inanıyor, çünkü çocuğun gittiği bir başka yerde de böyle davranması halinde ayıplanmasından korkuyor. "Annem," diyor, mektubu yazan kadın, "böyle davranarak oğluma iyilik ettiğini sanıyordu; bu davranışının aslında kendi çocukluk korkusundan kaynaklanan bir zorunluluk hissi olduğunun farkında değildi. Oğlumu, kendisine itaat etmediği takdirde daha az sevmekle tehdit ettiğinin farkında değildi." Genç anne, bu davranışın her şeyden önce, çocuğun ruhunu boş gelenekler için kurban etmek olduğunu vurguluyor.

"Annem bu gerçeği anlamasa da, Daniel anlamıştı; ve kendisi için mümkün şekilde ifade etmişti," diyor anne.

Olay tam olarak şu şekilde gerçekleşmiş. Yemekte, çocuğun en sevdiği tatlı olan sufle varmış. Daniel kendi tabağına konan sufleyi bitirmiş, ve sonra eline servis kaşığını alarak sufle tabağına uzanmaya yeltenmiş. Bunu evde de hep yaparmış, ve anladığım kadarıyla, kendi yemeklerini tek başına tabağına koyduğunda bir şey başardığını hissederek, kendi bağımsızlığını, inisiyatif alma gücünü hissederek, kendisiyle gurur ve mutluluk duyuyormuş çocuk. Fakat anneanne, *elini* çocuğun tatlı tabağına uzanan *elinin üzerine* yumuşakça koymuş, ve "Önce, 'Biraz daha alabilir miyim?' diye sormalısın. Tatlının başkalarına da yetip yetmeyeceğini sormalısın." demiş, çocuk kendisine verilen "hakkı" çoktan tamamladığı için. Daniel "Hangi başkaları?" demiş ve kaşığı atarak ağlamaya başlamış. Bundan sonra anneanne yemesi konusunda ısrar etse de tatlıdan almayı reddetmiş. Artık aç olmadığını, eve gitmek istediğini söylüyormuş. Anneannesi çocuğu sakinleştirmeye çalışsa da öfkesi dinmemiş. Biraz ağlayıp bağırdıktan sonra anneannesine "Sen benim canımı yaktın; seni sevmiyorum. Anneme gitmek istiyorum." demiş. Bir süre daha geçince, "Bunu bana neden yaptın? Ben kendi tabağımı kendim doldurmasını biliyorum!" demiş. "Evet, biliyorsun." demiş anneanne; "Ama sofra adabını da öğrenmelisin." "Ne için öğrenmeliyim?" demiş Daniel. "Çünkü insanın onlara ihtiyacı vardır." demiş anneanne. Daniel o zaman sakince, "Benim onlara ihtiyacım yok. Annemleyken canım ne zaman isterse o zaman yiyebiliyorum." cevabını vermiş.

Alice Miller, "İşte, evde ona kendisini korumasında bir sakınca olmadığı öğretilmiş sağlıklı bir çocuk haksızlığa uğradığında tepkisi budur." diyor. Gaye Elmas Ünver, çocuğunun poposuna vurduğunda çocuk ona kırgın gözlerle bakmış ve "Anne, bana bunu neden yaptın?" diye sormuştu; çünkü çocuk, benliğine daha önce saygı duyulmuş bir çocuktu ve bu sayede şimdi haksızlığa uğradığını fark edebiliyordu. Maalesef çok çocukta, anne-babasının ve dolayısıyla bir başkasının ona haksızlık ettiğini fark edebileceği mekanizma baştan öldürülmüştür.

Alice Miller, çocuk sahibi olmaya karar vermis herkesin, bu davranışla sofrasındaki yemeği ona borçlu hale geldiğini, çocuğun o yemekten almak için sizden izin istememesi gerektiğini söylüyor. "Küçük bir çocuk, sofradaki yetişkinlerin birbirlerine 'Lütfen.', 'Teşekkür ederim.', "Eline sağlık." dediklerini gözlemlediğinde, böyle bir şey kendisine öğretilmeden, aynısını otomatik olarak yapmaya başlayacaktır zaten."[99] diyor. Miller'ın ifadesiyle, çocuğun burada kendisine sunulan sebebi anlamaması normal; nitekim sağlıklı bir çocuğun böyle bir sebebi *anlamaması* gerekir, çünkü bu sebep, yalnızca anneannenin kendi geçmişiyle birlikte değerlendirildiğinde anlaşılabilecek, aslında boş ve anlamsız bir sebeptir. Doğal davranışları engellendiği zaman ya da kendisine anlamadığı bir sebep ileri sürüldüğü zaman bu şekilde kendisini müdafaa etmeye, öfkesini göstermeye izin verilmiş, buna teşvik edilmiş çocuk, sağlıklı çocuktur. Çocuğun "Anneannemde kalmak istemiyorum. Çünkü o benim canımı yaktı." diyebilmesi, olanları anlayabilmesi, hisleriyle ilişkisinin zedelenmediğini, realiteyi doğru yorumladığını gösteriyor.

Sofrada çocuğuna verilecek "pay"ı kendisi belirleyen, bu paydan daha fazlasını isteyen çocuğu izin almaya zorlayan annenin yanlış bir şey yaptığını çocuğun fark edebilmesi imkânsızdır. Gidecek başka yeri olmayan, "Sen benim canımı yaktın. Anneme gitmek istiyorum." diyemeyecek çocuk, mecburen uyum sağlamaya çalışacak ve yemekler için izin istemesi gerekmesinden, evdeki yemeklerin ve eşyaların, anne-babalara ait olduğu sonucunu çıkaracaktır. Burada anneannenin eliyle torununu engellemesi, bu elin dokunuşu ne kadar yumuşak olursa olsun bir müdahale, çocuk için son

99 A.g.e., s. 178

derece küçük düşürücü, gurur kırıcı, çocuğun özgür iradesini ve benliğini hiçe sayan bir davranıştır; hepimiz bu şekilde büyütüldüğümüz için anlamakta zorlansak da, gerçekten "can yakmak"tır. Alice Miller, anne-babasıyla deneyimi olumlu olmasaydı, Daniel'ın anneannesinin elinin en hafif dokunuşundan bile utanca kapılacağını, yanlış bir şey yapmış olmaktan, adaba uygun davranmamaktan, hatta bağımsızlığından gurur duymaktan suçluluk duyacağını ve bu durumun ruhuna işleyeceğini, nedenlerini anlamasa bile ilelebet onda kalacağını, böyle bir utancın anoreksiye dahi varabileceğini anlatıyor.[100]

"Ya başkaları ya çocuğunuz" sözümü burada tekrarlayacağım. "Ya çocuğuma bu kuralları gereğince öğretemezsem de beni bir yerde rezil ederse? Orada 'Ailesi bu çocuğa iyi bir terbiye verememiş, adap öğretememiş.' derlerse?" gibi bir endişeniz varsa, bu endişenizi haklı gördüğünüz ölçüde onu çocuğunuzun mutlulululuğuna tercih ettiğinizi hatırlayın.

Çocuğa "yasal günah geçisi"[101] diyen Alice Miller, kitabın ilerleyen bir yerinde şöyle söylüyor:

> Anne-babanın ne yaparsa yapsın suçlanmaması gerektiği düşüncesi, kimsenin ifade etmediği zararlara neden olmuştur. Realiteyi görmeye çalışalım. Çocuğa hamile kalma eylemiyle, anne-baba çocuğun her tür bakımını üstlenmeye, çocuğu korumaya, ihtiyaçlarına cevap vermeye, onu istismar etmemeye dair bir taahhütte bulunmuş olur. Kredi çekmeleri halinde bankaya borçlanacakları gibi, bu mecburiyetleri yerine getirmekte yetersiz kaldıkları takdirde çocuğa aynı, bankaya borçlandıkları gibi borçlanmış olurlar. Çocuğu hamile kalma eylemlerinin sonucunun bu olacağının farkında olsunlar ya da olmasınlar, bu yükümlülükleri bakidir.

Bir çocuğu dünyaya getirmek ve gereğini yapmamak

---

100 Miller'ın bu olayı anlattığı bölüm için bkz. s. 176-180. Alıntı belirtmediğim cümleler kendi mealim.

101 A.g.e., s. 196

nasıl mazur görülebilir? Çocuk, bir oyuncak ya da kedi yavrusu değildir; potansiyellerini geliştirmesi için büyük miktarda sevgi, ilgi, bakım isteyen bir ihtiyaçlar yumağıdır. Buna hazır olmayan insanlar, çocuk yapmamalıdır.[102]

1993 yılında İngiltere'de, Liverpool'da, 10 yaşında iki çocuk, 2 yaşındaki James Bulger'ı alışveriş merkezinden kaçırmışlar ve döverek öldürmüşlerdi. Çocukların James Bulger'ı bazen eğlendirdikleri, bazen de başına taşlarla vurdukları 4 km'lik yürüyüşlerinde onları tam 38 kişi görmüş, ama hiçbiri olağandışı bir durum olduğunu akıl edememişti. Çünkü çocuk bazen dayak yiyor, bazen de eğlendiriliyordu. Şahitler, James Bulger'ı kahkahalarla gülerken gördüklerini söylüyorlardı.

Anne-babaların çocuklarına yaptıklarının bundan farklı olduğunu düşünmüyorum. Anne-babalar da çocuklarının ruhunu, bu iki çocuk gibi yavaşça, aralarda çocuğu mutlu ederek ve bu şekilde çocuğun kafasını karıştırarak öldürüyorlar. Çocuklar bir ölüm yürüyüşüne çıkarılmışlarken, biz onları anne-babalarının yanında, kahkahalarla gülerken gördüğümüzü söylüyoruz. Çocuk, anne-babası bazen onu mutlu ettiği, güldürdüğü, ara ara onlarla iyi vakit geçirdiği için, anne-babasının ona acı çektirdiğinin farkına varamadan, yavaş yavaş ölüyor.

Kitleler İçin Çocuğun Görünmez Oluşu

Bir insanın anne-baba ve çocuk ilişkisi hakkındaki düşünceleriyle devlet ve vatandaş ilişkisi hakkındaki düşünceleri arasında her zaman sıkı bir bağ vardır. Anne-babanın her zaman haklı olduğunu ve çocuğun aile için kurban edilmesi gerektiğini savunanlar, sert ve totaliter devlet yapılarını hoşgörür, kişinin vatan için kurban edilmesinin güzel olduğunu, vatandaşın devlete itaatinin önem arz ettiğini düşünürler. Bir insan,

102 A.g.e., s. 192

bireyin toplumdan, devletten "ayrı" varlığını ne kadar idrak edebiliyor, destekliyorsa, çocuğun anne-babadan ayrı varlığına da o kadar saygı duyabilir.

Alice Miller *Thou Shalt Not Be Aware* (Farkına Varmayacaksın) kitabında, insanların politikacılar tarafından kandırılmaya bu kadar müsait olmasının, Anne ve Baba'nın dışarıda ve yukarıda, büyük, güçlü, her şeye gücü yeten varlıklar olarak çocuğa istediğini onun iyiliği için yapabileceğini öğrenen çocuğun, "ayrı" bir birey olarak varlığını sürdüremediğinden şimdi sevgi, onay, bağlılığı, kurtuluşu politik -yahut başka türlü- bir liderde aramasına dayandığını, politikacıların ve eğitimcilerin aslında tek yaptığının kişinin çocukluk travması nedeniyle hazır bulunan psikolojik mekanizmasındaki tuşlara basmak olduğunu, nitekim Hitler de bunu yaptığı için kitlelerin yoğun desteğini bu kadar kolay toplayabildiğini, Hitler'in ne yapması gerektiğini kendi acımasız babasından bildiğini anlatıyor. Çünkü, "Daha çocukken pedagojik açıdan kötü yönde etkilenmiş insanlar, yetişkin birey olduklarında kendileriyle neler yapıldığını fark edemezler."[103] ve "Kitlelerin, kendi babalarını gördükleri önder konumundaki insanlar, aslında öç alan çocuktur. Kitleler kendi amaçları (öç almak) için bu kişiye ihtiyaç duyar."[104]

> Karşısına kendi babası gibi konuşan, onun gibi hareket eden bir adam çıktığında, yetişkin de demokratik haklarını unutacak, hatta belki onları hiç algılayamayacak, kendini bu adamın boyunduruğu altına sokacak, ona sevgi gösterilerinde bulunacak, kendini ona kullandırtacak, ona güvenecek, sonunda tamamen ona teslim olacak ve köleliğinin farkında olmayacaktır. İnsanın hiçbir şeyin farkında olmaması, çocukluğunun devam ettiği anlamına gelir.[105]

---

[103] *Başlangıçta Eğitim Vardı!*, s. 289

[104] A.g.e.

[105] *Başlangıçta Eğitim Vardı!*, s. 101

Çocuğun durumunun, psikolojisinin kitle için ne kadar görünmez olduğunu sosyal yaşantımızdan iki örnekle anlatmak istiyorum. Bunlardan ilki, altı yıl önceki Gezi olaylarından. Parkta büyük bir çatışmanın beklendiği akşam, insanlar parka normal bir günde parka gider gibi pusetlerle gitmişlerdi. Bebeklerin, iki, üç, beş yaşında çocukların, polislerle çevrili o alana bilerek götürüldüğüne gözlerimle şahidim. O dönemin sıradan bir günlük gerçeği haline gelmiş gaz saldırıları sonunda gece park alanı boşaltıldığında, iki, üç, beş yaşında çocukların sahipsiz şekilde ortada kaldığını, çocuklar fena halde korkmuş olduklarından konuşamadıkları için isimlerinin ve anne-babalarının da kimliğinin bilinmediğini söyleyen yardım çağrıları dolaşmaya başladı internette. Sadece ve sadece böyle korkunç bir geceye, gaz saldırısına, polisin hayli sert müdahalelerine, anne-babanın polis karşısındaki çaresizliğine şahit olmanın bile bir çocuğun psikolojisini bozmaya yetecek bir travma olduğunu söylememe gerek yok. Çocuğun her şeyi misli şiddetiyle duyduğunu, yaşadığını, bir yetişkinin bile kendisini savunmak konusunda aciz kaldığı yerde onun zaten küçük ve güçsüz bedeniyle kendisini çok daha çaresiz hissedeceğini hesap etmenizi rica ediyorum. Bunun üzerine bir de o ortamda yalnız ve savunmasız bırakıldığınızı, normal şartlarda, güvenli bir ortamda dahi bakımına muhtaç olduğunuz anne-babanızın sizi koruyamadığını tüm hücrelerinizle hissettiğinizi, kendinizi birden, size tamamen yabancı insanlarla çevrelenmiş halde bulduğunuzu düşünün. Bir anne-babanın orada olacakları bildiği halde hangi akla hizmetle çocuğunu kendi elleriyle böyle bir cehennemin içine attığına hâlâ akıl sır erdiremiyorum.

Beni daha da hayrete düşüren, hiç kimsenin anne-babaların bu davranışını eleştirmemesi oldu. İnternette özellikle aradım. Herkes çocukların anne-babalarına ulaştırılması, en azından kimliklerinin öğrenilmesi, şimdi kimlerin yanında bulunduklarının bilgisinin yayılması konusunda seferber olmuştu, ama bir çocuğun o gece orada o halde bulunması çok normal bir şeymiş gibi yapıyorlardı bunu.

Güncel toplumsal olaylar konusunda söz söylemekten özellikle imtina eden biriyim. Ama oradaki vahşet içinde oradaki vahşetten daha büyük bir vahşet yaşanırken hiç kimsenin bu "dilsiz" çocuklara dair söz söylememesine gönlüm razı olmadı ve bu yüzden, insanların oradaki yanlışın ne olduğunu düşünmesi ve görmesi dileğiyle, o zamandaki Twitter hesabımdan konuyla ilgili iki tweet attım. Sözlerim büyük tepkiyle karşılandı. Gram beynimin olmadığını, büyük resmi göremediğimi, orada insanlar canlarıyla uğraşırken benim kalkıp ortalıkta ağlayan çocuklar gibi önemsiz bir detaya takıldığımı, kör ve akılsız olduğumu, insanların tüm bunları zaten çocuklarının iyiliği, geleceği için yaptığını, orasının park olduğunu ve insanların parka çocuklarıyla gitmesinden daha doğal bir şey olamayacağını, anne-babaları eleştirmemin polis şiddetini mazur görmek anlamına geldiğini, bunları yapan kişiler polisken benim anne-babaları eleştirmemin çok yersiz olduğunu, polise destek anlamına geldiğini vurgulayan, ama bunlar yanında hayli sert sözler içeren, onlarca ve onlarca hakaret aldım.

Önemli olan, bana nasıl ve ne şekilde hakaret edildiği değil tabii ki. Bu örnek üzerinden burada anlatmak istediğim şey, kitleye, yapılmış bir yanlışı soğukkanlılıkla göstermek istediğinizde dahi çocukların realitesine karşı bu kadar kör, sağır, duyarsız olabilmeleri ve çocuklara bu toplu hatayı, anne-babanın çocuğa hata yaparken kullandığı söylemlerin tıpatıp aynılarını kullanarak yapmaları. Çocukları özel günlerde ve aslında her gün bahçeye dikmenin ne kadar yanlış olduğunu söylediğimde "Dikilsinler biraz; sonuçta uğruna dikildikleri kişiler onlar için ne fedakârlıklara katlandı; onlar da katlansın!" diyenlerle "Anne-babalar bunu çocuklarının geleceği güzel olsun diye yapıyor. Anne-babalar çocukları için orada canlarını tehlikeye atarken çocukların başına böyle şeyler gelmesi hiçbir şey. Böyle bedeller hep ödenir!" diyenler aslında aynı düşünceden besleniyorlar.

Nisan 2016'da Akbank Sanat'taki bir derste, ideal toplumun her bireyin *kendisi* olarak var olmasına izin verirken aynı zamanda o toplumun bir *parçası* olarak da barınabilmesine müsait yapıda olan toplum olduğunu, kimsenin bireyselleşmeden sağlıklı sosyalleşemeyeceğini uzun uzun anlattım. Sözlerimin hepsini gönülden katılarak destekleyen, onlara adeta alkış tutan akademisyen bir katılımcı vardı. Bu katılımcı, Gezi'ye götürülen çocuklar örneğini verdiğimde ağlamaya başladı. Ağlıyordu, ama çocuklar için ağlamıyordu. "Çok haksızsınız!" diyordu bir yandan; "O insanlar başka çareleri olmadığı için bunu yaptılar ve oraya çocukları götürmek yapılması gereken şeyin bir parçasıydı. Başka çare yoktu." Yani ağladığı şey, kendisinin ve halkın içinde bırakıldığı siyasî çaresizlikti. Bu çaresizliğe üzüldüğü için çocuğun çaresizliğine üzülemiyor, kendisini siyasî anlamda çaresiz hissettiği için çocuğu olası bir kurtuluşa kurban etmeyi olağanlaştırabiliyordu. Nitekim "kutsal"ın, kendi kurbanını yarattığını söylemiştim. Bu hanım Gezi'yi kutsallaştırdığı için çocukları kendi kurtuluşumuz adına kurban etmeyi önemli bir bedel addedemiyordu. Kısacası yaptığı şey, anne-baba karşısında çaresiz kalan çocuğun kendisi anne-baba olunca çocuğuna o acının bedelini ödetmek suretiyle artık o bir zamanlar hissettiği çaresizliği alt etmesine, anne-babanın kendi çocuğuna ne yaptığını görememesine, bu kendisine anlatılmaya çalışıldığında anlayamamasına, çocuğa yapılan hataları kolaylıkla hafife almasına, o kadar, o kadar benziyordu ki. Nitekim bu iki durum aynı psikolojik mekanizmanın mamulleriydi.

Gezi, onun için kutsaldı. Dolayısıyla o gün parka giden bazı insanların yaptığı bir hareketi eleştirmeyi Gezi'yi eleştirmek gibi algılıyordu. Aile kutsal olduğu için anne-babayı tümden haklı gören, anne baba ne yaparsa yapsın çocuğun iyiliği için yaptığından asla eleştirilemeyeceğini, eleştirenin de hep karşısında olunması gerektiğini savunan anlayıştan farklı değildi aslında yaptığı. Bu anlayışla büyümeseydi şimdi belki o gece korkudan dili tutulmuş çocuklara merhamet gösterebilecekti. Halbuki iyinin kötüden, doğrunun yanlıştan, güzelin çirkinden böyle keskin hatlarla, siyah-beyaz gibi ayrılması, eğer anne-babalarımız bizi "ayrı" bir varlık olarak sevememiş, takdir edememişlerse ve kendi yeğledikleri değerleri bize dayatmışlarsa, onlar Anne ve Baba olduğu için bu değerleri keskin şekilde içselleştirmiş olmamızdan kaynaklanır. Devletlerin istismarı ile ailenin istismarının bu açıdan pek farkı yoktur.

Halbuki bu hanımın anlamadığı şey şuydu. Günlük hayatımızda ve siyasî hayatımızda onun bahsettiğine benzer türlü sorunlarla karşılaşan, çaresizlikle çevrelendiğimiz, ifade özgürlüğünün kısıtlanması, polis şiddeti dahil olmak üzere her tür baskıyı yaşayan bir toplum olmamız, zaten çocuklara yapılan hataların önemini görememekten, onları onların realitesi içinde değerlendirememekten geliyordu. Gezi'ye neden olan şeylerin de anne-baba şiddetini normalize etmekle ilgisiz olduğu düşünülemezdi. Bizim gerçek sevgiyle, saygıyla, hislerini anlayarak yaklaştığımız çocuklarımız olsaydı, toplum olarak tüm sorunlarımız zaten kendiliğinden ortadan kalkar, zamanla, böyle siyasî gündemleri ve birbirimizi konuşmak yerine sanatı, edebiyatı, başka icatları konuşur olurduk. Bunu bir türlü yapamıyor olmamız, aile baskısının kısır döngüsünden bir türlü çıkamıyor olmamızdan kaynaklanıyor. Siz çocuklara *kurban edilebilecek* varlıklar olarak yaklaşırsanız, onları kurban ettiğiniz değerler *ne kadar yüce değerler olurlarsa olsunlar*, çocuklar büyüdüklerinde kendilerine reel ya da sembolik diktatörlükler yaratır ve diktatörlerine sizin çocuğa şiddetinizle doğru orantılı bir sevgiyle bağlanırlar, baskıyı ve zulümü normalize ederler, bunları benliklerini ezen durumlar olarak görmezler. Bir çocuğa sizin ona çektirdikleriniz karşısında acısını ifade etmeyi yasaklamakla bir devletin bireylerine bireyin acısını ifade ettiği biçimleri yasaklaması arasında fark yoktur; bunlardan biri yaşanıyorsa, o toplumda diğerinin de yaşanılması kaçınılmazdır. Nitekim bugün içinde yaşadığımız siyasî konjonktür, anne-babanın kendisine yapılanı çocuğuna yaparken onda kötülük görememesi gibi, onlarca yıldır zulüm ve baskı görmüş bir kesimin şimdi aynı baskının tersi tarafından yapılmasını anormal görememesinden kaynaklanıyor. Atalarımızın bebekken dövüldüğü, anne-babalarına söz söyleyemediği ve daha birçok şey doğduğumuzda nasıl beden hafızamızda mevcutsa, şimdiki nesiller de anne-babalarının ve öncesinin yaşadığı acıları gizli bir yerde hissederek doğuyorlar.

Çocuk, kurban etmesi en kolay olandır; halbuki çocuğu kurban ettiğimizde kendimizi de kurban etmiş oluruz. Jung, "Hakiki olan her şey, değişmelidir; ve sadece, değişebilen şeyler hakiki olarak kalır."[106] diyor. İşte buradaki "yenilenme"yi, değişme kapasitesini, bir şeyin hakikiliğini, yaşayabilmesini temsil eder çocuk. Fakat burada çocuğun temsil ettiği şeyi, reel hayattaki çocuktan ayıramayız. Reel çocuğu kurban etmeye hakkınız olduğunu düşünerek asla güzel bir şey yaratamazsınız. Ve, bunun tersi de doğru; reel çocuğu kurban etmeyi göze alarak yarattığınız hiçbir şey *gerçekten* yaratılmış olmaz, "yeni" olmaz, güzel zaten olamaz. Ne olursa olsun iyiliğini öncelememiz gereken şey, her şeyden önce çocuktur. Bir şey, ne kadar güzel bir şey olursa olsun, her zaman kendi kendisinin tersine dönüşme potansiyelini içinde taşır –ve her şey gibi dinler de buna dahildir–; işte, güzel bir şeyin amacının tersine dönüşmesini önleyecek tek şey, "yenilenme", yani çocuktur. İster sanatta ister fikir dünyasında ister başka bir alanda bir şeyin kurumsallaşması, kemikleşmesi, anlamın yok olmasıdır; işte o anlam çocuktur. *Fildişi Kuyu*'da, söz'ün erkek, anlam'ın kadın olduğunu anlatmaya çalışmıştım; çocuk, erkek ve kadı-

106 İngilizcesi: "All true things must change, and only that which changes remains true." *Mysterium Coniunctionis* kitabından

nın, yatay ve dikeyin birleşmesinden ortaya çıkan şeydir; kelimenin, anlamla birleşmesinden ortaya çıkan anlamdır, yeni anlamlar potansiyelidir, anlamın çoğalması, derinleşmesidir. Çocuğu kurban etmek, özü şekle kurban etmektir. Çocuk yeniden doğma, doğurma ve doğurulma kapasitesidir. Bizse çocuğu önce doğurup sonra kurban ediyoruz; yenilenmeden kalınca varlığımızı hâlâ devam ettirebildiğimizi sanıyoruz. Halbuki çocuğumuzun ve içimizdeki çocuğun *gerçekten* yaşamadığı bir varoluş, sahte bir varoluştur. İtaatin olduğu ama saygının olmadığı, uyumun olduğu ama gerçek bir bağ kurma hissinin olmadığı, bağlılığın olduğu ama *yaşıyor* olma hissinin olmadığı, devamın olduğu ama yenilenmenin olmadığı, her şeyi kısırlaştırmış, köreltmiş, stabilize etmiş, statikleştirmiş, kendi kendisinin bir tekrarı haline getirmiş, dolayısıyla kendisi kendisini içeriden öldürmüş, boşaltmış, ölü bir varoluştur. Nitekim "İyi aile yoktur." derken de, bu türde, kurumsallaşmış bir aileyi, bugün "aile" dediğimizde ona atfettiğimiz kemikleşmiş her ne varsa onu, aileye yüklenmiş ve o şekilde kalmış bütün ölü anlamları, ailenin donmuş imgesini muhafaza etmek için çırpınan, ona hürmet gösteren bütün statik, dolayısıyla sahte değerleri temsil eden türde bir "aile kurumu"nu kastediyorum. İyi aile, böyle bir aile kurumu olarak, kurum olarak işlev göstermeyen ailedir. İyi aile, çocuk'u, yani yeni'yi öldürmeyen, çocuğun doğmasına, var olmasına, gelişmesine engel olmayan, onu besleyen ailedir. İyi aile, çocuğun serpilip büyümesine, "ayrı" olmasına imkân tanıdığı halde hâlâ çocuğun ailesi olabilen, ona ailelik edebilen ailedir. İyi aile çocuğa "Senin için iyi olanı ben biliyorum. Ben aileyim." demeyen ailedir. Ailelik taslayan hiçbir aile iyi aile olamaz. "Ama ben Anne'yim!" diyen hiçbir anne iyi olamaz. Hatta "Ben Anne'yim!" demeleri, hiçbir zaman iyi anne olmadıklarının kanıtıdır. Vaktiyle iyi annelik etmiş biri, sonradan da "Ben Anne'yim!" diye konuşmaz. Anneler Tanrı değildir. Olmamalıdır da. Anneler her tür hatayla, zaafla malul, ölümlü insanlardır.

Güç, kim ona sahip olduğunu vehmediyorsa onundur. Çocukken bize, Anne'nin, Baba'nın, Öğretmen'in, Devlet Baba'nın efendi olduğu öğretildi. Şimdi kurumsallaşmış şeylere ve kişilere karşı çıktığımızda, bunu öğrenmiş biri gibi, Efendi'ye karşı çıkar gibi karşı çıkıyoruz. Ergenlikte bir çocuğun Baba'sına sözde karşı çıkması, ama her karşı çıkma hareketinin Efendi'ye karşı çıkması olduğu için bu eylemin Baba'nın gücünü karşılıklı olarak daha da pekiştirmekten başka işe yaramadığı gibi, biz de karşı çıkma eylemlerimizi bir güce, Efendi'ye karşı, yukarıda bir yere koyduğumuz ve güç vehmettiğimiz kişilerin, kurumların gücünü daha da pekiştirerek gerçekleştiriyoruz. Bize öğretilen güç değerlerinin tamamen sahte olduğunu, aslında özgür olduğumuzu, çıkarmak için savaştığımız prangaların gerçekte hiç var olmadığını anlayamadığımız sürece, ister karşı çıkalım ister sevelim, içimizde kök salmış Anne ve Baba yerine koyduğumuz kendi Efendi'lerimizi yaratmaya, severek ya da karşı çıkarak onları yeniden ve yeniden yaratmaya, güçlerini pekiştirmeye devam edeceğiz. Bu döngüyü çözebilmenin tek yolu, ebeveyn-çocuk döngüsünü çözümlemek, içimizdeki çocuğun ve çocuğun hislerini anlamaktır.

Her acıyı görüyorlar; ama bir tek çocuğun acısını göremiyorlar. Çocuğun acısını göremedikleri için, acılarını tekrar tekrar yaşamaya, kendilerini acılarından kurtarma girişimi olarak yarattıkları biçimleri daha doğarken öldürmeye mahkûmlar.

Attila İlhan'ın *Sokaktaki Adam* romanını çok severim. Bu romanda Sokaktaki Adam karakteri, herkesin onun adına konuştuğunu söyler. Politikacılar Sokaktaki Adam'ın oyunu almak için yarışıp dururlar, her yerde Sokaktaki Adam'dan bahsederler, onun üzerinden oy toplarlar. Ama Sokaktaki Adam için seçimleri kimin kazandığı önemli değildir. "Ben, ekmeğin fiyatına bakarım." der. Ne var ki seçimleri kim kazanırsa kazansın ekmeğin fiyatı ucuzlamaz:

Peki ama, bunun sonu nereye varır? Bunu ben bilemem.

Başımızdaki büyük adamlar düşünmeli. Muhakkak düşünüyorlardır. Gazeteler, radyolar, her gün onların düşündüklerini söylüyorlar. Diğer bazıları onlarla uğraşmaya kalkışmışlar. "Muhalefet" yapıyorlar. Bir gürültüdür gidiyor. Ben bazan hükümetten yana, bazan muhalifim; bazan gerici diye, bazan komünist diye, evimi polisler basar, beni alır götürürler. Fakat ekmek asla ucuzlamaz. Bazan evimde oturur, kanarya beslerim. Gazeteye, radyoya, elimi sürmem. Ekmek, yine ucuzlamaz. Aksine bozulur, esmerleşir, bir kuruş da üste koyar.[107]

Sokaktaki Adam, onun üzerinden yürütülen o büyük söylemlerin hiçbirinin, onun hayatında bir şeyi değiştirmeyeceğini, ekmeğin fiyatını ucuzlatmayacağını bilir. Sokaktaki Adam, ayağında doğru düzgün bir çift ayakkabı olsun diye gece gündüz hamallık yapar; "*Fakat ben asıl, ayakkabılarım hiç olmadığı zaman önem kazanırım.*" der; "Bütün yeteneksiz sanatçılar ve politikacılar başıma üşüşürler."[108] Yeteneksiz sanatçılar ve politikacılar Sokaktaki Adam'ı ve dertlerini konuşurlar, o dertleri çözer gibi görünerek kendi menfaatleri için kullanırlar; ama hiçbiri Sokaktaki Adam'ın derdini anlıyor, umursuyor değildir. "Doğru söyliyeni, dokuz köyden koğarlarmış. Ben hiçbir şey söylemiyorum, beni yine dokuz köyden koğuyorlar."[109] der Sokaktaki Adam; "Ne yazık ki ben günahlarımı, tekrar tekrar yaşıyorum. Sonra tekrar beni, dokuz köyden, teker teker, koğuyorlar."[110]

*

Çocuğun durumu maalesef Sokaktaki Adam'dan farksız. Herkes çocuğu ne kadar önemsediği konusunda yarış halinde.

---

107 S. 64

108 S. 127, italik bana ait.

109 S. 165

110 S. 166

Aileler "O bizim için her şeyden önemli!" diyor, sonra bu söyleme sığınarak çocuğa her tür zararı herkesin gözünün içine baka baka ve vicdanları da rahat şekilde veriyorlar. Kimse de sesini çıkarmıyor. Olanlara hep birlikte izin veriyoruz. Kitleler her yerde "Çocuklar geleceğimiz! Biz çocukları çok severiz! Çocuk masumdur! Çocuk neşedir!" diyor, sonra, sanki temel sorun ve tek sorun buymuş gibi "Ah, çocuklar... Çocuklar bizim için derin bir yaradır... Çocuğun bedenine dokunmayın! Ensest kötüdür! Taciz kötüdür!" gibi ezberlenmiş cümlelerle bağırıp duruyor, bunu yapınca işin bitmiş olduğunu, çocuğa karşı görevlerini yerine getirmiş olduklarını sanıyorlar. Konu çocuklar olunca, ensest gibi, taciz gibi, problemlerin sadece görünür bir sonucu olan birkaç mesele hariç, herkesin vicdanı rahat. Ensestin nedenlerini değil ensesti, çocuk tacizinin nedenlerini değil çocuk tacizini çözmeye odaklandığımız sürece bu sorunlar her zaman yeniden, yeniden yaşanacak. Çocuk tacizcilerinin aslında çoğu zaman cinsel haz bile almadığını, meselenin cinsel hazdan çok daha derin bir boyutu olduğunu onlarca yıldır bilmemiz, hiçbir şeyi çözmüyor;[111] çocuk yine hakkında çok konuşulan, ama görünmez, anlaşılmaz bir varlık olarak kalıyor. Kitleler çocuk tacizcisini yakalayıp infaz edince çocuğun sorunları çözülmüş gibi davranırlar; halbuki çocuğun asıl tacizcisi o tacizciyi yakalayıp infaz eden kitlenin bizzat kendisidir. Kitle sadece, tacizci üzerinden kendi suçunu aklar. Vinterberg'in filminde olduğu gibi. "Çocuk tacizcileri

---

[111] Alice Miller, *Beden Asla Yalan Söylemez*'de, çocuk tacizcilerinin hadım edilmesinin cinsel güdülerini engelleyebileceğini uman düşünceye "Ne korkunç, insanlık dışı ve cahilce!" dedikten sonra ekliyor: "Mahkemelerin artık şunu anlamaları gerekiyor: Seri katliamlarda etkili olan güç, yok sayılan, ihmâl edilen ve hayatı boyunca iktidarsızlığa mahkûm edilen bir çocuğun hissettiği her şeye gücü yetme arzusudur. İktidarsızlık duygusunun ensest tecrübesiyle bağlantılı olmadığı sürece, cinsellikle ilgisi çok azdır." (s. 131) Aslında pedofil olmayan, çocuklara cinsel haz kaynaklı olmayan bir dürtüyle tecavüz eden Jürgen Bartsch da, hadım edilmesinden dolayı kaptığı enfeksiyondan ölmüş.

kahrolsun!" derken anne-babanın çocuğa yaptığı her şeyi hoşgörmek çok derin bir çelişkidir.

Bir toplama kampındaki tutukluların çok kötü şeyler yaşamış oldukları konusunda herkes hemfikirdir.[112] Ama iş çocukların maruz kaldığı kötü muamelelere gelince, her nedense şaşılacak derecede bir soğukkanlılıkla tepki verir, "Bu gayet doğal" ya da "Çocukların öyle ya da böyle yetiştirilmesi lazım", "O zamanlar gelenek böyleymiş", "Eğer çocuk dinlemiyorsa o zaman hissetmeli" gibi cümleler sarf ederiz. Terapi gruplarından birinde bir gün yaşlı bir adam, annesinin küçükken pantolonunu kurutmak ve altını ıslatma alışkanlığından vazgeçirmek için samanları tutuşturduğu ve onu alevlerin üzerinde sallandırdığını memnuniyetle anlatmış, ardından da "Annem dünyadaki en iyi insandı, ama o zamanlar gelenekler böyleydi," demişti. İnsanın, çocukluğunda çektiği acıların farkında olmaması, ileride başka çocukların çektikleri karşısında duyarsız kalmasına neden olmaktadır. Benim başıma gelenler, benim çektiklerim iyiliğim içinse, bu davranışı hayatın doğal bir parçası olarak kabul etmeli ve arkasında yatan nedenleri sorgulamamalıyım. [113]

Halbuki, "şiddete maruz kalmış küçük bir çocuğun durumu, toplama kampındaki bir yetişkinin durumundan çok daha kötü, bu durumun sonuçları toplum için çok daha ağırdır."[114] Alice Miller da, Hitler'in, seri çocuk katillerinin ve böyle yıkıcı eylemlerle meşgul herkesin yaptıklarının tüm dünyada dehşet uyandırdığını, fakat insanların bu dehşet duygusunu, istismar edilen çocuk karşısında değil de, söz konusu

---

112 Yahudi olan Alice Miller'in gençliğinde toplama kampında kaldığını biliyoruz. Oğlu Martin Miller, Alice Miller'ın toplama kampıyla ilgili asla konuşamadığını söylüyor.

113 Alice Miller, *Başlangıçta Eğitim Vardı!*, s. 143

114 A.g.e., s. 144

dramların son sahnesinde duyduğunu söylüyor. Bu ne kadar sessiz biçimlerde olursa olsun çocuğun o son sahneden önce defalarca başvurduğu yardım çağrısı vardır. Biz o yardım çağrılarına "şımarıklık", "tembellik" gibi isimler takarak yardım çağrısından dolayı da çocuğu suçluyoruz.

"Kişi maruz kaldığı kötü muameleyi, çok erken yaşta yaşamış olduğu için anlatamazsa onu *göstermek zorunda kalır.*"[115] diyor Alice Miller. Yani uyuşturucu müptelaları, suçlular, intihar edenler, teröristler, bazı politikacılar, aslında yaptıkları her şeyle anlaşılmak için bağırmaktadır. "Ama anlaşılmak için ortaya koydukları eylemler toplumda anlayış hariç, her tür duyguyu uyandırmaktadır. Bu yineleme zorlantının trajedisidir; kişi her seferinde çocukluğunda bulduğu dünyadan daha iyi bir dünya bulmayı umut eder, fakat yine aynı çocukluğundaki ortamı yaratır."[116]

> İyi yetiştirilmiş bir insanın trajedisi, bir yetişkin olarak kendisine ne yapıldığını ve onun ne yaptığını fark edememesinde yatar. Bu durumdan sayısız kurumun yanı sıra totaliter rejimler de yararlanmaktadır. Zamanımızda psikoloji de bireyin, ailenin ya da toplumların koşullandırılması konusunda muazzam hizmetler sunabilir. İnsanları koşullandırma ve yönlendirme, "eğitim" ya da "terapi" gibi sözcüklerle gizlense de silah ve hâkimiyeti kurmak için kullanılan bir araçtır. İnsanlar üzerinde hâkimiyetin kurulması ve insanların kötüye kullanılmasının işlevi, genellikle hâkimiyeti kuranın hissettiği acizlik duygusunun patlamasının önlenmesidir.[117]

Çocuğun acısını görmemek, başka her tür şiddeti de normalize etmektir.

Onlar, "Biz de dayak yedik" diyorlar; bununla kendileri-

115 A.g.e., s. 288

116 A.g.e.

117 A.g.e., s. 324

ni, farkında olmadan yıkıcı, içinde dayak atmanın da bulunduğu, çocuğa değer vermeyen, şiddet uygulayan, zarar veren ve yaralamaların sonuçlarını da bir kez olsun aklına getirmeyen yetişkinle özdeşleştiriyorlar.

Adolf Hitler de dayak yediğini inkâr etmiyordu. O, sadece çektiği acıları inkâr ediyordu; bu esnadaki duygularını inkâr ediyordu ve bu yüzden de milyonlarca defa katil olmuştu. Eğer o, kendi durumunu, olguların kendi gerçekliğini hissetseydi ve ağlamış olsaydı, kendi kinini bastırmasaydı, aksine, bilinçli bir şekilde yaşasa ve anlamış olsaydı, bütün bunlar yaşanmazdı. Aynı durum, diğer dayak yiyen, cesareti kırılan ve daha sonra Zalim ve Suç makinesi olan Stalin ve Çavuşesku için de geçerlidir.

Gerçeğin geri dönüşü ancak, o zaman, yani, pozisyon değiştiğinde, "dayak yedik" sözünün, çocuğun değersizleştirilmesinin ve aşağılanmasının bir tanığı olarak kendini sıfırladığı an mümkün olabilecektir.

Bir insan ancak, bir zamanlar kendisi olan, dayak yemiş çocuğun duygularını hissetmeye, yetişkinlerin küstahlıklarını ve alaycılıklarını reddetmeye ve yargılamaya hazır olduğu zaman, gerçeğe çekilen sınırları aşabilir. *Ve ancak o zaman diğer insanlar için tehlike olmaktan çıkar.*

Uzmanlar ve profesyonel danışmanlar sadece kendi çocukluklarında değil eğitimlerinde de, çocukların kötü muamele gördüklerine ilişkin gerçekleri ve vakaları görmezden gelmeyi öğrendikleri için, uygulamalarında gün be gün çocuklukta yaşanan sarsıntıların sonuçlarından başka bir şeyle uğraşmadıklarının farkında bile değiller ve bu yüzden de yardımcı olamıyorlar.[118]

Alice Miller, *Suskunluk Duvarını Yıkın*'da, "Tehlike, cani bile olsa, tek bir kişiden gelmiyor; tehlike, daha ziyade, bütün

118 *Suskunluk Duvarını Yıkın*, s. 29, italik bana ait.

toplumun cahilliğinde yatmaktadır."[119] diyor. Faşizmi Hitler'in icat etmediğini, Hitler'in faşizmi ailesinin totaliter rejiminde hazır bulduğunu ve "ailenin ailesi" olan kültür, benzer çocukluklar yaşamış toplumda da hazır olduğu için böyle bir etki uyandırabildiğine değiniyor. Benzer şekilde, kitapta, bir diktatör olan Çavuşesku ve eşi Elena Çavuşesku'nun, halka ne kadar işkence yaparlarsa onlara o kadar iyi bir anne-baba olacaklarına gerçekten inanmalarının çocukluklarından kaynaklandığına dair bir bölüm var. Elena Çavuşesku, askerler onu zincire vurmak istediğinde "Çocuklar, yirmi yıl boyunca size bir anne gibi davrandım! Sizin için neler yaptığımı unutuyorsunuz!" diye isyan etmiş. Mahkemeye çıkarıldığında da, on dört yaşından beri kendisini bu halk için feda ettiğini buna inanarak iddia etmiş.[120] Yani, aynı, anneler gibi.

Çocuğun gerçek sorunları, kitleye endüstriyel, ekonomik, sosyal, politik bütün sorunlarımızı çözdükten sonra uğraşacağımız bir lüks gibi görünen sanattan da farksız. Çünkü sanat, yeni'nin, kendi kendini yaratmanın ifadesi olarak, sembolik çocuk'tur zaten. *Fildişi Kuyu* ve *Yazma Cesareti* kitaplarımda sanata dair söylediğim her şey çocuk için, burada çocuk'a dair söylediğim her şey de sanat için geçerli. Eğer biz sanatı endüstriyel, ekonomik, sosyal, politik; bütün "büyük" meselelerimizden öncelikli görseydik, bu alanlar zaten kendiliğinden düzelecekti; çünkü çocuk'a bakışımız ve yaklaşımımız da kendiliğinden düzelecekti. Aynı şekilde, çocuk'u endüstriyel, ekonomik, sosyal, politik; bütün "büyük" meselelerimizden öncelikli görseydik ve ona bakışımızı, yaklaşımımızı değiştirseydik, bu alanlar, yine, kendiliğinden düzelecekti; çünkü sanat, felsefe ve başka şeyler hayatımıza kendiliğinden girecek, hayatımızda sahip olmaları gereken yeri kendiliğinden edineceklerdi. Edebiyatla, sanatla, felsefeyle ilgilenip de çocuk'a

---

119 S. 92

120 Bkz. s. 116

kitlenin baktığı gibi bakmak imkânsızdır. Çocuk'a bakmamız gerektiği şekilde bakmaya başlayıp, sonra edebiyat ve sanatla ilgilenmememiz de imkânsızdır. Çocuk'a bakışımız böyle olmasaydı, bugün bize sanat adı altında dayatılan tüketim nesneleri gerçekten sanat eserleri olacaktı.

Yazma Cesareti'nde, sanatın neden önemli olduğunu, her yerde kan gövdeyi götürüyorsa sanatla ilgilenmemek gibi bir lüksümüzün neden bulunamayacağını, neden okuduğumuzu ve yazdığımızı uzun uzun anlatıyorum. En sonunda, tüm bu söylediklerimi çocuk'a bağlıyorum ve diyorum ki, dünyadaki bütün kitaplar bir araya gelseler, yeryüzünde bir çocuğun incindiğini hiç kimsenin fark etmemesinden daha önemli olamazlar. Bu, tabii ki, başka şeyler için de geçerli bir durum. Dünyadaki bütün devletlerin bekâsı, devlet adı etrafında iyi olduğuna inandığınız/inandırıldığınız her ne kadar şey varsa, aile adı etrafında iyi olduğuna inandığınız/inandırıldığınız her ne kadar şey varsa onlar bir araya gelseler, yeryüzünde bir çocuğun incinmesinden ve bunu hiç kimsenin fark etmemesinden daha önemli olamazlar.

Ben bu kitabı yazarken, geçtiğimiz hafta, liseli bir grup öğrenci protesto yaptıkları için gözaltına alındı. Küçük çocuklar değildiler elbet. Ama yirmi beş, otuz beş yaşında olsalar bu kadar derinden yaralanmayacakları şeyler yaşadılar. Protesto, doğal bir haktır ve dünyada herhangi biri herhangi bir şeyi herhangi bir şekilde protesto edebilir. Dünyada herhangi bir insanın herhangi bir şey hissedebileceği, düşünebileceği ve bunun ifadesinin yasaklanamayacağı gibi. Çocuğun herhangi bir şeyi hissedebileceği, düşünebileceği ve bunun ifadesinin, yaşanmasının anne-babayı üzmemesi gerektiği gibi. Kendisini üzen ifadeleri yasaklayan anne-babanın, iyi anne-baba olamayacağı gibi, kendisini üzen ifadeleri yasaklayan devlet iyi devlet olamaz. Elleri silahlı polisler 15-17 yaşlarındaki öğrencileri bir otobüse doldurmuşlardı ve onlara büyük sopalarla dövüyorlardı. İşkencenin farklı biçimleri daha sonra da devam etti.

Buna dair yazdığım bir tweeti destekleyenler arasında kimileri, 6 yıl önce eski hesabımdan Gezi'deki çocuklara dair yazdığımda bana şiddetli bir öfkeyle karşı çıkanlarla, beni bloke edenlerle aynı kimselerdi. Benzer şekilde, yeni tweetimden rahatsız olanlar da, 6 yıl önceki tweetimi hoşgörenlerle aynı kimselerdi.

Bu, çocuk'u çocuk'u savunur gibi yaptığımız durumlarda bile göremediğimizi, asıl derdimizin çocuk olmadığını, çocuk'un realitesinin bizim için hâlâ görünmez olduğunu gösteriyor. Nitekim politikacılar da bu durumu doğrular şekilde davrandı. Seçim hazırlıklarıyla meşgul oldukları için hiçbiri bu çocuklar için bir şey yapmadı; Gezi yahut bir başka yerde görünür oldukları enerjinin hiçbirini 8 Haziran'da çocuklar için kullanmadı. Genel olarak olaya verilen tepki de, olması gerekenin çok altındaydı. Bu, *Sokaktaki Adam* romanında olduğu gibi, çocuk meselesinin aslında hiçbirimizin umurunda olmadığını, değişimin de aslında hiçbirimizin umurunda olmadığını, "Çocuklar; onlar bizim geleceğimiz!" derken buna gerçekten inanmadığımızı, Sokaktaki Adam'ın yırtık, eski ayakkabılarıyla değil de, ayağında ayakkabı olmadığı zaman önem kazandığı gibi, politikacıların ve yeteneksiz sanatçıların o zaman başına üşüştüğü gibi, çocuğun da ancak işimize yarar şekilde görünür bir mağduriyeti olduğunda, kendisiyle değil, realitesiyle değil, bir sonuç olan o mağduriyetle önem kazandığını gösteriyor.

Kitle için çocuk ve acıları görünmez kaldığı müddetçe toplumumuz asla değişmeyecek.

DOĞMAMIŞ ÇOCUĞA MEKTUP

Sevgili çocuğum,

Sana yalan söylemeyeceğim; sana hamileyken midem bulanıyor ve bu berbat bir his. Böyle bir durumda insanın ilk tepkisi, içten içe karnındaki çocuğu suçlamak oluyor. Kadınlar bu durumda "Ah, annemi şimdi anladım!", "Annelik!", "Anne olmak ne zormuş! Artık annemin gözümdeki değeri arttı." gibi sözlerle, annelerini ve anneliği kutsallaştırıyor, bunun aslında, çocuğu örtük biçimde suçlamak olduğunu fark edemiyorlar. Mide bulantımın kutsal bir tarafı falan yok. Söylediğim gibi, kötü, berbat bir şey. Ama ilk tepkimin seni suçlamak olduğunu fark edebilmeliyim ki sonra bu hatamı düzeltebileyim. Ne de olsa, senin bu işte suçun yok. Seni ben istedim, ben çağırdım; kendi istek ve irademle sana hamile kaldım. Sana hamile kalmadan önce, hamileliğin bulantı, doğum gibi birçok tatsız şeyi beraberinde getireceğini biliyordum. Eğer bunları düşünemediysem, göze alamadıysam, suçlu olan benim. Sen her şeyden habersiz olarak geliyorsun. Bunları benim gibi baştan bilmeden.

Hakkında hiçbir şey bilmiyorum ve sen bu bilinmezlikle güzelsin. Sen kim olduğunu kendin anlatacaksın; anlattığın şeye kulak verebilmek için elimden geleni yapacağım. Kız mı erkek mi olduğunu, kadınları mı erkekleri mi seveceğini, hangi konuda neler düşüneceğini, neye inanacağını bilmiyorum; hepsini senden öğreneceğim. Erkek olup kendinden yirmi yaş büyük bir kadınla ya da canın kimi isterse onunla evlenmek isteyebilirsin; evlenmeyi istemeyebilirsin. Özürlü olabilirsin, maceraperest olabilirsin, eşcinsel olabilirsin; her türlü kabulümsün. Sana vaaz vermeyeceğim; kendi cinslerinden hoşlanıyorsan, oturup seni dinleyeceğim, anlamaya çalışacağım. Sana "Ama bu uygun değil, çünkü şöyle şöyle" dememin, senin gerçek hislerinle bağ kurmanı engellemekten başka işe yaramayacağını, olanı yok edemeyeceğini, tam tersine, gerçek neyse onu bastırarak senin için daha kötü sonuçlara neden olacağını biliyorum. Seninle bildiklerimi ve görüşlerimi, bunlar senin ilgini çektiği takdirde, paylaşacağım, ama hiçbirini sana dayatmayacağım; ne olursan ol, ne düşünürsen düşün, seni asla yargılamayacağım. Dindar bir Müslüman, Mecusi, Hristiyan, putperest, ateist, ya da, orijinal bir din görüşü olan biri olabilirsin. İstediğin kişiden istediğin kadar bilgi, görüş alabilir, ona ya da buna hak verebilirsin. Düşüncelerini istediğin gibi değiştirebilir, geliştirebilirsin. Benim gökte yüce bir Tanrı konusundaki düşüncelerim de zamanla değişti. Sonunda, Tanrı'nın, Tanrı'yı aramanın kendisi olduğunu öğrendim. Dinler "Tanrı tanımlanamaz.", "Tanrı bilinemez.", "Tanrı görünemez." der dururlar; ama bunu yaparken bir yandan da "Tanrı böyledir.", "Tanrı şöyledir." diye Tanrı'yı tanımlayıp durmalarında çelişki görmezler. Tanrı, sorulardadır; ama onların her soruya cevapları vardır; sorulara cevaplarla karşılık verir, cevapları sorulardan öncelikli tutarlar. Evet, Tanrı tanımlanamaz, Tanrı bilinemez; ve sen, tanımlanamayan, bilinemeyen şey olarak, bu dünyada Tanrı'ya, Tanrı'nın gerçekliğine en yakın şeysin. Tanrı'ya ve doğal gerçekliğe hepimizden yakın biri olarak, belki bana Tanrı'ya dair bir şeyleri de, kulaklarımı, gözlerimi açabilirsem eğer, sen öğretirsin.

O zaman,
sana,
Anne ve Baba'ya saygı duyulduğu gibi saygı duymak,
yapılması gereken en makul şey değil mi?

KİTAP ÖNERİLERİ

Alice Miller (1923-2010)

Alice Miller'ı maalesef çok geç, 2017 sonbaharında keşfettim. Çocuğun durumunun vahametinin ne kadar büyük boyutta olduğunu, dünyadaki bütün kötülüklerin anne-babanın sert ya da şefkatli şiddetinden doğduğunu onun kadar derinden anlayabilmiş ve anlatmak için de çırpınan bir başka insan ya da psikoterapist tanımıyorum. Alice Miller'ı okuduğum gün, ömrüm boyunca farkında olmadan da olsa aradığım insanı nihayet bulduğumu biliyordum. Israrla anlatmaya çalıştığı şeylerin öneminin zamanla daha iyi anlaşılacağına inanıyorum; ve ruhunu, çok değerli çabasını, her zaman şükranla anacağım.

Tarihte ne kadar geri gidersek, çocuğa muamelenin o kadar acımasız olduğunu görürüz. Çocuğa karşı o acımasız bakışın evrilerek geldiği yer, bugün de idealden çok uzakta. *Ladybird* gibi, 2017'de çekilmiş, günümüz Amerikan toplumunda genç bir kızın sorunlarını anlatan bir film bile, nihayetinde alttan alması gerekenin yine çocuk olduğu, ne yaşanırsa yaşansın, küskünlük sonunda yine annenin değil, çocuğun araması, çocuğun adım atması gerektiği mesajını veriyor. Bundan çok uzak olmayan dönemlerde pedagoji kitaplarının bebeklerin nasıl dövülmesi gerektiğini bu çok olağan ve hatta gerekli bir şeymiş gibi anlatması bize şimdi nasıl dehşet verici geliyorsa, bundan yüz sene sonra da insanların bizim şimdi yaşadığımız döneme bakıp hayretle "Çocuklara karşı ne kadar da gaddar, duyarsızlarmış!" diyeceğine inanıyorum. İşte o gün, Alice

Miller'ın anlatmaya çabaladığı şeylerin önemini hiç de abartmadığı anlaşılmış olacak.

Alice Miller 1923'te, Yahudi bir ailenin en büyük çocuğu olarak Polonya'da dünyaya gelir. Burs kazanarak İsviçre'de, Basel Üniversitesinde öğrenim görür. 1953 yılında felsefe, psikoloji ve sosyoloji alanındaki doktorasını tamamlar. Zürih'te psikanaliz alanında eğitim aldıktan sonra yine Zürih'te yirmi yıl boyunca psikanalist ve psikanalist eğitmeni olarak çalışır. Hem Freud'un hem Jung'un çocuğu ele alışına karşı eleştirel bir bakış geliştirir. 1980'de, ilk kitaplarının ilk baskısına konmuş özgeçmişteki ifadeyle, "çocukluğu sistematik olarak keşfetmek amacıyla, psikanalizi insanlara uygulamayı da öğretmeyi de bırakır." Çünkü yirmi yıl boyunca şaşmaz şekilde gözlemlemiş olduğu şey, insanların çocukluk travmalarını inkâr ettiği, anne-babalarını idealize ettiği, çocukluklarının aslında nasıl geçmiş olduğunu görmeye direndiği ve bunları "her ne pahasına olursa olsun" yaptıklarıdır.[1] Alice Miller, gözleri gerçeğe açıldıktan sonra, hayatını bu gerçeği elinden geldiğince herkese anlatmaya, bu konuda kitaplar yazmaya adar.

Alice Miller'ın, her birini herkesin okumasını isteyeceğim on üç kitabı var. Bunlardan kimilerine bu kitapta elimden geldiğince yer vermeye çalıştım; ancak Alice Miller'dan ne kadar alıntı yaparsam yapayım, çok değerli görüşlerini kendi kitapları gibi anlatmam da gereğince özetleyebilmem de mümkün değil. Alice Miller'ın on üç kitabından şimdiye dek maalesef beşi Türkçeye çevrilmiş, ama bu beş kitap arasında da kolay bulunmayanlar var. Alice Miller'ın bütün kitaplarının çevrildiği, ulaşılır olduğu ve herkes tarafından okunduğu bir Türki-

1 Bkz. *Bilder einer Kindheit. 66 Aquarelle und ein Essay*, Frankfurt am Main: Suhrkamp, 1985, s. 12

ye hayal ediyorum. Öyle bir Türkiye'de, öyle bir dünyada, çok şey şimdikinden, hayli ve hayli farklı olurdu.

Alice Miller'ın Türkçedeki birkaç kitabını, kendimce önem sırasına göre biraz anlatmaya çalışacağım:

1. *Yetenekli Çocuğun Dramı* (*The Drama of the Gifted Child*)

Profil Kitap'tan 2011'de çıkan *Yetenekli Çocuğun Dramı*, kendisini anne-babasının istediği şekle sokma yeteneği edinen, içten hasarlı çocuğu, yani hepimizi anlatıyor. Miller, incinmiş insanın temel ihtiyacını anlattıktan sonra, bu ihtiyacın doyurulması için ikame edilmeye en uygun varlıkların insanın *kendi çocukları* olduğunu söylüyor:

> Çünkü yeni doğmuş çocuk kayıtsız şartsız ana/babasına muhtaçtır, ölümü ve kalımı onların elindedir. Ve varlığının devamı onların sevgisini elde etmesine bağlı olduğundan, ana/babasını kaybetmemek için her şeyi yapar. Doğduğu günden başlayarak, hep güneşe doğru dönen bir bitki gibi, hayatta kalabilmek için sahip olduğu bütün imkânları kullanır.[2]

Alice Miller, psikoterapist olarak çalıştığı yirmi yıl boyunca yardımını isteyen kimselerin hep aynı çocukluk yazgısını taşıdığını fark ediyor ve bu yazgının ana hatlarını şöyle açıklıyor:

1. *Duygusal açıdan çok güvensiz olan bir anne* vardı ve bu anne duygusal dengesini sağlayabilmek için bilincinde olmadan çocuğunun belli bir davranışına ya da varoluş biçimine bağımlıydı. Annenin bu güvensizliği çocuğun ve çevrenin fark edemeyeceği şekilde sert, otoriter, hatta totaliter bir görünüş ardında gizlenebiliyordu.

---

2 A.g.e., s. 17

2. Bunun yanı sıra bu annenin çocuğunda annenin veya hem anne hem babanın bu belli ihtiyacını tamamen sezgisel dolayısıyla da bilinçsiz olarak hissederek cevaplamaya yönelmek, yani kendisinden bilinçsizce beklenen işlevi üstlenmek şeklinde olağanüstü *bir yetenek gelişmişti.*[3]

Alice Miller, küçük bir çocuğun duygularını ancak yakınında onu bu dışa vurduğu duyguları ile kabul eden, anlayan ve ona kendi duygularıyla eşlik eden bir kimse bulunduğu zaman yaşayabileceğini vurguluyor.

Başta çelişkili bir düşünce gibi görünse de gerçek şudur ki, çocuk "*kendini kullandırmaya hazır ve verici*" bir varlıktır. Çocuk annenin bir zamanlar yaptığı gibi kapıyı çekip gidemez, çocuk *terbiye edilebilir ve nasıl isteniyorsa öyle bir insan haline getirilebilir.* Çocuğa kendinizi saydırabilirsiniz, kendi duygularınızı çocuğa yansıtıp bunların onun duyguları olduğuna kendinizi inandırabilirsiniz. Size duyduğu sonsuz sevgi ve hayranlığın aynasında kendinizi doya doya seyredebilir ve onun yanında kendinizi güçlü hissedebilirsiniz ve ondan sıkılınca da onu kolayca yabancı birinin ellerine bırakırsınız. Bakışların odak noktası mı olmak istiyordunuz? Anne olunca nihayet odak noktası konumuna gelmiş olursunuz.[4]

Alice Miller, günlük hayatta anne-babanın çocuğa yaptığı birçok şeyin aslında çocuğu ne kadar aşağıladığını, küçük düşürdüğünü ve anne-babanın bizim kanıksadığımız çok davranışının aslında "alay" içerdiğini örneklerle anlattıktan sonra ekliyor:

Bir anne, örneğin sadece kendi güvensizliğini örtmek amacıyla söylediği alaycı bir sözle çocuğunu utandırdığını hissetmediği sürece çocuğuna saygı duyamaz. Fakat anne

3 A.g.e.

4 A.g.e., s. 21

çocuğunun kendisiyle birlikteyken kendini küçük düşürülmüş, aşağılanmış ve değersiz hissettiğini -böyle duyguları hiç bilinçli olarak yaşayamayan ve hep alaylarla örten, dolayısıyla bilmeyen biri olması halinde- hiçbir zaman hissedemez.[5]

Ben Alice Miller'ın burada bahsettiği türde alaylarına her gün her yerde annelerin çocuklarına karşı konuşmalarında rastlıyorum. Bir annenin, çocuğuyla ilgili ve çocuğuna karşı konuşurken bu kadar rahat olması da aslında ona saygısızlığından, kendi güvensizliğini örtmek amacıyla başvurduğu alaydan kaynaklanıyor. Buna rağmen, anneyi ve aileyi her yerde övüyor, kutsal addediyoruz. Alice Miller, sık rastlandığı gibi, kişinin ailesinden sadece övgüyle bahsetmesinin, ve onları çok erdemli, çok namuslu olarak tanımlamasının da "anne-baba terbiyesi" dediğimiz gizli acımasızlıktan doğduğunu anlatıyor.[6] Kişinin aile kurumu ve kendi ailesine dair sadece olumlu sıfatlar kullanması, saygı değil itaat kültürünü içselleştirdiğinin kanıtıdır.

Alice Miller birazdan değineceğim *Beden Asla Yalan Söylemez* kitabında da, kişinin ailesini eleştirememesinin altında küçük bir çocuğun anne babasının davranışlarına karşı gelmeye cüret ettiğinde, onlar tarafından cezalandırılmaktan duyduğu korkunun yattığını söylüyor. Anne ve baba her tür hatayla malul, sıradan insanlar olduğu halde Anne ve Baba'ya itaatin Tanrı'ya itaat olduğu İncil'de vurgulanmıştır. "Yetişkinlikte bile insanın içindeki çocuk, gerçeği söylediği takdirde öldürülmeyeceğine inanamaz." diyor Miller; "Bu korku, ebeveynlerimize karşı hoşgörülü ve affedici olmamızı salık veren bir emir sayesinde yalnızca toplumuzda değil, bütün dünyada pekiştirildiği için kopuktur ve dolayısıyla onuna hesaplaşma girişimlerine kapalıdır."[7]

---

5 S. 112

6 Bkz. s. 114

7 *Beden Asla Yalan Söylemez*, s. 28

Çocuğa burada anlatıldığı türde bir saygı, maalesef -çocuk kaç yaşına gelirse gelsin- çok az rastlayabildiğimiz bir durum:

> Bilinçli ana-babalar da çocuklarını her zaman anlayamazlar; ancak çocuklarının duygularını anlamasalar (anlayamasalar) da bu duygulara saygı gösterirler. Böyle bir saygı olunca, çocuğun acı veren gerçekten kaçmak için aşağılamaya sığınmasına gerek kalmaz... Fakat ne yazık ki bu çoğu zaman yapılamamaktadır.
>
> Nasyonalist akımlar, yabancı düşmanlığı, faşist akımlar temelde bu kaçışın ideolojik bir çerçeveye oturtulmasından başka bir şey değildir. Böyle ideolojiler uğradıkları aşağılamaların ezici bilinç dışı anılarından kaçan insanların programlı bir statüye yükseltilen tehlikeli yıkıcı "insan aşağılamasına" sığınmasından ibarettir. Çocuğa erken yaşta gizlice uygulanan eziyetler şiddete başvuran gençlik çetelerinde açıkça ortaya çıkmakta, fakat bu şiddetten zarar görenlerin hatta toplumun önemli bir bölümü hâlâ bunun kökünün çocukluğa dayandığını inkâr etmektedir.[8]

3 bölümden oluşan kitabın, özellikle ilk ve sonuncu bölümleriyle önemli olduğunu düşünüyorum.[9]

2. *Beden Asla Yalan Söylemez (Die Revolte des Körpers)*

Okuyanus Yayınlarından 2014'te çıkan kitapta, Alice Miller kendisinin nasıl "yetenekli bir çocuk" olduğuna değiniyor:

> Bir çocuk olarak bana verilen hasarlara karşı tepkilerimi; öfke, kızgınlık, acı ve korku gibi tepkileri tamamıyla bastırmayı öğrenmek zorunda kaldım. Bastırmasaydım cezalandırılacaktım. Daha sonra okulda bu duyguları

[8] S. 128

[9] Birazdan enneagramlardan bahsedeceğim. Bu kitabın ikinci bölümünün, enneagramı 3 olan çocuklar için hayli uygun olduğunu söyleyebiliriz.

> dizginleme becerisi geliştirdiğim için gurur duydum. Bu yetiyi bir erdem olarak gördüm ve ilk çocuğumun da aynı türden bir disipline sahip olmasını bekledim.[10]

Alice Miller, anne babanın, aslında kendi anne babasına duyduğu derinlerdeki güçlü hisleri çocuklarına yansıtarak *o yükten gerçekten de kurtulabildiklerinin* doğru olduğunu örneklerle anlatıyor. Bunun yanında, Dostoyevski, Çehov, Kafka, Nietzsche, Friedrich von Schiller, Virginia Woolf, Arthur Rimbaud, Yukio Mişima, Marcel Proust ve James Joyce'un hayatlarını, eserlerini ve acılarını başka biyografi yazarlarının görmezden geldiği detaylarla birlikte analiz ediyor.

Alice Miller'a göre, "Dürüstlüğü dışarıda bırakan sevgi, sevgi adını hak etmez.", "Suiistimal edilmiş çocukların ebeveynlerine duydukları sevgi 'sevgi' değildir. Beklentilerle, yanılsamalarla ve inkârlarla dolu bir *bağlılıktır* ve bütün bunların bedeli çok yüksektir.", "Bu bağlılığın *bedeli*, öncelikle ebeveynlerin onların 'iyiliği' için yaptıkları şeyleri otomatik olarak aşıladıklarından bir yalancılık ruhu içinde büyüyen bir sonraki kuşaktaki çocuklar tarafından ödenir."[11], "Terapinin sürekli olarak başarısız olmasının sebebi, pek çok terapistin kendilerinin geleneksel ahlâkın tuzağına düşmeleri ve danışanlarını da aynı tuzağa düşmeye sürüklemeleridir çünkü bildikleri bundan ibarettir."[12]

Kitaptan bir pasaj:

> Bazı kardinallerden yardım istemiş, Vatikan'a çocukken dayak yemenin ilerideki etkilerini sunmuş ve oradaki yetkililerden genç anne babaları bu konu hakkında aydınlatmak için ellerinden geleni yapmalarını istemiştim. Söylediğim gibi, bu ricayla yaklaştığım kardinallerin biri bile, bütün dünyanın yok saydığı ancak çok önemli olan

[10] S. 133. Burada bahsettiği "ilk çocuk", oğlu Martin Miller.

[11] S. 196

[12] S. 196, 197

fiziksel olarak suiistimal edilen çocukların durumuna en ufak bir ilgi dahi göstermedi. Bu konuyla bağlantılı olarak herhangi bir Hıristiyan yardım kurumunun ilgisiyle karşılaşmadım. Ne var ki, bugün aynı temsilciler, aslında merhamet, şefkat gösterebildiklerini göstermek için hevesliler. Ancak önemli olan bir şey var, o da bu şefkat, kötü muamele görmüş çocuklara ya da Saddam'ın kurbanlarına değil, Saddam'ın kendisine yani korkulan despotun simgelediği vicdansız baba figürüne gösteriliyor.

Kuraldır, yardımcı olan bir şahit tarafından asla destek görmemiş, dövülmüş, eziyet görmüş ve aşağılanmış çocuklar, ileride ebeveyn figürlerinin ettiği zulme çok fazla hoşgörü gösterir ve insanlık dışı bir muameleye maruz kalmış çocukların yaşadıkları acılara dikkat çekici derecede kayıtsız kalırlar.[13]

3. *Başlangıçta Eğitim Vardı!* Arion Yayınevi, 2003

"Çocukken saygı ve ilgi görüp de büyüdüğü zaman insanların canlarına kastetme ihtiyacı duyan bir kimseye şu ana kadar rastlamadım."[14] diyen Alice Miller, bu kitapta insanları kendilerinin ya da bir başkasının canını yakar hale getiren mekanizmayı irdeliyor ve bunu, kendine zarar verme biçimi olan uyuşturucu bağımlılığının örneği Christian F.'nin, intihar eden şair Sylvia Plath'in, Hitler'in ve seri çocuk katili Jürgen Bartsch'ın hayatlarını, yine diğer biyografi yazarlarından farklı bir yaklaşımla inceleyerek açıklıyor.

Alice Miller, birçok insanın hayatında sırasıyla şu durumların yaşandığını söylüyor:

1. Küçük bir çocukken, kimsenin zarar olarak nitelendirmediği bir şekilde zarar görmek.

---

13 S. 86

14 *Başlangıçta Eğitim Vardı!*, s. 214

2. Duyulan acıya öfkeyle tepki vermemek.
3. Sözde iyiliklere minnet duymak.
4. Her şeyi unutmak.
5. Yetişkin yaşa geldiğinde birikmiş öfkesini başka insanlara ya da kendisine yöneltmek.[15]

İnsanların hayatını gerektiği gibi incelediğimizde, ortaya çıkan sonuç şu:

1. Tüm zamanların en büyük suçlusu bile dünyaya suçlu olarak gelmemiştir.
2. Bir kimsenin çocuklukta yaşadıklarını anlamaya çalışmak, onun daha sonraki hayatındaki dehşet verici şeyleri anlamamızı, değerlendirmemizi de içine alır.
3. Kişinin kötü muamele etmesi, onun bir zamanlar *kurban olduğunu kabul etmeyişine* dayanmaktadır.
4. Kişi *reddetmek yerine, kurban olmuş olduğunun bilincinde olursa* sadizmden daha çok korunmuş olur.
5. 4. Emrin ve "Kara Pedagoji"nin öngördüğü *ana-babanın korunması*, erken çocukluktaki ve kişinin daha sonraki gelişimindeki *çok önemli bazı etkenlerin* göz ardı edilmesine yol açmaktadır.
6. Bir yetişkin suçlamalarla, öfkeyle, pişmanlıkla değil de, *olaylar arasında ilişkileri anlamakla* duygusal yönden ilerleme kaydedebilir.
7. Duygusal açıdan gerçekten anlama, basit bir acımadan farklıdır.
8. Bir bağlantının her yerde karşımıza çıkıyor olması, bizi onu araştırmaktan alıkoymamalıdır. Tam tersine bu özelliği nedeniyle yani bunun hepimizin kaderi olduğu veya olabileceği için bu araştırmadan vazgeçmemeliyiz.
9. Nefretin yaşanması birbirine zıt iki biçimde ortaya çıkabilir. Birincisi, nefretin kişinin içinde yaşanan bir gerçeklik

---

[15] S. 132

olması, ikincisi ise nefretin başkalarının hayatlarına mal olacak bir eylem olarak yaşanmasıdır. İlk duruma giden yol, eğer "Kara Pedagoji"nin yasakları ya da ana-babanın muhtaç olması yüzden kapanmışsa o zaman nefret ikinci biçimde yaşanır. Bu da ya Hitler'de olduğu gibi çevreye, diğer insanlara ya da Christian'da olduğu gibi kendine zarar vererek ortaya çıkar.[16]

Kitabın son paragrafını çok seviyorum:

> *Çok şey fark eden çocuklar bunun için cezalandırılır.* Bu esnada da bu yaptırımları o kadar güçlü bir biçimde içselleştirirler ki, yetişkin olduklarında da hiçbir şeyin farkına varmazlar. Fakat yaptırımlara rağmen "farkında olmaktan" vazgeçmeyen bazı kişiler daima olduğundan, psikolojik bilginin teknikleştirilmesinde gösterilen ilerlemeye rağmen, Kafka'nın Ceza Kolonisi vizyonunun sadece hayatımızın bazı kesimlerinde geçerli olacağı umudu beslenebilir. *İnsan ruhu yok edilemez ve beden yaşadığı sürece ruh, yeniden canlanabilir...*[17]

4. *Suskunluk Duvarını Yıkın: Olguların Gerçekliği (Breaking the Walls of Silence)*

Konya'da Salon Yayınları tarafından basılan bu kitap, Alice Miller'in kitabın dayandığı makaleyi yayımlama anısıyla başlıyor:

> Seksenli yılların başında ilk üç kitabımın yayımlanmasından sonra, bazı dergiler ve gazeteler bu konuda katkı yapmamı rica etti. Daha aile içi şiddet hakkında yazacağımı bildirir bildirmez, benimle işbirliğine olan ilgi tamamen felç oldu. Bazı meslektaşlarımın karşı çıkmasına rağmen, çocuklara karşı işlenen cinsel istismar hakkındaki maka-

---

16 S. 235, 236

17 S. 326, italikler bana ait.

lemi 1982 yılında yayımlayan derginin yazı işleri müdürü "Brigitte" tek istisnaydı.

Makalenin başlığı **"Kızlar artık susmayacak"** ve daha sonra yeni bir baskıda **"Farkına varmamalısın"** yayımlandı. Bu makale, birkaç Amerikalı kadının, bu korkunç ve yıkıcı sırla daha fazla yalnız yaşamamak; aynı zamanda toplumun, kendini çocukluk hakkındaki ilgiden korunmak amacıyla ördüğü suskunluk duvarını yıkmada, diğer kadınlara da yardım etmek için, çocukluklarında yaşadıkları ağır yaralanmalarının hikâyesini kamuoyuyla paylaşma cesaretini konu alıyordu. Bu kadınlar, bu duvarın güya korumasının çocuk istismarına maruz kalanlar üzerinde yıkıcı etkilerinin olduğunu ve istismara uğrayanların sayısının toplam nüfusun yarısından fazla olduğunu fark etmişlerdir. O zamanlarda çocukların cinsel istismarı Almanya'da mutlak bir tabuydu ve makalenin etkisi bir baraj duvarının yıkılmasına eşdeğerdi. Toplumun her kademesinden yüzlerce kadın, yazı işleri müdürüne ve bana başlarından geçenleri yazdılar.[18]

Alice Miller, gelen mektuplardaki ortak cümlenin "Bu konuyu ilk defa dile getiriyorum." olduğunu, ayrıca kadınların, Miller'ın makalesini okuyana kadar bunun sadece kendilerinin başına geldiğini zannettiklerini, benzer olaylar yaşayan diğer kadınların bu konuda yalnız olmadıklarını bilmeleri için hikâyelerinin paylaşılabileceğini, ancak isimlerinin açıklanmasını istemediklerini, çoğu evli ve çocuklu olmakla birlikte, ve çoğu psikolojik yardım da almış olmakla birlikte, ne kocalarıyla ne de psikoterapistleriyle çocukluklarında yaşadıkları travma hakkında konuşmaya cesaret edebildiklerini söylediğini ifade ediyor.

Kadın hareketinin desteği sayesinde, istismara uğramış bu dilsiz kadınlara yardım edebilmek amacıyla kuruluşlar açılır, özellikle kız çocuklarının cinsel istismarı konusunda farkın-

18 S. 9

dalık geliştirilir, mesela mahkemelerin skandal uygulamaları kamuoyuna duyulur, o zamana kadar doğal görünen istismarın aslında istismar olduğu gün ışığına çıkarılır. Ancak *kadın hareketi, kızların cinsel istismarıyla ilgili skandal gerçekleri dile getirirken, annelerin bu suçtaki payının görünür olmasına bir türlü yanaşmaz* ve Miller'ın, annenin bu istismara göz yumduğunu belirtmekte ısrar etmesi feminist dergilerin desteğini alamamasına neden olur. Feminist nedenlerle bile olsa, annelik tabusu güçlüdür.

Alice Miller, ilk suskunluk duvarını kendi annesiyle yaşadığını anlatıyor. Anlattığına göre annesinin ona gösterdiği mutlak güce, kendisine ve diğer insanlara karşı güvensizliğini örtmek için ihtiyacı vardır, aynı zamanda bu gücü, istemediği kızıyla ilişki kurmaktan kaçmak için de kullanır. Alice Miller bu nedenle, soruları ve ihtiyaçları bir duvara çapıp geri dönüyormuş gibi hisseder. Annesi ise bu sadistliğinden dolayı kendisini sorumlu tutma gereği bile duymaz; çünkü kızına davranışlarını, işlenmiş suça karşı hak edilmiş bir ceza olarak, ona ders vermek için haklı bir görev olarak görmektedir.

Miller suskunluk duvarının karşısında, acılarının sebebini anlamak için sürekli ve ümitsiz bir çaba gösterir. Kafka'nın *Ceza Kolonisi*'nde olduğu gibi, küçük zanlıya suçunun ne olduğu söylenmez. "Yapmama bir emir içeriyordu: Bu cezayı niye hak ettiğini bilmiyorsan, o zaman vicdansızsın."[19] der Miller.

> Ara, araştır, vicdanın sana hangi suçu kendine yüklediğini söyleyene kadar uğraş. Ancak o zaman kendini bağışlamaya çalışırsın ve efendinin keyfine göre, o belki bağışlayacak, tabii şansın varsa.
>
> … Bir kez olsun canice ve sadistçe muamele gördüğümü biliyor muydum? Bunu düşünmeye hiçbir zaman cesaret edememiştim. Annemi sorgulamak yerine, haksız muamele gördüğüm, değersiz görüldüğüm gibi duygularımın kendisinden şüphe ediyordum.

19 S. 21

> ... Annem, sürekli kendini feda ettiğini, görevinin bilincinde olduğunu dile getirdiği için, bütün bunlara inanmak istiyordum. ... kabahat, sadece benim kötülüğümdeydi.[20]

Alice Miller, (görünür şekilde) ağır istismara uğrayan çocuklarının tamamının istenmeyen çocuklar olduğu, ailelerin, istemedikleri çocuklara kötü muamele ederek onlardan intikam aldığı gerçeğine dikkat çekiyor ve "Anne olmak istemeyen bir kadını, anne rolüne zorlamak insan toplumuna karşı bir suçtur."[21] diyor. 1989'da Katolik kilisesi, kürtajın büyük bir günah olduğunu inananlara bildirmek için Berlin'de on beş dakika boyunca çanlarını çalmış. Bunun çok şaşırtıcı ve büyük bir olay olduğunu söyleyen Alice Miller, şöyle yazmış:

> Çanlar, insanları çocuk istismarından uzak tutmak için çalmamıştı. Hitler bütün Avrupa'da insanları kitleler halinde sürgüne gönderdiğinde, Stalin milyonlarca insanı öldürttüğünde, kiliseler çanlarını çalmamıştı. Hâlbuki yurtdışındaki kiliselerin Stalin'den korkmaları için bir sebep de yoktu.
>
> Çavuşesku halkına zulüm yaparken, güvenlik servisine erkek olarak eğitmek için, çocukları kullanırken ve daha sonra onları kurşunlatırken, kiliseler çanlarını çalmamıştı. Ama şimdi, daha fazla arzu edilmeyen çocuğun dünyaya gelmesini sağlamak için tam çeyrek saat çanlarını çaldılar.[22]

Diğer Kitaplar

Alice Miller, daha çok fiziksel ve görünür istismarlar üzerinde duruyordu, ama bu kitapta görünmez istismar olduğunu

---

20 S. 22

21 S. 152

22 S. 151

anlatmaya çalıştığım durumların da ciddi istismar olabileceğinin son derece farkında bir psikoterapistti. Nitekim, dayağı otuz yıl önceki gibi normal görmeyen dünya toplumları gibi, Miller'ın çok şikâyetçi olduğu psikanaliz dünyasının da o günlerden bu yana hayli değiştiği açık bir gerçek. Bu değişimin yine, Miller'ın öngördüğü gibi anne tabusunu aşmak yönünde ilerleyeceğine inanıyorum.

Bu kitap içinde sıklıkla andığım, ama ne kadar anarsam anayım hakkını asla kitabın kendisi kadar veremeyeceğim bir başka eser, Thom Hartmann'ın bir gün Türçeye çevrilmesini çok istediğim, hiperaktiviteyle ilgilenmeyen herkesin de severek okuyacağı *The Edison Gene: ADHD and the Gift of the Hunter Child* (Edison Geni: DEHB ve Avcı Çocuğun Yeteneği) kitabı.

Clarissa Pinkola Estes'in Ayrıntı Yayınlarından çıkan *Kurtlarla Koşan Kadınlar* kitabı, kadın erkek herkesin, dünyanın kişiyi ezdiği sayısız biçimlerden silkinerek kendine bir hayat yaratması ve yaralarını anlaması, iyileşme yönünde yol kat etmesi açısından fayda sağlayacağı, anneliğe bakışı da güçlü ve sarsıcı bir eser. (Nitekim insanın kendisini anlaması, annesiyle geçmişini anlamadan mümkün olmuyor.) Kitabı okurken ara ara "Acaba burada bıraksam mı?" diye düşünsem de, hayatımda yaptığım önemli işlerden birinin bu kitabı bitirmek olduğunu, *sonuna kadar okunduğu takdirde* kitabın ruh dünyanız için önemli bir kalıcı kaynak haline geldiğini düşünüyorum.

Travmanın ve kendi travmamızın ne olduğunu anlarsak, çocukluğumuzu, yani kendi benlik travmamızı da daha kolay iyileştirebiliriz. Travma konusunda çok iyi bulduğum ve bu kitapta da yer vermeye çalıştığım üç eser, Donald Kalsched'in *The Inner World of Trauma: Archetypal Defenses of the Personal Spirit* (1996, Routledge Yayınları), Ursula Wirtz'in *Trauma and Beyond: The Mystery of Transformation* (2014, Spring Journal Books) ve Judith Lewis Herman'ın *Trauma and Recovery: From Domestic Abuse to Political Terror* (1992, Pandora) kitapları. Bunlardan sonuncusu *Travma ve İyileşme* adıyla 2007'de Literatür Yayınlarından çıkmış olsa da, çevirinin orijinal anlamı vermekte yer yer yetersiz kaldığını düşünüyorum.

Son olarak, kitlenin çocuğa bakışının bu kitapta anlatmaya çalıştığım şeylerden sorumlu olduğunu daha iyi anlayabilmek için, "kitle" kavramını muhteşem izah ve analiz ettiğini düşündüğüm Jean Baudrillard'ın *Sessiz Yığınların Gölgesinde: Toplumsalın Sonu* (2006, Doğu Batı Yayınları) kitabının çok faydalı olacağını düşünüyorum.

Enneagram

İnsan, üç temel fonksiyonla doğar: Düşünme fonksiyonu (thinking function), hissetme fonksiyonu (feeling function) ve eyleme geçme fonksiyonu (physical function). Fakat her bir fonksiyonu kullanmanın üç ayrı biçimi vardır. İşte, Yunancada "dokuz nokta" anlamına gelen enneagram, bu dokuz ayrı biçimi ifade eder. Enneagram, bir çemberin üzerinde birbirine eşit uzaklıktaki dokuz noktayla gösterilir. Biz de o çemberin üzerinde belli bir noktada doğarız ve çemberde en yakın olduğumuz nokta bizim enneagram numaramızdır. Kişiliklerimizdeki, olaylara yaklaşımımızdaki, tepkilerimizdeki ayrılığın temel sebebi budur. Evet, her insan kendine özeldir, ama *temelde* bizim neden ona değil de buna yöneldiğimiz, biri için o önemliyken diğeri için şunun önemli olduğu, biri ondan etkilenirken diğerinin şundan daha çok etkilendiği, enneagramımızla ilişkilidir. Enneagramlar, nasıl davrandığımızı açıklamaz. Ama *neden* o değil de bu şekilde davranmaya eğilim gösterdiğimizi açıklamak için harika vasıtalardır.

Bu kitap, özellikle dörtlerin ve ikilerin daha derinden yaralanacağı durumları vurguluyor. Ama bu, her çocuğun ortak ihtiyacının sevgi ve kabul olduğu gerçeğini değiştirmiyor ve çocuğunuz dört ya da iki değilse bu kitapta söz edilen durumlardan etkilenmeyeceği anlamına gelmiyor. Evet, her insan gibi her çocuk da kendisine özeldir ve kendi çocuğunuzu kendi özelinde tanımakla, anlamakla mükellefsiniz; ama enneagram bilmek, çocuğunuzun enneagramı dahilinde kendisine özel durumunu anlamayı hayli hızlandırır ve kolaylaştırır. Her çocuğa enneagramına göre yaklaşılmalı, ve enneagram bilirseniz, çocuğunuzun numarasını daha ilk aylarında tahmin edebilirsiniz.

Türkiye'de enneagramları en iyi bilen kişi olan İsmail Acarkan'ın iki kaynak kitabı bu konuda iyi birer başlangıç olabilir:

Çocuklar Neden Farklı: Enneagram – Dokuz Mizaç Modeline Göre Kişilik Gelişimi, Kurtuba Kitap, 2016

Kişiliğin DNA'sı: Enneagram ve Dokuz Mizaç Modeline Göre Kendimizi Tanımak, Başkalarını Anlamak, Kurtuba Kitap, 2016

Mayıs-Haziran 2018